回忆邵力子

中国文史出版社

《百年中国记忆·文史资料百部经典文库》编辑委员会

爱国和平老人
邵力子先生永
垂不朽
胡耀邦题

邵力子逝世前不久所摄

出任黄埔军校政治部主任时的邵力子

邵力子在黄埔军校

邵力子主编的《民国日报》副刊《觉悟》

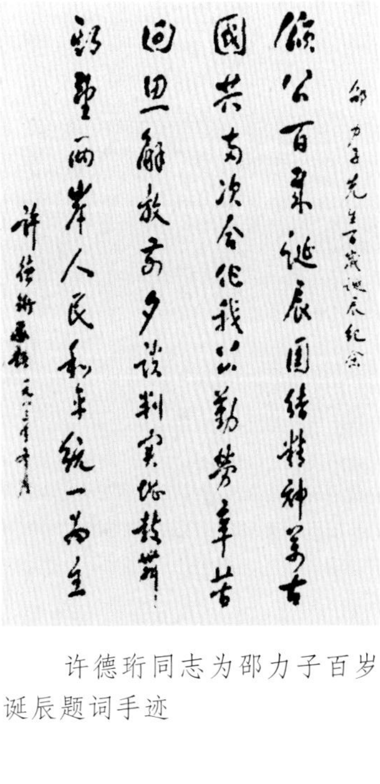

许德珩同志为邵力子百岁诞辰题词手迹

一九二九年邵力子同其女邵伟真在南京汤山

一九三三年三月一日，邵力子为绍兴中学所题“校训”。

一九四八年六月邵力子在台湾神树前，自右四起：唐振绪、唐夫人、邵力子、邵夫人。

一九四〇年春，于重庆国际联欢社为儿媳改嫁举行婚礼，左起：傅学文、邵力子、于右任。

一九四〇年五月，邵力子偕夫人出使苏联前夕，在重庆为其侄邵亚俊主婚。

一九四九年二月“上海人民和平代表团”于南京机场合影，前排左起：童冠贤、吴铁城、于右任、邵力子、颜惠庆、章士钊、江庸。

一九四九年五月“南京政府和平商谈代表团”代表在北平游览中山公园，自右起：邵力子、张治中、李蒸、张丰胄。

一九五一年五月，邵力子以“中央治淮视察团”团长身份到外地视察，图为到达安徽蚌埠火车站受到欢迎的情况。

一九六〇年七月，邵力子与夫人傅学文在北戴河海滩。

一九六〇年十月十九日，周恩来总理在颐和园会见当年的黄埔军校校友，前排中立者为邵力子。

出版说明

被誉为“和平老人”的邵力子先生，是我国现代历史上一位反帝、反封建的民族、民主战士。他为中华民族的团结统一、繁荣昌盛，促进国共两党的团结合作，曾不遗余力地奔走呼吁，折冲樽俎，几十年如一日。邵力子立身处世的风格、始终不渝的爱国主义情操，给后人留下了堪为师表的嘉言懿行。为了永远纪念这位以身许国、为祖国统一大业做出贡献的和平老人，我们特地编选了这本文集。

本书所辑录的文章，大部分是邵力子生前友好、学生、亲朋故旧撰写的。这些文章从各个不同的角度回顾了邵力子毕生所从事的主要活动，从中可以看到他在几十年风风雨雨中所走过的道路。

本书在编撰过程中，得到了胡耀邦同志的热情关怀并为本书题词。邵力子夫人傅学文同志、秘书张丰胄同志也很关心本书的编辑出版，做了许多工作。此外，各地还有不少同志为我们提供资料、文稿，在此向大家一并表示谢意。由于编者水平有限，书中错误遗漏之处，敬请读者批评指正。

编　者

说明：本书1985年首次出版，名为《和平老人邵力子》，现收入《文史资料百部经典文库》，更名为《回忆邵力子》。

CONTENTS 目 录

目 录 CONTENTS

青史有情

刘 斐　屈 武

邵力子同志于一八八二年出生在浙江省绍兴县。他的一生，经历了清朝、民国和中华人民共和国三个时代，经历了民族、民主革命和社会主义革命，他追随历史车轮的轨迹，适应时代发展的需要，不断学习，不断进步，为中国的独立、民主、和平统一和人民的利益，做出了贡献。

反对封建专制的民主战士

邵力子同志幼年就学私塾，二十一岁考中了举人。但他并没有沿着“学而优则仕”的道路走下去，而是追求新时代、新思想、新文化，追求真理，奋勇前进。一九〇五年以后，他先后求学于上海震旦公学、复旦公学和南洋公学，启发了他的爱国思想。一九〇七年他去日本学新闻，并与于右任等在日本创办《神州日报》，鼓吹民主革命，反对封建帝制。回国后，经于右任介绍，他在一九一〇年去陕西高等学校任教，因宣传新思想、新文化，遭到陕西当局迫害，被驱逐出境。一九一二年复与于右任等另创《民立报》，担任编辑兼《民生报》记者，大力宣传民主思想，反对封建军阀。一九一五年，因揭露袁世凯的复辟和卖国罪行，致使《民立报》又遭封闭停办。他再接再厉，在讨袁声中，再筹办《生活日报》，旋与陈英士、叶楚伧等改《生活日报》为《民国日报》，自任主笔达十年之久，同时兼编该报副刊《觉悟》，邵力子同志自己也写了不少文章，对反帝反封建的革命斗争，起了积极的作用。

在五卅运动以前，《觉悟》还发表了许多共产党人如恽代英、邓中夏、萧楚女、杨贤江、蒋光慈等人的著述，刊载了不少纪念列宁和十月革命的文章，介绍了马列主义经典著作的译文，除此而外，还启发知识分子通过当时的一系列罢工事件，认识工人阶级的革命思想和高贵品质，清除对工人的偏见，并就知识分子应如何联系工人进行劳工运动展开讨论。毛主席对此曾给予很高的评价，在《新民主主义论》中说："那时，以共产党的《向导周报》，国民党的上海《民国日报》及各地报纸为阵地，曾经共同宣传了反帝国主义的主张，共同反对了尊孔读经的封建教育，共同反对了封建古装的旧文学和文言文，提倡了以反帝反封建为内容的新文学和白话文。"为五四运动和而后的北伐，进行了舆论和思想准备。

五四运动时期，邵力子同志既是《民国日报》的主笔，也是复旦大学的教师。一九一九年五月五日清晨，他在报社接到北京电讯，得悉五四运动爆发后，立即赶赴复旦大学，亲自敲钟召开全校师生紧急大会，即席做报告，讲时事，揭露北洋军阀的种种卖国行径，使听众受到很大的激励。会后，复旦学生迅速奔赴全市，用实际行动声援五四运动。邵力子经常帮助学生分析形势，指点方略，孜孜不倦地为学生们解答问题，受到了学生们的信任和尊敬。

坚持国共合作的“和平老人”

邵力子同志一九〇八年在日本加入同盟会，随后又参加了中国国民党，积极拥护孙中山先生联俄、联共、扶助农工的三大政策。作为国民党重要的一员，在他所从事的一系列工作中，无论是负责地方行政工作，还是担任高级幕僚工作；无论是参与国共两党之间的谈判，或是进行各种外事活动，一贯遵循中山先生的遗教，维护和平团结。他在国民党领导集团中，担任各种高级职务二十余年，能够涅而不缁，有所不为，是很不容易的。

在旧中国，邵力子同志有着“和平老人”的称号，这是人们赞赏他一贯坚持国共两党真诚合作、用和平方法解决一切争端的主张而取的，是对他的一种称颂。

邵力子同志在国共两党的多次谈判中，都是积极赞助者或直接参与者。国共第一次合作时，他虽未能直接参与其事，但他是竭诚拥护，用实际行动予以大力支持。一九二五年夏，当上海法租界工部局下令驱逐他出境时，他便毅然投奔广州，参与黄埔军校工作，对维护两党合作，准备出师北伐，起了有益的作用。西安事变后，国共第二次合作开始正式谈判，他是国民党谈判代表之一。在一九三七年七月中旬的庐山谈判中，他和张冲等国民党代表一起，同中共代表周恩来、博古和林伯渠同志，就国共两党关系，包括发表国共合作宣言问题、红军改编问题和陕甘宁边区等问题，进行谈判，几经周折，终于为国共第二次合作奠定了基础。

在一九四三年至一九四六年间，邵力子同志任国民参政会秘书长时，对于促进国共进一步谈判，特别是在一九四五年日本投降后，毛主席亲自到达重庆时，他和张群、王世杰等国民党代表，同周恩来、王若飞等同志进行谈判，双方签署了会谈纪要，达成了《双十协定》。一九四六年一月，在重庆召开政治协商会议，他是国民党的代表之一，参与通过了政协决议。

一九四六年六月，国民党当局悍然撕毁《双十协定》和政协决议，大举进攻中原解放区，并向整个解放区发动全面进攻，于是内战再度兴起。十一月中旬，国民党当局还召开了一党包办的“国民大会”，遭到了广大人民的强烈反对，也使邵力子同志深为恼怒。他为此拒绝参加，这对一个重要的国民党党员来说，实属难能可贵。

经过两年半的内战，到一九四八年底，国民党的主要军事力量和精锐师团大都被歼，已濒临众叛亲离、全面崩溃的境地。蒋介石于一九四九年一月一日发表元旦声明求和。一月十四日，毛泽东主席发表关于时局的声明，针锋相对提出和谈八项条件，表示中共愿意和南京国民党政府及其他任何国民党地方政府和军事集团，在八项条件的基础上进行和平谈判。二十一日，蒋介石被迫宣布“引退”。李宗仁代理南京政府的“总统”，同意以毛主席所提八项条件为和谈基础。这样，“和平老人”邵力子同志又被国民党政府特派为和谈代表了，而且是首席代表。当时他对记者表示：“我感到这次的使命十分困难。但是和平实在是很需要的。为保持国家之元气和减少人民的痛苦，大家都迫切要求和平。国共双方也都有这样的看法，所以我又相信我们的使命能够达到，而能促进和平的成功。”嗣经国共双方联系，交换意见，确定上海人民和平代表团先来北平，就有关和谈时间和地点以及通邮、通航等问题进行商谈。代表团的人选是颜惠庆、章士钊、江庸三人，邵力子同志以私人资格前往交换意见。他们于二月十四日飞抵北平，受到了叶剑英、徐冰等同志的欢迎。在商谈中，他们诚恳言和，殷切地希望实现真正的和平。邵力子同志更是渴望实现他的和平夙愿。他在一次宴会上发言说道：“和平未能早见是憾事，但和平是‘野火烧不尽，春风吹又生’，希望和平障碍得以扫除。……我此来不能代表任何方面，唯江南人民切盼和平，并且宁选北平式的和平，不选天津式的和平。”经过历时两周的商谈，上海人民和平代表团怀着希望于二月二十七日返回南京，结束了此行任务。这使国民党南京政府中的主战派受到打击，主和派得到了鼓舞。

三月二十四日，国民党当局决定组织南京政府和平商谈代表团，再次指派邵力子同志为和谈代表。四月一日，以张治中为首席代表，邵力子、章士钊、黄绍竑、刘斐、李蒸为代表和屈武等为顾问的代表团到达北平，与以周恩来为首席代表，叶剑英、林伯渠、李维汉、聂荣臻等为代表的中共代表团进行正式和谈，商定了八条二十四款的《国内和平协定》草案，但国民党政府却拒不签字，致使和谈遭受失败。四月二十一日，毛泽东主席、朱德总司令发布向全国进军的命令，人民解放军于当晚强渡长江天堑，彻底摧毁国民党当局苦心经营的长江防线，使南京政府陷入一片混乱之中。当南京政府急电询问代表团归期，代表团讨论是否南返时，邵力子同志首先发言，表示不再南返的坚决态度。实际上，在此以前，他已把夫人傅学文同志接来北平，早做留平不返的具体准备。在那种中国之命运的决战中，他坚决站到共产党领导的人民革命方面来。从此，开始了他一生经历中崭新的一页。

中国共产党的真诚朋友

一九四九年全国解放时，邵力子同志已经是六十七岁的高龄。他心情舒畅，老当益壮，积极参加国家政治生活和外事活动，参与国家大事的协商，为社会主义事业努力工作，他的思想随着时代的进步不断前进，他对毛主席、周总理的崇敬之情与日俱增。

邵力子同志一九四九年出席了首届人民政协会议，参加开国工作。中央人民政府成立，他任政务院政务委员，并历任一、二、三、四届全国政协常务委员，一、二、三届全国人大代表和常务委员，同时在全国文学艺术界联合会、华侨事务委员会、中国人民外交学会、中苏友好协会、世界和平理事会任各种重要职务。

邵力子同志好学深思，手不释卷，晚年更勤奋学习马列主义和毛泽东思想，学习共产党的方针政策。他襟怀坦荡，光明磊落，勇于任事，敢于直言，只要对国家、对人民有益的事，他知无不言，言无不尽。早在一九五四年，他在第一届全国人大第一次会议上，从社会主义计划经济的观点出发，就提出要有计划地控制人口的增长。他在人大和政协组织的参观视察中，接触群众，了解情况，深入实际，调查研究，并且如实地反映情况，积极地发表意见，有许多意见是正确的、可行的，为党和政府所接受。邵力子同志一本对共产党和人民的热爱、心口如一、直言无隐的政治风格，特别值得我们称道和学习。

邵力子同志是著名的国民党民主派。一九四九年他在北京参加了国民党民主派代表会议，被选为民革中央常委，担任社会联系工作委员会主任和和平解放台湾工作委员会副主任，是民革中央的领导成员之一。他一贯热心民革组织的工作，关心台湾回归、祖国统一大业。以他和台湾国民党军政人员的历史关系，通过广播和新闻报道，发表谈话，撰写文章，号召去台人员认清前途，掌握命运，同时对他们讲形势，谈政策，促使他们为祖国的和平统一贡献力量。邵力子同志始终坚持和平奋斗的信念，为祖国的和平统一奋斗不懈。

现在，国家面貌日新，形势大好，采用和平的方式解决争端，实现和平统一祖国的愿望，条件更为有利了。我们热望台湾和海外国民党军政人员，以邵力子同志为榜样，推动和平统一的早日实现，以告慰“和平老人”于九泉。

邵力子同志从参加民族、民主革命出发，在国民党政权中长期生活和工作，走过了曲折的道路，终于在晚年接受了中国共产党的领导，为人民事业贡献了自己的智慧和力量。青史有情，一切为人民做过好事的人，人民总是不会忘记的。

（原载一九八二年六月二十六日《人民日报》）

力子先生的足迹

张丰胄

邵力子先生的一生，经历了清朝、民国、中华人民共和国三个时代，经历了我国民族、民主革命和社会主义革命。他的思想，也经历了由民主主义向社会主义的转变过程。他是我的老师，我又跟他工作过多年，深受他的教育和训导，故仅就我个人所知，向大家作点介绍，以表我对邵老的怀念。

邵老早年在私塾攻读，二十一岁曾中举人，后再进震旦、复旦等校求新学，并去日本学新闻学，与于右任等创办《神州日报》，一九〇八年加入同盟会。回国后，一九一〇年去陕西高等学堂任教，由于他破旧立新，宣传新思想、新文化，遭到陕西当局迫害，曾被驱逐出境。

一九一三年邵力子先生在上海复旦公学任语文教师，兼任上海《民立报》编辑。于右任创办上海大学，他任副校长。一九一五年他和叶楚伧筹办《民国日报》，任主笔十年，并兼编《觉悟》副刊。《民国日报》是国民党最早的报纸，创始于一九一六年讨袁声中，馆址设在法租界天主堂街。五四运动以来，《觉悟》副刊上的文章，主要是提倡推翻旧文化、旧文学、旧制度，向新文化进军；号召广大知识青年向旧社会做斗争，主张妇女解放、男女平等。邵每日亲撰短评、时论，大力宣传马列主义，鼓吹革命，反对军阀割据，并介绍世界的新学说，兼有科学、技术文章。《觉悟》还开辟专栏，讨论有关的国际问题。邵先生所写的文章短而精，批评尖锐，寓意深刻。因此《觉悟》副刊，是名副其实唤起人们觉悟的“觉悟”报刊，在当时风行一时，流传很广，被誉为全国报纸中著名的一大副刊。由此可见，邵老不愧为当时的报界先锋。一九二三年邵力子和叶楚伧、柳亚子创立“新南社”提倡新文化。

邵是一个跨中国共产党的国民党员。他一九〇八年在日本加入同盟会后，加入了孙中山领导的国民党，又参加了一九一九年的五四运动，和陈独秀等人研究马克思主义。他在一九二〇年会见了共产国际的代表维辛斯基，在上海参加了共产主义小组。一九二六年七月蒋介石任国民革命军总司令，命邵力子为总司令部秘书长。誓师北伐后，蒋委派邵代表国民党去莫斯科参加第三国际第七次执委会，邵早有去苏联观光的愿望，便欣然受命。他与代表中国共产党的谭平山先生一起由广东抵上海，准备取道海参崴前往苏联。邵到上海时，中国共产党中央召开欢送会，会上主席发言，愿邵以纯粹的国民党员代表国民党去苏联开会，欢送邵退出共产党，并说邵过去为共产党做了一些工作，今后相信邵虽在党外，也照样可以为党为革命努力。邵力子就这样退出了中国共产党。

一九二五年邵力子任黄埔军校秘书长，八月以国民党中央执行委员身份去张家口出席国民党会议。一九二六年一月起任国民党中央监察委员，一九二八年二月蒋介石重新上台，邵任中央政治会议委员、总司令部秘书长。一九三二年被任命为甘肃省政府主席，次年调任陕西省政府主席。一九三六年经西安事变离陕，后任国民党中央宣传部长。抗日战争爆发任国际反侵略同盟中国分会副主席，又任国民外交学会会长、中苏文化协会副主席、军事委员会战区政务委员会秘书长、中央政治学校校务委员。

一九四〇年邵力子任驻苏联大使，一九四三年回国，任国民参政会和宪法促进委员会秘书长。一九四七年任国府委员、社会经济研究会委员、顾问等职。

邵力子既是国民党的元老，孙中山先生的忠实信徒，更是实践“联俄、联共、扶助农工”三大政策，并做出具体贡献的典范。

联俄：邵力子拥护孙中山“以俄为师”的主张，他曾影印了孙中山“以俄为师”的手迹。孙中山在蒙难登永丰舰后，蒋跟随一个多月，写了一篇《孙大总统蒙难记》，邵对蒋很佩服，有些崇拜他。一九二六年八月蒋委派邵代表国民党去莫斯科参加第三国际第七次执委会，蒋要邵向斯大林转达他的希望，即要第三国际直接领导中国国民党，不要通过中国共产党，这才觉得蒋的想法不对，邵忍不住说：“共产党是第三国际的直接组成分子啊！”邵于一九二六年十一月某日在克里姆林宫被斯大林接见时，斯大林很关心东方，对中国革命表示一定支援，并预祝革命在工农团结下取得胜利。会后，邵力子暂留苏联参观并去专为中国培养革命人才的中山大学旁听上课，兼学俄文。一九二七年四月邵回国，始知蒋已背叛革命。蒋仍要邵当秘书长，但他对蒋说：“我不能再当秘书长，不离开你就是了，但希望停止杀戮青年，并不要叫我写关于反共的文字。”一九四〇年五月，邵力子被国民党政府任命为驻苏大使。当时朝野都认为，要想得到苏联的援助，必须改进中苏邦交，必须改派愿与苏联友好者做大使。于右任、冯玉祥、陈布雷、张季鸾等向蒋介石建议派邵力子去任驻苏大使，邵也想到大敌当前，应为抗日救国尽力，果能把中苏邦交搞好，不但增加了打击敌寇力量，亦可借以促进国共真诚合作和国内的团结，岂非国家之幸！还深盼孙中山先生“联俄、联共、扶助农工”三大政策得能恢复，因此邵力子使苏，是十分兴奋的。邵第二次到莫斯科，相隔已十四年，邵一到莫斯科，马上忙于争取苏联援助的工作。蒋经邵建议，曾发电斯大林表示德意日同盟对中苏关系重大，中苏应一致对敌，后接斯大林复电表示感谢。一九四二年邵回国述职，未再回任。他担任中苏文化协会副会长时，对做联苏工作很是热心，为中苏之间的友好合作尽了最大的努力。

联共：邵力子在《觉悟》报刊上宣传马克思主义，启发知识分子通过一系列罢工事件，认识工人阶级的革命思想和高贵品质，清除对工人的偏见。一九三六年十二月西安事变后，蒋介石被迫接受“停止内战，国共合作，共同抗日”。国民党中央宣传部长的人选请素主联共的邵力子来担任，这使邵在联共政策方面又做出了贡献。一九三七年七月以蒋介石、张冲、邵力子为国民党代表，周恩来、博古、林伯渠为中共代表，在庐山开谈话会。蒋介石承认陕甘宁边区，确立了国共两党第二次合作的基础。九月二十二日和二十三日国民党中央通讯社先后发表中共中央为宣布两党合作成立的宣言和蒋介石的谈话，承认共产党的合法地位，两党的统一战线宣告成立。毛主席曾指出：这在中国革命史上开辟了一个新纪元，这将给予中国革命以广大的深刻的影响。邵任国民参政会秘书长期间，在一九四五年至一九四六年与共产党谈判时，起了重要作用。邵力子和张群、王世杰在毛泽东主席于一九四五年八九月到重庆时，与周恩来、王若飞进行谈判，达成了《双十协定》。一九四六年一月，邵以国民党代表身份出席在重庆举行的旧政治协商会议。一九四九年二月，邵力子又参加了由颜惠庆、章士钊、江庸等组成的“上海人民和平代表团”，先后到北平、石家庄和毛泽东、周恩来洽谈，为正式谈判，开辟了道路。四月再参加以张治中为首席代表的国民党“南京政府和平商谈代表团”，来北平举行国共和谈（我均随行）。这些都是邵对联共方面所做的工作，因此邵力子赢得了“和平老人”的尊称。

扶助农工：一九二四年孙中山在广州改组国民党，宣布“联俄、联共、扶助农工”三大政策，确定了第一次国共合作。当时邵力子任国民党上海执行部工农部秘书，忠实执行孙中山的三大政策，支持工人运动。一九二〇年和一九二一年的五一国际劳动节都出版了特刊，宣传八小时工作制，指出工人奋斗的目标，还从理论到实践指引青年们要深入工厂农村，靠拢工农。一九三二年邵力子任甘肃省主席和一九三三年四月调任陕西省主席，我是同去的。陕甘两省连遭几年严重旱灾，地方穷困已极，民不聊生，饿殍载道，卖儿鬻女，到处逃荒。邵力子到任后，首先抓紧赈灾救济，统筹安排，并与南京上海华洋义赈会联系支援，同时大力搞合作社运动，取得全国经济委员会的援助，成立陕西省农业合作事业委员会，并自任主委，还创办陕西省农业合作事务局，推动西安和周围各县建立信用合作社，使广大农民受益。他认为治理常年旱荒，搞好水利是当务之急，故请陕西著名水利专家李仪祉主持规划，大力兴修水利，先后修建了泾惠渠和洛惠渠，再努力开荒造林、选种积肥、注意水土保持，支持在武功的农林专校培训干部，推进农业生产力的恢复和发展。原先各县种有鸦片，邵制定计划，采取措施，分期禁绝；在文教方面加强农村小学和城市中小学教育，选送学生数十名去南京金陵大学农林专修班攻读，由省府资送人去国外考察工业和出国深造。他还派人维修名胜古迹，资助发展秦腔皮影等地方戏；在交通方面积极协助陇海铁路先通到陕西潼关，逐步到渭南，再到西安，大力修通关中、陕南和渭北、陕北各县公路，加强陕甘通道，使河运也有所发展。他在工业方面大力欢迎南京、上海等各方参观支援，引进投资设备，开办工厂企业，也卓有成效。为实现开发西北的愿望，邵老做了不少扶助农工的具体工作。

一九四九年四月，北平和谈协议的八条二十四款为国民政府拒绝后，邵力子首先坚决表示不再南返，留居北平。解放后，他出任中苏友好协会副会长、中国人民政治协商会议全国委员会常务委员，政务院政务委员，又在华侨事务委员会、国民党革命委员会、世界和平理事会、全国文艺联合会、外交协会等单位任职。一九五五年邵任中国代表出席世界和平大会，一九五六年三月去斯德哥尔摩出席世界和平理事会，回国后任社会主义学院副院长和文字改革委员会委员，一九五七年任国民党革命委员会解放台湾工作委员会主席。从一九五四年到一九六七年邵力子连任全国人民代表大会常务委员会委员、全国政治协商会议常务委员会委员、中国国民党革命委员会常务委员，还兼任民革中央解放台湾工作委员会主委、中央理论政策研究会主委、中央社会联系工作委员会主委等职。

邵力子的思想特点，是大胆革新，不怕艰险；他的性格，是坦率直爽，光明磊落。他平生谦虚谨慎、艰苦朴素、平易近人、热情厚道。邵一生好学不倦，手不释卷，晚年更勤奋钻研学习马列毛泽东的著作。在繁忙的工作中，他能挤时间看书，坐在汽车里看书成了他的习惯。邵老还有一种特殊的本领，他一面批阅公文，一面还可考虑问题和人谈话，同时还能对打来的电话问答，又可立即指点来人的紧急请示，对各事均可正确对待，绝无延误。

邵力子作风正派，正直无私，反对结帮树派。他很早就告诫我们绝不可参加任何派系和小组织，在他左右，也从无任何小组织。他一生勤俭节约，甚至平时与亲友学生通讯，除特殊情况外，总以外来的旧信封翻转使用，一般普通信件，多用明信片代之。但他待人则十分宽厚，关怀他人，胜过关心自己。他对一些老同事、老亲友、老同学，总是有求必应，慷慨相助，尽量设法解决人家的困难。每月领到工资后，我常看到他给那些贫困的朋友们汇寄生活和御寒补助费。他对别人落实政策、安排工作，关心备至，但对自己爱人和子女们，却从不提请安排照顾，如他爱人傅学文，在他逝世后才当选为全国政协委员、北京市政协常委和民革中央常委。

邵极力主张男女平等，反对封建买卖包办婚姻，反对妇女守寡，诱导青年从封建思想的束缚中解放出来。邵老以身作则，言行一致，他的次子邵志刚留学欧洲，后不幸死在意大利，儿媳怀孕没有随同出国。志刚死后，她抚养遗腹子，邵力子劝儿媳先去日本读书，后再改嫁。在重庆特为举办婚礼，请于右任证婚，邵力子把她作为女儿出嫁对待，自当主婚人，我曾当司仪。当时对邵的尊重妇女，移风易俗，曾传为佳话。

全国解放后，邵力子早就提出必须有计划地控制我国人口增长的主张，他写过许多关于节制生育的文章，受到了中共中央的重视。一九五四年，他在第一届全国人民代表大会第一次会议上发言时就提出："社会主义社会什么都有计划，生育更要有计划，计划生育，有利于我国计划经济发展，能使我们伟大的祖国更加富强。"当时还有一些人不太同意，实则邵老提的这个主张，是符合我国的实际情况的。后来国务院颁发第五十一号文件，要求全国深入开展宣传教育，使晚婚和计划生育变成城乡广大群众的自觉行动。经毛主席和周总理对这一问题的高度重视和严格施行，邵力子更加努力宣扬，并亲自编印了有关计划生育的小册子。现在计划生育已深入人心，从中央到地方先后设立了负责计划生育的专门机构。

邵力子参加新中国政权工作以后，利用他和去台湾的国民党重要的文武官员，具有历史的和人事的重要条件，为台湾回归祖国完成国家统一大业而努力奋斗。一九五六年，中国国民党革命委员会中央委员会成立“解放台湾工作委员会”，他任主委，进一步组织各方力量通过民革组织，对台湾蒋政权和国民党党政军人员进行工作。在每年春节、新年、端阳、中秋等节日，在纪念孙中山先生逝世、诞辰以及新中国的国庆、全国人大、政协、民革等重要会议上，邵老经常写文章、作诗和发表谈话，号召台湾党政军人员发扬民族爱国主义精神，认清前途。为台湾回归祖国，做了大量的工作。邵老逝世后，党和人民着重地肯定了他为台湾回归祖国，完成国家统一所做的努力。

水流云在

傅学文

一九六七年十二月二十五日，力子同我永远离别了。他的音容笑貌，仍一直浮现在我的眼前。他的生平事迹，特别是他爱祖国、爱家乡、爱青年的业绩，深深地教育了我，永远鼓舞我前进。

热爱祖国的民族、民主战士
坚持国共合作的“和平老人”

力子早年就以身许国。清末废科举，兴学校，他在上海震旦学院学习。后因法国神甫干涉学院行政和教学计划，他随同院长马相伯及其他爱国同学愤然离校，追随马创复旦公学（复旦大学前身），继续学习。

一九〇七年春，力子协同于右任在上海筹办《神州日报》，进行反清宣传。随后，和于右任在东京一同加入了同盟会，追随孙中山先生从事民族民主革命运动。

一九一五年，袁世凯妄图复辟称帝。孙中山先生回上海，拟增强舆论力量，唤起人民大众，一致反对。于是创办上海《民国日报》，力子担任经理兼编辑。该报因抨击北洋军阀，宣传民主思想，鼓舞反帝斗争，备受军阀当局的迫害；经济上十分困难。力子竭力支撑，备尝艰苦，有时甚至自己出钱购买纸张，使《民国日报》得以继续出版，成为广大民众的喉舌。

五四运动爆发后，力子欢欣鼓舞，热情支持。随着新文化运动的进一步发展，同时开始了宣传社会主义的热潮，一九一九年六月，力子特在《民国日报》专辟副刊《觉悟》，作为宣传新思想的阵地，亲自担任主编，并经常撰写文章。《觉悟》的内容，表现了比较彻底的民主主义思想和初步的社会主义倾向，介绍马克思主义和俄国十月革命，同《时事新报》的副刊《学灯》经常开展辩论，影响很大。

在俄国十月革命和五四运动的影响下，力子接触了《共产党宣言》和马克思主义书刊。一九二〇年参加了陈独秀等在上海组织的“马克思主义研究会”，不久，研究会转变为共产主义小组。他成为中国共产党早期党员之一。此后，《觉悟》的编辑工作，实际上是在共产党上海党组织的直接影响下进行的，经常发表共产党人的文章，批判各种反动思潮。力子作为主编，起了巨大的作用，《觉悟》从而成为早期的马克思主义知识分子宣传共产主义的重要阵地。

从五四运动到五卅运动，力子大力支持青年运动和工人运动，竭尽全力办好《民国日报》及其副刊《觉悟》。这一时期内，作为共产党员和国民党左派的力子，据他生前谈，“为了守《民国日报》这个阵地”，中国共产党的一大和中国国民党的一大，都没有去参加。但是，他以共产党员和国民党员的双重身份，在国共第一次合作期间，积极协助中山先生推行三大政策，为促进国共两党的团结合作，做了不少工作，为反对帝国主义、反对封建军阀的斗争，做出了一定的贡献。

一九二六年八月，他与谭平山奉派去莫斯科参加第三国际第七次执行委员会议。途经上海时，中国共产党中央陈独秀、瞿秋白、张太雷、恽代英、周恩来等开会欢送。瞿秋白发言时说，邵力子“多年来为党做了很多工作。但是这次到莫斯科去，还是做个纯粹的国民党代表好”。参加欢送会的同志，既欢送他去苏联，又欢送他出党。力子接受了组织上的决定，从工作需要出发，退出了中国共产党。于是他和谭平山就分别代表国民党和共产党参加了共产国际会议。

一九三一年，“九一八”事变发生，蒋介石采取不抵抗主义。举国上下，群情激愤，抗日怒潮涌及长城内外，大江南北。尤其是青年学生更为激昂，纷纷要求抗敌。力子赞助青年学生的爱国行动，在一九三一年九月二十八日，南京、上海学生冒雨向国民党中央党部及外交部请愿的当天，发表讲话说：“中央的同志担负政治上的责任，竟有今日的国难，应当对国民深自引咎。”他主张停止内战，唤起民众，准备抗战。在当时的环境下，只有真诚热爱祖国的人，才敢于这样义正词严，明确表态，公开提出自己的看法。

一九三三年春天，力子任国民党陕西省政府主席。其时爱国将领杨虎城任陕西绥靖公署主任。他与杨将军实行军政分治，主要注意发展农林水利事业，开荒造林，兴修水利，并着力发展交通文化事业，力求造福民众，同杨虎城相处得很好。后来张学良将军率东北军进驻陕西，他赞同张、杨两将军的抗日主张，对蒋介石的“剿共”做法，深感忧虑；对张、杨两将军同蒋介石的矛盾尽力缓和，以期和衷共济，共赴国难。并且，他还要求部属注意与中国共产党方面的工作人员和睦相处，以团结合作、共同对敌为首要任务。

西安事变爆发，蒋介石被捕，力子同其他在西安的国民党军政要员亦同被拘禁。事变第二天，蒋介石要求同力子谈话，力子乘机劝导蒋介石说：“事已如此，委员长应以国家人民为重，他们（指张学良、杨虎城）的要求，似乎也可以考虑。”因此，西安事变和平解决后，张学良被软禁在奉化溪口时，力子和张同住在溪口，名义上为帮助张学良读书，实际上是要力子对西安事变补过，是一种变相处分。随后，他就被正式免去陕西省政府主席职务。

“七七”卢沟桥事变发生的第二天，中国共产党通电号召全民团结抗日，接着又发表《中国共产党为公布国共合作宣言》，提出了国共两党合作的三项基本政治纲领，主张国共合作，一致对外。力子作为国民党代表参与国共两党庐山会谈，协商合作抗日。他认为国难日益深重，国家危在旦夕，大力赞助国共第二次合作，以共同抗击日本帝国主义侵略，维护中华民族的独立。在抗日战争期间，他为促进国共第二次合作，尽了最大的努力。

一九三八年，力子在其所著《望国民向前迈进》一文中，着重指出中国胜利之路，是“彻底抗战，终不屈服”。表明了坚持抗战到底的决心和主张。同年初，国际反侵略大会中国分会在汉口举行成立大会，他当选为理事会主席。在会上发表演说时，他针对汪精卫的卖国投降活动，着力阐明，要将“和平运动”的译名改为“反侵略运动”，向全世界严正表明我国抗战到底的决心和信心，以免少数别有用心之人的曲解。在力子的主持下，国际反侵略大会中国分会为揭露日军暴行，进行反侵略宣传，争取国际上对我抗日战争的援助等，做了大量的工作。

力子一向主张中苏友好。抗日战争时，他更力主和苏联结成联盟，反对德意日的反苏反共轴心。一九四〇年初，他抱着增强中苏邦交、促进国共合作、以利抗日战争的目的，出使苏联。在驻苏大使任期内，经过他的努力，苏联援华的军械物资源源运进国内。皖南事变及苏德战争爆发后，力子坚持认为“中苏邦交应不断增进”。并通过做报告、写文章等各种方式，从政治、经济、文化、军事等各方面介绍苏联情况，对推动中苏文化交流，加深中国人民对苏联的了解，加强人民外交起了积极作用。他的爱国活动招来了国民党反苏反共分子的攻击和诽谤，他们竟然说：邵力子不是中国的驻苏大使，而是苏联的驻华大使了。

在担任国民参政会秘书长期间，他力主对国共争端应用政治方法解决，以期两党继续合作，一致对外，团结抗日。

抗日战争胜利后，全国人民迫切要求和平。一九四五年八九月间，毛泽东、周恩来等同志到重庆，国共两党重开和平谈判。力子作为国民党代表之一，参与了和谈。他认为毛泽东到重庆来，“是最有诚意的表现”。

他虽为国民党方面的代表之一，但致力于《双十协定》的签订，因而获得“和平老人”的美称。

一九四六年初，在政治协商会议陪都各界协进会第五次会议上，他发表演说，大力赞扬孙中山先生的联共政策，高度评价中国共产党在北伐战争、抗日战争中的重大作用，希望国共两党在和谐中解决问题。显然，他是谋求国共两党在抗日战争胜利后继续团结合作，携手并进，建设祖国。可是蒋介石的种种做法，使他大失所望。因此，在南京单方面召开伪国大时，他拒绝担任大会秘书长的职务，拒绝参加伪国大的选举，拒绝国民党方面不符合人心的种种做法。

一九四九年初的国共和谈，力子一本初衷，和章士钊、张治中等起了很大的促进作用。一九四八年末，蒋介石眼见大势已去，于一九四九年元旦发出求和声明，一月二十一日宣告下野。次日，代总统李宗仁就任，即决定邵力子、张治中等五人为代表，并以力子为首席代表，准备与中共进行和平谈判。正式谈判之前，在力子的协助下，李宗仁组织“上海人民和平代表团”，以章士钊等三人为代表团成员前往北平，并要力子以私人资格一同前往，同中共先就有关和平问题交换意见。二月十四日，力子与上海人民和平代表团抵平。在二月二十日中共举行的招待会上，力子发言说：“江南人民切盼和平，并且宁选北平式的和平，不选天津式的和平。”经过初步商谈，取得中共谅解，为正式谈判开辟了道路。

三月中旬，南京政府和平商谈代表团组成，原定以力子为首席代表，他一再坚辞，遂改派张治中为首席代表，飞往北平举行谈判。和谈中，南京方面代表大部分不愿接受“惩治战犯”这条，唯力子例外。谈判结果虽达成了《国内和平协定》，但国民党方面不肯签字，谈判遂告失败。在力子的倡导下，南京代表团全体成员毅然决然留平。

新中国成立后，他看到中国人民从此站起来了，非常高兴。在中国人民政治协商会议第一届会议开幕式上，他庄严地表示：誓以至诚为实现人民政协共同纲领和政协一切决议而努力。他热爱中国共产党，与中国共产党忠诚合作。一方面在毛泽东、周恩来等同志领导下，积极参加新中国的社会主义建设事业；一方面本着“知无不言，言无不尽”的精神，随时提出各种建议和意见，做中国共产党的诤友，努力贯彻“长期共存、互相监督”的原则。当时虽尚未提出“肝胆相照、荣辱与共”，实际上，力子也是这样努力做的。早在一九五四年，他就及时地提出“计划生育”的主张，即为突出的一例。

大陆解放以后，力子对台湾回归，祖国统一，始终特别关怀，一贯竭尽心力。不顾耄耋高年，衰弱之躯，经常撰写文章，发表谈话，通过电台广播、国内外报刊以及其他各种方式，对台湾当局与在台及海外的老朋友、老同事、老部下，进行争取工作和宣传工作，向他们介绍祖国建设的伟大成就和中国共产党的政策。为台湾迅速回归祖国，早日完成祖国和平统一大业，力子真是日夜操劳，坚持不懈，鞠躬尽瘁，死而后已。

力子的一生，为谋求祖国的独立、统一、繁荣、富强而奋斗不止，坚持到底，直至生命的最后一息；为促进国共两党的团结合作而奔走折冲，不遗余力，几十年如一日，为民族、民主革命和社会主义事业而同中国共产党亲密合作，肝胆相照，不愧为她的忠诚战友。大家之所以称他为反帝、反封建的民族、民主战士，坚持国共合作的“和平老人”；公认他是国民党中民主和进步人士的表率，是在台军政人员的榜样，实在不是偶然的。

赞助家乡建设　促进公益事业

力子热爱祖国，也热爱家乡。经常对亲友们说：“每个人应爱祖国，爱家乡。我们的祖国和家乡也实在太可爱。”不断勉励家乡人士要为祖国、为家乡增光。一九三三年，他回故乡绍兴时，曾作过题为《从绍兴到世界》的演说。大意是：故乡是祖国的一部分，热爱祖国必然会热爱自己的家乡；如果你连故乡都不热爱，你还能谈到热爱祖国吗！他言行一致，既一贯热爱伟大的祖国，又始终关怀故乡的进步。把热爱故乡看成是热爱祖国的一部分，是热爱祖国的一种具体表现。

正因为这样，他虽早年离乡，长期身居外地，但一直十分热爱家乡。对有关家乡的文化教育、农田水利和其他公益事业，都非常关心，或积极兴办，或鼎力赞助。辛亥革命后，他在上海担任绍兴七邑同乡会的副议长，积极筹办“绍兴旅沪公学”，任副校董。他个人生活非常刻苦俭朴，但对故乡的教育事业总是慷慨解囊，先后出资兴修绍兴陶家堰邵家溇的明强小学、白塔头的运川小学，又在富盛金家岭创办了棠荫小学。一九三二年，他的学生朱仲华等在绍兴家乡创办完全制中学（后改名为稽山中学），他大力支持，担任设立大会主席。那时虽还没有“智力投资”的提法，但力子把兴办教育事业看作是百年树人的大计，所以始终热情关怀，积极赞助。

他对家乡的文化事业也很关心。非常重视地方志的编撰工作。把做好这些工作视为热爱家乡的具体行动。一九三四年，同盟会员王子余先生倡议编撰绍兴县志，力子竭力赞同，在县志资料初稿编成后，私人出资主动汇款，协助付印。

他还提倡围湖，围海开垦，大力支持维修三江闸，并且私人出资疏浚陶家堰的贺家池，为家乡的农田水利事业做出了贡献。

新中国成立后，他在政务院、人大常委会及全国政协任职。虽然公务繁忙，但每到浙江视察时，总要回绍兴家乡看看，对有关问题尽力予以帮助解决，以他的实际行动为我做出了热爱家乡的榜样。

南京可以说是他的第二故乡。抗日战争胜利后，鉴于南京市的学校房屋及设备等被日伪毁坏殆尽，我筹资在南京创建力学小学，正是由于他赞同和支持的结果。

热情关怀青年进步　早就主张妇女解放

“青年是我们的未来”。祖国和家乡的前途，很大程度上取决于青年一代。热爱祖国、热爱家乡的力子，当然也同样热爱青年。

早在五四运动时，力子就以极大的热情支持青年运动。那时他在上海从事新闻、教育工作，负责编辑《民国日报》，并在复旦大学执教。北京青年学生反帝斗争的消息一传到上海，他立即满怀激情到复旦大学等处发表演说，报告北京反帝斗争详情，鼓舞广大青年热烈响应，积极投入运动。他还经常充当学生的顾问，分析形势，解答问题，推动上海的运动向前发展。

力子负责主编的《民国日报》副刊《觉悟》，不仅是新思想的宣传阵地，而且是新青年的知心朋友。它号召青年到劳动中去，主张妇女解放，关心青年的学习和生活，深受进步读者尤其是革命青年的欢迎。广大青年把《觉悟》当作自己的喉舌，当作自己的知心朋友。力子亲切热情地接待青年来访，答复来信，解决青年提出的各种问题。他这样无微不至地关怀青年，获得了青年人的敬佩和景仰。

蒋介石发动“四一二”政变时，力子尚在苏联。一九二七年五月初，他从苏联回国到上海时，才知道蒋介石已经叛变革命，深为不满，拒绝蒋介石要他任国民革命军总司令部秘书长的要求；要蒋停止杀戮青年。在当时的白色恐怖下，他首先想到的还是革命青年，实在胆识过人。

前面已经谈过，“九一八”事变后，力子赞助同情青年学生的爱国行动。这不仅体现了他热爱祖国的赤子之心，也体现了他热爱青年的深厚感情。

他特别关心女青年。早在20世纪20年代，他就提倡所有大学向女青年开放，兼收女学生。并主张专门创办女子大学，给女青年提供深造的更好条件。一九二二年创立的以于右任为校长、力子为副校长的上海大学，就是男女同校的。他不但在为纪念秋瑾烈士而设立的竞雄女校中教过课，而且还先后创办爱国女学、平民女学。据力子生前谈，丁玲同志和王会悟同志（李达同志的夫人）都是平民女学的学生。

力子不只是关心女青年，还早就主张妇女解放，他以《觉悟》为主要阵地，反复宣传。他一贯提倡男女平等，认为妇女在政治、经济、法律、教育等方面，均应和男子平等，享受同等之权利。而且早就大声疾呼妇女应有参政权。他在早年就认为，男子死了妻子，可以再娶，妇女死了丈夫，为什么不可以再嫁？认为寡妇再嫁完全是合理合法的。他不仅大胆提出这些主张，而且言行一致，身体力行。他的次子邵志刚出国留学，不幸死在国外，次媳抚养遗腹子。他劝儿媳先去日本读书，后再改嫁。改嫁时，他在重庆特地为儿媳举办婚礼，把她作为自己的女儿出嫁对待，自当主婚人，特请于右任老先生证婚。以一个封建制度下举人出身的老知识分子，能这样尊重妇女的权利，移风易俗，的确是难能可贵的。

以力子为榜样　团结奋斗，振兴中华

力子的一生，值得学习的地方很多，而学习他爱祖国、爱家乡、爱青年的崇高业绩，更具有深刻的现实意义和政治意义。我要以力子为榜样，致力于祖国的社会主义现代化建设和祖国的和平统一大业，为实现四化、统一祖国、振兴中华而贡献力量。同时也希望台湾当局和力子在台湾及海外的故旧，为了祖国和个人的前途，为了自己可爱的家乡的建设，为了自己后代和青年的未来，像力子生前为促成国共和谈，坚持国共合作而竭尽全力那样，早日促成新的国共和谈，开创国共第三次合作的新局面，为祖国的和平统一，繁荣富强而努力奋斗！

慈父的遗爱*

邵伟真

父亲离开我们以后，他的慈和音容至今仍萦回于我的记忆中。我和父亲相处为时并不太长，但往事历历在目，令我时时想念。

我家祖籍世居浙江绍兴县陶家堰。曾祖父在此建有一座砖木结构的老式楼房，六开间两侧厢，没有庭院。它是三房人（共六个堂兄弟）所共有和聚居的地方。

祖父省斋公，前清科举出身，曾任江苏吴江县丞多年，并在该县盛泽镇定居，建有住宅，是普通的砖瓦平房，三开间带一个小院子。听说父亲便是在此出生，时为一八八二年。此外，在盛泽镇后街还有几间房屋，我因年幼，现已印象不深。这后街的房屋，解放后已由公家改建新屋，供作厂房仓库。盛泽大街的正屋至今还在。至于陶家堰那个老家，我们这一辈均未回去过，老祖居是否依旧存在，我也不清楚。

---

* 本文所述史料，部分承朱仲华、陈德和两先生核实，特致谢忱。——作者

境遇艰辛　苦读成才

祖父在清末于吴江去世。先祖母为绍兴道圩章氏，早年夭逝。继祖母张氏，湖州人。祖父弃世后，祖母带着我父亲和伯父（兄弟二人），生活维艰。祖母常到绣花庄领料做绣花手艺，同时，外曾祖父亦常给以接济，一家便赖以为生。伯父名伯谦，前清秀才，曾任上海某慈善事业机关的医药顾问十余年。他与我父亲，兄弟情谊甚深，到老不减。

我父亲从小以聪慧见称，在外曾祖父关怀支持下，苦读成才，二十一岁到杭州应试，中第六十七名举人。一块“文魁”大匾，挂在了盛泽旧居的厅堂上。这块大匾在“文革”中被作为封建“四旧”而砸烂，厅堂亦遭破坏。

一段佳话　传为美谈

我母亲姓屠名玉瑛。说起她当年和父亲的结合，却有一段佳话。原来，父亲中举之后，经谢、陈两老伯为媒，介绍邵、屠两家对亲。这门亲事，在当时可说是“门当户对”，可料不到我父亲竟表异议。他说：“对女方，我有两个条件：一要女方开放缠足；二要她进校读书。她全都做到了，我才能同意成婚。”对第一点，解放小足，女方很快便表同意，但对第二点，则颇感为难。因在当时封建社会，一个大家闺秀，大多不愿抛头露面出外上学。此事难住了双方家长，也难住了媒人。最后，还是两位媒人想出妙计，决定由眷属陪同女方上学，才打开僵局。这说明：我父亲年轻时就远瞩时势，顺应潮流，力倡妇女解放。后来当他主编《民国日报》副刊时，这一新思想更是如同火花般爆发出来。

就前清的科举制度来说，父亲中了举人，本可在地方上求取一官半职，让日子过得好些。可是，他看到清廷政府对外屈服，对内压迫，也就不甘妥协求荣，不走仕途。一九〇二年在上海南洋公学求学，十分尊崇主持校务的马相伯先生和国文教师蔡元培先生。一九〇四年入震旦学校，因和于右任开展学生运动，便被迫离校，随校长马相伯在吴淞炮台湾自办"复旦公学"，边学习边工作。一九〇七年和于右任同往日本学习新闻学，加入孙中山先生领导的同盟会。回国后从业新闻，鼓吹革命。一九〇九年与于右任等创办《民呼报》于上海，因揭露汪大燮卖国罪行而被查封，不久又改名《民吁报》，不料创刊仅四十二天便被诬有辱中日邦交言论，复遭查封。并被迫离沪，去陕西高等学校任教，旋又被驱逐再回上海。但他并未因此屈服，一九一〇年再次与于右任办《民立报》，开始署名力子，继续战斗。当他匆忙离陕由汉水乘船南下时，曾不慎失足落水，幸免于难。

一九一一年父亲响应辛亥革命"光复义勇军"准备北伐。以后，又加入孙中山领导的"中华革命党"，在党的机关报上海《民国日报》任总编辑。该报是报道俄国十月革命胜利消息的第一家中国报纸。同时动员上海学生开展反帝爱国斗争。一九一六年参加孙中山领导改组后的中国国民党。同时和中国共产党建立联系，旋即加入了中共的上海党组织，并和共产国际联系，经常在《民国日报》的副刊《觉悟》上刊登李大钊、陈独秀、李达等人的言论。当时办报的处境十分艰难，报纸印费，常无来源。父亲责任心切，爱报如命，竟将自己身上的皮袍脱下拿去变卖支付报纸印费。朋友们说他是"毁家办报"。父亲生前老友，至今见面时，还向我乐道此事而赞叹不已。更有甚者，当年办报是在国内外敌人相互勾结压迫下的上海出版的。报纸既然是鼓吹宣传革命，当然要抨击时弊，揭露反动统治（如上海护军使等）的倒行逆施。因此反动当局对父亲是恨之入骨的。

一九二五年父亲参加领导上海的五卅运动，更是触怒了上海护军使，于是，他们便和租界巡捕房勾结一起，下令缉拿我父亲，迫使父亲不能在家居住（我们是在一九一三年之后，由盛泽镇迁往上海的），只得在外面东躲西藏。我见不到父亲，便哭吵着要找他。这使母亲焦急得万分难过。

有一天夜晚，母亲悄悄地带着我们兄妹到于右任伯伯家中，一直进入后书房。我抬头看见父亲从里面走了出来。我们悲喜交集，硬拉着父亲，要他一齐回家。但结果，我们还只能失望地含着眼泪离开了他。这个情景已过去近六十年了，仍然在我脑海里不时地浮现。

黄埔军校　重任在身

一九二五年，父亲结束了坚持十年的《民国日报》编务工作到广州去。同年九月在黄埔军校任秘书长，后又任该校政治部主任。那时，孙中山先生已逝世，国民党仍保持孙中山的三大政策，黄埔军校还在中国共产党的革命领导下起着深远的影响。黄埔军校的校章上面，刻着青天白日和镰刀斧头在世界地图上的图案，便是国共合作的历史标志。父亲当时也是国共两党的跨党党员，一直到一九二六年为受命率领国民党友好代表团去苏联参加共产国际第七届扩大会议，需要以纯国民党员身份出国，乃经党组织的同意退出共产党。他在苏联参加会议之后回国，曾在国民党中央和军政机关担任重要职务，不久卸职。以后曾接受复旦大学授予的“法学博士”学位，出任中国公学校长。也正是那时（一九三一年），父亲和继母傅学文在南京结婚。这是父亲在先母去世十年之后，重建起来的美满家庭。

接着，父亲先后出任甘肃省和陕西省主席。在陕西主政期间，省内不少地方荒旱严重，赤地千里。父亲对此非常忧虑。当时我还在英国留学，他曾写信给我说：“陕西目前荒旱，民生可虑。”不久，几场甘霖，秋收有望。他又写信给我“现已丰收在望，但又恐谷贱伤农”。其忧国忧民之心，经常流露在字里行间。记得在一九三五年我从英国爱丁堡大学毕业回来，想偕同国隽（我的爱人，当时尚未结婚）到陕西省看望父亲。他来信说：“你们来陕西沿途可考察一下人民生活的情况如何？对我可有什么意见？”这是他的真情实感。那次，父女久别重逢，我看到父亲操劳过度，苍老了许多，内心潜感凄然。此情此景，经久难忘。

父亲一贯致力于国共两党的合作，几次参加过两党的和谈。人们称他“和平老人”。他这种思想行动，是全出于爱国爱民的热诚，在我的印象中，当时尽管险象环生，他从不灰心，也无所畏惧。但他对于家人，很少谈论政治，只听他对我们谈过两次与政治有关的话。一次是在抗战胜利后的重庆，关于李石岑（何香凝同志的女婿，中共党员）在从沙平坝回家途中被暴徒狙击的事。当事件发生后不久，我从重庆市郊进城看父亲，他谈到这件事时，极为愤慨。他认为这是对重庆和谈蓄谋破坏的一种先兆。当时，他是参政会的秘书长，又是和谈代表，他对此事的焦急心情为我生平所少见。另一次是在解放前夕，他参加最后的和谈，从南京上北平临行前对我们提示说：“这次到北平去，结果很难说，你们的思想要做好准备！”当时我们还未体会他这话的深刻含义。后来他和其他代表留平不返，继母也托故乘机飞往北平。我们这才开始真正体会到他说那句话的心情和深远意义。

热心公益　关怀故旧

父亲很关心故乡的文教、公益事业，一九三二年他创立了绍兴私立稽山中学。后来在富盛金家岭邵氏祖坟附近的邵家溇邵氏宗祠隔壁，又创建并扩建了两所小学：一名棠荫小学，一名明强小学。这两所小学，每年由父亲负担经费各一千元，他每次回到绍兴时，总去看看这些学校，并访问附近故老，谈问家常。抗战胜利后，父亲曾为绍兴医院在沪筹集经费先后达旧法币六亿元。此外，他对故旧亲友中有困难的，或族中贫寒子弟出外读书的，也常常给予帮助。一九六七年父亲在北京逝世后，我在他的书桌抽屉中，还发现他接济亲友的一沓一沓的汇款单，家里的王师傅告诉我，这些事都是他经手办的。每张从十元到三十元不等，每月总计汇出款项约等于他工资的一半，他感叹地说：“今天还不知有多少人，在等待着老先生这些小小的补助哩！”

父亲为了表示对先人的尊敬和怀念，每在清明时节，也抽空回故乡扫墓。但他不迷信风水。记得早年有人传说我曾祖父的墓地风水好，能庇荫子孙。我的堂伯父迷信此说，就把他祖母的遗骨，偷偷葬入我曾祖父墓内。族人得知后，大为反对，认为兄嫂合葬，既乱伦常，又破风水，对子孙不利。堂伯父也自感过失很大，奔赴四爷爷和父亲处，惶恐求恕。父亲不加深责，但又指明风水不能决定后辈的祸福，并劝大家不要为了这事伤了和气。父亲这种思想、作风，在乡里一直传为美谈。父亲对烧香拜神的迷信行为是极厌恶的。可是我祖母则恰恰是一个很迷信的老人，每逢中秋节或地藏王生日，她便要焚香拜神，桌上摆满糖果供品，焚香燃烛，虔诚礼拜。父亲看到这种情况心里很不自在，但他事祖母很孝顺，不愿为这些事伤了老人的心，只好等到祖母礼拜完毕，回房安息了，父亲才将香烛掐灭掉，并于此时让我们分吃供桌上的鲜甜糖果。我们便很高兴而又悄悄地大嚼一顿，将供品一扫而光。我们的祖母就是在父亲这样的孝养下，安享了晚年，直到一九二五年逝世。

好学成性　至老不衰

父亲一生的很大兴趣就是读书。其攻读内容，范围很广。现在我们还藏有他读过的《教育生物学》一书，还可见到他在书上画的着重红线和在书头上写的笔记。他对历史书更是手不释卷，读史兴趣，年老不衰。旧家原存的二十四史散失了，他又重买一部回来。家中藏书的数目可观，其中多属文史、科学和外文书籍。在他逝世后，已遵嘱将藏书献给国家。

父亲对我们的教育是严格的，他教我们除了要学好本门学科外，还应读本国历史，要认识中华民族的本身面目。他曾买了一部《严复名著丛刊》给我，要我好好阅读。我出国留学时，他一再叮嘱我，要学习外国的长处，而不是无原则地搬用。父亲没有旧家庭的家长作风，有时我笑话他，他也不生气。有一次他从家里去复旦上课，因为过度疲劳在小火车上睡着了，车到江湾站不知下车，直乘到吴淞又乘原车转回上海，复旦大学的课当然上不成了，他很懊悔。我们有时就拿这件事笑他，他只微微一笑了之。我对父亲这种可敬可亲的性格，印象很深。

循循善诱　语重心长

父亲晚年对第三代小辈的教育，特别重视。在给我们的信中，特别告诫我对子女应“爱之必以其道”，还常说：“在学习上，要导使他们注意劳逸结合，三好历来就是以身体好为先。”我们最小一个孩子，才七八岁时，他就常常给他写信，要他“从小就养成接受批评的习惯，不要专欢喜听人赞扬的话”。同时，他还常常鼓励孩子们说：“字要写得端正，使人容易明白。”又说，“粗心大意，很容易误事”等等。更使我感到惊异的是，他因为怕影响对外孙鼓励的效果，有些话不想直接写进给孩子们的信上，而嘱咐我相机代他说出。父亲对年青一代的这种爱护和期望的心情，使我感到自己对子女的责任极为重大，要教好一个孩子，社会的风气、学校的教育、父母的督促和真心的爱护都是重要的。

我母亲屠氏，是一九一九年十一月四日（农历九月十二日）在上海去世的，终年才三十四岁。她为父亲的事业和家庭的生活，勤劳了一辈子。她侍候祖母很孝顺，一次为急于做菜给祖母吃饭，切肉时不慎把手指砍掉，鲜血淋漓，痛在心里，毫无怨言。在旧社会来说，母亲确是一个贤惠的妇女，她生下我兄妹四人，四妹早亡；二哥邵志刚留学苏联，曾参与共产国际的工作活动，回国不久再到意大利留学，一九三一年在罗马不幸被人暗杀；大哥遂初，在浙江省工作，退休后在杭州病故；现在留下的就是我一人了。我爱人吴国隽在大学任教授，我们有四个子女，长子绍恩、三女绍乐现在外国留学；次女绍平去年从美国进修回来，现任杭州大学副教授；四女绍愉，大专毕业，在工厂工作。

父亲常以“随份报国”勉励我们，并主张一个人必须迎合世界新潮流，不断向前迈进。回忆他一生的事迹，实际上也就是这样的一生。他晚年得到党和国家领导的关怀，应该有充分的机会，发抒他报国的夙愿，可是他毕竟年老了，没有更多的时间为祖国的社会主义建设大业和为促使台湾回归祖国而效力了。他在一九六七年夏天，大概在他逝世的前半年，他似有所感地信手写下杜甫《赠卫八处士》诗一首，在当年的十二月二十六日凌晨便安然逝去。当时，大家见他还安睡床上，面容如生，仔细一看，才知他已与世长辞了。只恨我们在父亲临终时不及在他身边承受遗训，得电后才匆忙由上海到北京奔丧，瞻仰遗容。父亲的追悼会，是备极哀荣的，诚如郭沫若伯伯对我所说，“你父亲很有福气”，我们应该引为感慰。

（吴国隽　梁立言　整理）

我的祖父邵力子

邵美成

我祖父邵力子先生逝世已十多年了。正当全国人民殷切地希望实现第三次国共合作、完成神圣祖国统一大业的时刻，不能不使我深深地缅怀一生致力于国家进步、改革，一生致力于国共合作、民族团结事业的我的祖父。

中国现代的政治历史在相当程度上集中反映为国共两党的历史，正如毛泽东同志所说："中国的革命，自从一九二四年开始就由国共两党的情况起着决定的作用。"此中贯穿着曲折迂回、交叉复杂的民主革命和社会主义革命的进程，这些过程必然会在政治家身上有所反映。

我祖父之成为一位著名的热心于国共合作的人，此中有其历史渊源。由于无论在大革命时期、抗日战争时期，还是在新中国成立前后和社会主义建设时期，周恩来总理与我祖父有过数度深切的交往。我祖父在国共关系中所起的积极作用，周总理是最为了解的。

我祖父名力子，字仲辉，是同盟会的老会员，他是知识界、新闻界出身的一位政治家。一九一一年辛亥革命前他经于右任先生介绍到陕西高等学堂任教，因宣传新文化、传播进步思想，被当时陕西反动军政当局驱逐出境。一九一二年在上海《民报》任主笔。一九一三年入南社。在二十年代轰轰烈烈的大革命时期，在孙中山先生领导下的第一次国民党代表大会上，通过了有共产党人参加起草的新党章，实行了三大政策。当时李大钊、毛泽东、谭平山等都是以共产党员兼国民党中央执委或候补执委的著名的跨党党员。邵力子当时也是一个跨党的双重党员，但他是有同盟会员和国民党员身份在先而后兼共产党员的。他早在一九二〇年与陈独秀、陈望道、李达等人就是上海共产主义小组六成员之一。一九二四年孙中山先生改组国民党后，在上海环龙路四十四号（现南昌路一八〇号）设立了管辖长江一带党务的执行部，任命当时已被选为国民党中央委员的邵力子为执行部工农部秘书，同时兼任上海《民国日报》经理和于右任先生创办的上海大学副校长。在上海大学，他除了实际领导和主持校务工作外还亲自授课，提倡新文化、新教育制度，主张男女平等并介绍世界新学说、宣传进步思想。上海大学是个进步学校。在上海大学工作和学习的有很多共产党员和进步人士，如瞿秋白同志当时在上大任教，而我的姨妈杨之华（入校时为社会主义青年团员，一九二四年入党）是在上大学习期间与瞿秋白同志认识的，他们在上大期间积极进行了革命理论宣传工作和参与了上海的工人运动。当时在上大上过学的还有杨尚昆、柯庆施、阳翰笙、柯柏年、丁玲、钟复光、赵君陶等。邵力子当时在上海新闻界也是很有名望的人士，在他主持《民国日报》并作为副刊《觉悟》主笔期间，他除自己经常撰写短论或答读者问外，还积极组织了国共两党进步人士为《觉悟》写了不少深受革命青年欢迎的文章，他还经常受邀去各地各校作讲演（如“舆论与政治”等），为当时声讨北洋军阀和反帝运动积极进行了宣传鼓动。当时因上海与革命策源地广州交通不便须经香港中转进行联系，所以《民国日报》经济几乎每天发生问题，有时到了深夜，清样都已完备，白报纸还无着落，须东借西凑然后付印。一九二五年五卅惨案发生以后，全国掀起了伟大的反帝运动，罢工、罢课群众运动势不可挡。上海大学的学生运动非常活跃，因而经常遭受军警搜查，学生遭受逮捕迫害，每遇这种情况，他便挺身而出，日夜奔走进行营救。警方向邵力子提出种种威胁，他始终坚持真理带领上大师生同帝国主义坚决斗争。这最终导致上海法租界工部局下令驱逐邵力子出境。邵力子被迫离沪去广州后，执行部为戴季陶等反动的西山会议派篡权而向右急转，邵力子对西山会议派是一直坚决抵制的。

在广州黄埔军校期间，邵力子曾任秘书长等职务，周恩来同志曾任军校政治部主任，这是周恩来与邵力子的第一次交往与共事。

一九二六年共产国际邀请中国方面国、共两党各出一名代表参与莫斯科共产国际代表大会，当时决定由谭平山代表共产党，由邵力子代表国民党。为此共产党组织（当时陈独秀主持中央）为邵力子举行了欢送出党的仪式，这是我祖父结束双重党员身份的一段故事。我希望历史学家能对此进行进一步的研究。周恩来总理后来和我祖父说过还是留在党外工作有利的话。记得20世纪50年代初期的一个星期天，一位客人在家中问及我祖父早期与中共的关系。谈话中看得出，他是感慨万分而又难于深谈的。我祖父逝世后我也很后悔。因我是搞自然科学的，平时埋头于书本、实验，没有能在我祖父健在时多了解一些珍贵的细节。

在第一次国共合作的大革命时期，这一段两党共同斗争，难解难分的关系，不能不对我祖父在以后处理国共关系中的政治态度有深远的影响。综观他一生的政治实践活动，他作为国民党中的左派、“主和派”，对共产党始终是非常友好的。

在20世纪30年代，杨虎城将军任陕甘地区绥靖公署主任职务时，因西北地区灾情严重，曾由杨虎城将军向当时中央政府调请邵力子来西北先后任甘肃省和陕西省主席。当时在西北地区杨虎城将军的西北军和张学良将军的东北军都不是蒋介石的嫡系部队，而邵力子又属国民党中对共产党友好的人士，这就构成了比较微妙的因素。红军长征终点地区之选择在陕北，除了陕北有刘志丹的根据地，以及西北地区有背靠苏、蒙便于出击抗日等有利条件外，对上述因素当时党中央必然会有所估计的。在西安事变中，他作为当时陕西省主席，从不深知他根底和不了解他与杨虎城将军关系的人看来，似乎他也是被冲击的对象，实际上他历来反对内战，是赞成顾全大局一致抗日对外的。顺便提及，我当时也是一个小小的当事者，事变发生后，我祖父与杨虎城将军联系，由他应允我乘飞机离开西安到南京，当时我五岁半，已略能记事。

一九四〇年抗日战争期间，我母亲杨之英带我由上海绕道香港、海防，经昆明到大后方的重庆。刚到重庆不久我祖父就出使苏联。后来知悉有此背景。原来前任国民党驻苏大使在苏时斯大林同志一直不予接见，关系搞得很僵。我祖父到任后，苏联方面知我祖父是对苏友好人士（二次大战期间他是中苏文化协会的副会长，孙科是正会长），斯大林同志予以接见，并由此疏通了苏联方面支援中国抗日战争物资援助的渠道。一九四二年底我祖父回国述职，但他没有再回莫斯科返任。其中原因有二：一是本来已有所改进的中苏关系由于蒋介石发动了极不光彩的皖南事变而又遭到损害（为此当时苏外长莫洛托夫当即抵制了中国驻苏使馆的一个招待会），我祖父实在不愿为这种反动行径、政策承担责任；另一方面，他回重庆后曾作了多次演讲，宣传苏联人民英勇进行反法西斯抗战的事迹（当时印发有《认识苏联》的小册子），此事蒋介石颇不高兴，决定由傅秉常接任驻苏大使。

在国共第二次合作的抗日时期，我祖父与周恩来同志又有较长时间的交往与合作共事关系。此时，周恩来、董必武是八路军驻渝办事处的负责人，也是共产党在国民参政会的秘书员，而邵力子则是当时国民参政会的秘书长。蒋介石历来是不愿给人民以真正的民主与权利的，但国民党中与中共友好的人士与共产党之间联系的渠道仍是畅通的。在抗战期间我祖父也做了一些营救进步人士如章汉夫等同志的工作。

抗日战争胜利后，全国人民欢欣鼓舞，殷望迎来一个国共合作的新时期，两党和平合作、治理战争创伤，建设新中国。在此期间，我祖父积极参与了《双十协定》的谈判与制定工作以及旧政治协商会议的活动。一九四六年十一月以蒋介石为首的顽固派公然违背政协协议，单方面召开非法的伪国民大会制定伪宪法，继之，又下了所谓“戡乱令”。我祖父对主战派的恶劣行径是痛心疾首的，他对伪国大的召开进行了坚决的抵制，退出了伪国大的选举。在解放战争期间，我祖父看到了蒋介石违背民意，最终必然要为人民所唾弃，认识到领导中国革命与建设的重任已历史地转移到中国共产党的身上，他在文艺刊物上以“柳暗花明又一村”为题的文章中预示和欢迎了历史转折新时期的来到。在一九四九年春他在国共和谈时期的活动是众所周知的。当时共产党基于全国人民的利益对和平是一片真诚，人民群众也是殷切希望迅速结束内战。在毛主席和周总理的关怀下，国共代表真诚相见，最终达成了“国内和平协定”，集中反映了全国人民及其他爱国民主人士的愿望。不幸这个协定为当时掌实权的少数国民党主战派所拒绝，结果造成了三十多年大陆与台湾互相隔绝的局面。在周总理的直接关怀下，我祖父与其他诸位和谈代表与孤家寡人蒋介石等作了最终决裂，紧紧团结在中国共产党的周围，参与了新政协的工作，欢欣地迎接了新中国的诞生。

解放以后，党和人民给予他重大信任，他也是衷心拥护共产党的领导、热爱社会主义、热爱祖国的。他历任中央人民政府政务院政务委员，第一、二、三届全国人大代表与人大常委、全国政协常委等职务。我祖父是个热心改革的人。在他青年时期，他就主张男女平等，实行新式婚礼，废止封建礼仪等。在任甘肃、陕西省主席时，他严禁种烟、吸毒，严禁杀害耕牛。他历来积极鼓吹节制生育与控制人口。在新中国成立后是他最早而又多次在全国人民代表大会与浙江人民代表大会上提出过有关控制人口问题的提案。他还提出过在农村实行平地深葬的建议，周总理曾在一九七五年一次集会上提及对邵老的这一建议表示赞赏。在文字改革方面他也是个非常热心的人。此外在团结各族、各阶层人士方面，他也为人民做了有益的工作，其中包括台湾回归祖国、团结少数民族、团结爱国华侨人士等方面的事项。

我祖父虽是个知名而又社会地位较高的人，但平时从不讲究衣着、饮食，生活极其俭朴。一般人都嫌萝卜味苦，他却是各种萝卜的爱好者。

他经常教育子女“盘中粒粒皆辛苦”，用饭时，每个散落饭粒都要捡拾吃净。在重庆时期，他自己并无住房，而是借住在朋友康心之先生家。解放后，党和政府给予他较优厚待遇，但他每月都以工资收入中相当高的数量（约百分之四十），接济社会上生活有困难的人。但他对自己的子女则从不溺爱，而是鼓励勤俭节约，发愤学习、培养自立能力。我父亲邵志刚在我不到一岁时就不幸在流亡罗马期间遇刺身亡。这对我祖父是件非常痛心的事，因我父亲是个很有革命志向和才华的人，他曾任少共国际书记的工作。但即使如此，我祖父也没有让我在青少年时期有什么特殊化的环境。我青少年时期的生活还是相当清苦的，有时也不免对祖父母有些怨言，但现在回顾起来，清苦一点的环境对自己发愤成长、严谨地治学是有好处的。我在中学学习时一直是前三名，一九五〇年考入清华大学时名列第一，现在我已是北京大学的一名副教授。当然这主要是党和人民的培养，但家庭方面的影响也是一个因素。我祖父平时待人是非常谦和的，他对各个阶层的来信不论社会地位高低、关系亲疏，总是极其认真地每信必复，并且把来信的信封一个个再翻转过来贴好以顶替新信封用。直到他八十六岁临终的前一天，我看到他还在书桌上糊信封。

若要说我祖父有什么弱点的话，那么他哲学思想中多少有一定成分的“中庸”。另外，由于中国的政治历史、国共两党的历史之极端错综复杂，苛求一个政治人物完全摆脱历史条件的制约那是不现实的。

我的祖父所处的时代是中国人民历史上大转变的时代。他在辛亥革命、北伐战争、抗日战争、建设社会主义新中国的各个历史阶段中的经历，表明了他始终是一个热心革命、热心进步事业的人。他对历次国共合作做出了比较突出的贡献，这是特别值得纪念的。我们希望他的这种精神能进一步发扬，以早日实现中华民族团结、统一的大业。

邵师力子的事业

焦雨亭

邵力子出生于清朝末年，早年曾入私塾读书，二十一岁中举。少年时代，他是在封建礼教的重压之下度过的。一九〇五年，他转入上海读书，这是他民主主义进步思想萌芽的开始。那时，他所就读的上海震旦公学是法帝天主教会所开办的，校方强制学生信教做礼拜，专制禁锢之极是难以令学生所忍受的。邵力子对此早有不满。一九〇六年春天，他与校内一些进步学生奋起反抗，从此，便走上了反帝反封建的道路，后来他转入南洋公学肄业后，便开始投身于进步的文化教育事业上。他认为，振兴民族之本，首先在于振兴民族的教育事业。当时，江浙一带大都是帝国主义教会所把持的学校，国内自己创办的学校寥寥无几，为此，邵力子心中极为不平，为发展民族的教育事业四处奔波。起初，他受于右任的介绍，赴陕西高等学堂任教。但是，在执教期间由于宣传新思想、新文化而遭到陕西当局的迫害，并被驱逐出境。后来，他返回上海在复旦公学任语文教师，全力发展与教会学校抗争的复旦公学。辛亥革命前，复旦公学在吴淞的校址被驻军所占领，一九一二年，孙中山在南京就任临时大总统，邵力子偕同于右任、刘成禺去南京，为复旦公学复校请求校址，经孙中山批准，公学校址设在徐家汇李鸿章祠堂。后来，于右任又创办进步的上海大学，邵力子任该校副校长。

辛亥革命以后，伟大的社会变革给沉睡的中华民族带来一线生机。在同帝国主义、封建主义的斗争中，邵力子不仅更清醒地认识到了这个“百病待医”的社会本质，坚定了民主主义革命的进步思想，而且更重要的是他百折不挠地不断探索改革社会的正确途径。他认识到，要使民主之风不断深入民众之心，彻底摧毁封建礼教对人民群众的束缚，唤醒广大民众觉悟，就必须大造民主革命的进步舆论。所以，他一面在学校向学生传播进步思想，一面投身于新闻工作。他在报上以笔为枪，鼓吹革命，为唤醒人民大众推翻封建统治做出了很大贡献。

我是一九二三年开始与邵力子先生接触的。这年夏天，我投考复旦大学，其语文主考人便是邵力子先生。当时考场设在徐家汇李公祠内，邵先生亲自在黑板报上写题，他略加解释后一直监考到收卷为止。记得那次语文考试的题目是“说虎”，从邵先生的解释中我领会了其中的含义，虎在百兽中威力最大，然而苛政猛于虎。武松在景阳冈上能打虎并将其降服，同样，五四运动也可以打倒曹、章、陆等卖国贼，革命可以摧毁反革命。后来在江湾上大学时，我学习商科，中文为必修课。那时邵先生任中文系主任，还有叶楚伧、陈望道、刘大白等教授。邵先生讲的课是《经史百家简编》，他来上课时从来不带书本，只带几支粉笔。他对课文能背诵讲解，博古通今，阐述精辟，内容十分丰富。同学们听讲时鸦雀无声，聚精会神，经他启发式诱导，每堂课都受益匪浅。他不但教学，而且尤为注重提高学生的革命思想觉悟。在我读书的一九二三年至一九二六年中间，邵力子先生先后邀请陈独秀、恽代英、汪精卫（当时系孙中山先生的秘书，后任行政院长，还未堕落为汉奸）、何香凝等来校演讲，向师生灌输新思想、新文化。复旦有学生自治会组织，我在其中担任文书，有一次，汪精卫来校讲演，宣扬孙中山的三民主义，我在台上为他作记录，然后我将他的演讲词送到《新闻报》刊登。尤其是共产党人恽代英来校演讲颇受师生欢迎，他慷慨激昂，给我留下的印象很深。邵力子先生对我的教诲和引导，促使我的爱国思想不断深化和发展。

邵力子先生把办学和革新结合起来，他不仅在上海几所大学里兼职任教，而且还到处自办学堂，他在绍兴办稽山中学，在本乡办明强小学，在后来任陕西省政府主席期间曾把提倡教育列为他的七项规划之一。五四运动期间他与陈独秀等人研究马克思主义，后来在上海组成了共产主义小组；他还和叶楚伧、柳亚子等人创立“新南社”，提倡新文学。一九二五年五卅惨案后，上海的反帝反封建运动掀起高潮，罢课、罢市、罢工遍布全市。帝国主义租界当局认为这个运动的核心是学生，由上海大学作先导的，因此他们下令将在学生运动中起重要作用的邵力子驱逐出境。

主办《觉悟》副刊，是邵力子先生一生革命业绩中的重要组成部分，也是他一生中革命思想发展的重要转折点。他长期在新闻界工作，成为一个著名的记者和主编。在我国民主主义时期新闻史上占有重要地位。一九一六年，在全国一片讨袁声中，由中华革命党在上海负责人陈英士发起，邵力子与叶楚伧一起创办了《生活日报》，后改名为《民国日报》，从此，邵力子便投身于同帝国主义、封建主义斗争的最前列。在斗争中，他的进步思想不断上升与提高，开始了解和传播马克思主义和无产阶级革命理论。毛泽东同志在《新民主主义论》中谈到当时中国的舆论界的情形时说：“那时，以共产党的《向导周报》、国民党的上海《民国日报》及各地报纸为阵地，曾经共同宣传了反帝国主义的主张，共同反对了尊孔读经的封建教育……”其实，《民国日报》的先进主张和号召就是集中地体现在邵力子主编的《觉悟》副刊上。这个副刊，起着教育青年、唤醒民众和介绍革命理论的重大作用，一个时期内颇有影响，被誉为当时全国报纸中四大副刊之一。

五四运动后，中国社会进入了一个新的历史时期。在这个历史时期的转折关头，邵力子针对青年人的思想状况，启发和引导他们走向革命，号召青年们向旧社会的势力做斗争。他主编《觉悟》副刊期间，特别重视青年、学生的来稿，热情接待来访，每封来信都认真答复，使青年、学生都把《觉悟》副刊当作自己的良师益友。副刊上辟有“通讯”一栏，许多青年来信都由邵力子署名答复，颇受青年们的欢迎。邵力子在与青年学生的交往中，注重引导他们认识黑暗社会的本质，从而唤起他们坚定革命的信心。一九二〇年，在《觉悟》副刊上曾经开展过关于吊打窃贼事件的讨论。有一篇以真事为题材的小说《捉贼》，描写了学生们吊打小偷的情景，引起了青年人的强烈反响。《觉悟》在评论此事时曾这样写道：“这个人固然是贼，但应该不应该吊打？天下的人，贼是不是算顶坏的？比他坏的，触目皆是。军阀、政客、资本家、地主，哪一个不是操戈矛的大盗？为什么大盗逍遥自在，受人的敬礼，而小贼在此地被吊起来敲打？”并又载文指出，解决贼的问题是要变革整个社会，要使人人都有生存权、劳动权和教育权。他还在《觉悟》副刊上经常与青年们讨论关于学习新文化、婚姻自由和如何做一个正直的人等方面的问题，青年们有什么苦处和知心话必投书于《觉悟》。有一个青年人在来信中曾说：“我在案头上放了几本《觉悟》，我随时想一想我自己的行为是否符合于《觉悟》精神？唯恐偶一不慎有堕落的倾向，才时时看《觉悟》，借以提高我的觉悟能力，觉悟思想，以养成完全觉悟的人格……”由此可见，当时《觉悟》副刊确实在中国青年中造成了深远的影响。

邵力子先生虽然不是马克思主义者，但他的民主主义革命思想中也有与无产阶级革命思想相通之处，所以，他经常利用《觉悟》副刊传播马克思主义，并注意结合中国的现状研究一些实际问题，为无产阶级革命理论广泛深入民心做出了一定的贡献。特别是五卅运动以前，《觉悟》副刊以大量版面登载一些宣传革命理论的文章，发表了许多共产党人如：瞿秋白、恽代英、邓中夏、萧楚女等人的文章和讲稿，还发表了许多介绍俄国十月革命和纪念列宁的文章。尤为可贵的是，《觉悟》曾多次登载马列主义著作的原文，如列宁的《共产主义和社会的进化》《帝国主义论》《论粮食税》；恩格斯的《空想的科学的社会主义》。此外还登载了日本马克思主义经济学家河上肇的《资本制度的解说》、考茨基的《改良与革命》等文章，当时具有很大的影响。经常给《觉悟》副刊上写文章的有陈望道、潘梓年、胡愈之、刘大白、叶楚伧等人。从某种意义上讲，《觉悟》副刊成为一些共产党人传播革命思想的阵地。据当时协助邵力子编辑《觉悟》的陈望道先生回忆说："《觉悟》配合中国共产党领导的批评各种反动思潮的斗争，有着广泛的影响。登载这些文章，经常受到旧租界巡捕房警方的干预，随时有被罚停刊或其他的处分。"这里，体现了邵力子民主主义革命的坚定信心和进步的思想。

一九二六年我从复旦大学毕业后，翌年考入南京审计院工作，和邵力子先生的堂弟诗周同事，院长于右任先生与邵力子在复旦也是同学，所以我们来往密切，意气相投，成为莫逆之交。那时，我经常去邵先生家中拜访，倾听他阐发救国救民的道理，他待人热情，虽然公务繁忙，但向来是殷勤接待，从无倦意。一九三〇年复旦大学二十五周年纪念典礼上由李登辉授予于右任、邵力子、钱新之三位法学博士学位。在此期间，他曾历次出任地方官，尽管当时是混乱岁月，可是在他执政期间所办公务，无不体现出正义之心和救助民众的思想。起初他任甘肃省政府主席，后又调任陕西省政府主席，他曾自拟建设发展陕西的规划。他大力提倡兴修水利，以治理陕西常年旱荒，发展农村事业，开荒造林以保持水土，兴建省内各县相连接的公路，并协助陇海铁路直通潼关。特别是面对陕西连年旱灾所造成的民不聊生的情形，他抓紧赈灾救济工作，并组织建立了农民互助合作社，使广大民众的生活有了一定的好转。他每次回京述职时，经常对我讲起中国民众的痛苦，时常阐发对国民党政府腐败统治和不顾人民死活的不满和愤慨。他认为，民众是治国之本，变革中国这个贫穷落后的社会，就要依靠人民大众，每次谈话，都使我深受教育和鼓舞。全国解放后，邵力子先生仍然没有忘记他曾经工作过的甘肃、陕西两省的人民，于一九五二年，他以全国人民代表身份去两省视察。记得那次临行前，他用明信片约我到他家吃午餐，然后我与他同乘一部汽车去车站为他送行，他笑着对我说："你是从上海来京的，应当是我送你回沪，反而你来为我送行了。"

到车站以后，我与他携手走到车厢口，陈叔通、钱昌照等人也一同前往送行。当时邵先生感慨万分的情形至今我还记忆犹新。一九五一年，邵力子先生还代表毛主席率队去安徽合肥视察治理淮河的具体措施和水利工程设施，张丰胄先生随同前往。邵先生到合肥向治淮大军授旗，上写着毛主席题字“一定要把淮河修好”，充分体现了他对民众的关怀和祖国建设的关注，更体现出他为国为民的基本思想和正直的品格和作风。

抗日战争爆发后，国难当头，邵力子的爱国之心不仅溢于言表，而且全心全意地投身到救国救民的火热斗争中去。他坚决拥护中国共产党提出的革命统一战线政策，并身体力行地去贯彻执行，他会同国民党中左派革命人士，同反动派右的势力做不懈的斗争。上海沦陷以后，复旦大学迁至重庆北碚黄桷树，我到中福煤矿公司工作已在迁到重庆北碚之后，因而在重庆时经常去拜访邵先生，倾听他对时局的见解和对抗战的论述。中福煤矿公司原设在河南焦作，采矿机器设备在国内是比较先进的。抗战爆发后，公司总经理孙越崎先生着力于开发后方的煤矿，以支持前方抗战。他冒着很大危险倡议把全部机器转移到重庆，先后办了湘潭、天府、嘉阳、石燕、威远等煤矿。记得一九四〇年十月十七日，复旦举行校庆三十五周年活动，我与邵力子等人一同前往并同席共进午餐。当时我在中福公司代理总经理孙越崎职务，校庆完毕后我邀邵先生到中福公司向职工作一次演讲，他当即欣然答应。随后，我陪他一道过江到公司，公司总经理孙越崎先生闻讯赶来，亲自表示欢迎。邵先生首先详细地阐述了开发后方煤矿对前方抗战能起到很大作用，他特别赞扬了中福公司把机器拆迁转移到后方，使之未落入敌寇之手。他说，这种爱国主义的精神是难能可贵的。他表扬了职工们勇挑抗战重担，又鼓励说要保持这种精神，只要全国人民团结一心，大家都多做贡献，抗战到底，必然会取得最后的胜利。他的演讲慷慨陈词，情绪激昂，使中福职工大为振奋。

邵先生一贯拥护共产党的统一战线政策，长期与共产党合作，并竭尽全力贯彻执行孙中山先生的“联俄、联共、扶助农工”的三大政策，西安事变时，他曾支持协助周恩来同志工作，为释放蒋介石，建立国共合作一致抗日出了很大力。一九四〇年，他又不顾国际问题复杂的局势，为维护抗战大局，毅然出使苏联，为争取苏联共同抗日做出了贡献。“皖南事变”发生后，邵力子立刻打电报给蒋介石，告以国际舆论的谴责，晓以利害。他曾多次参加与共产党人的谈判，为国共合作花费了不少心血。一九三七年，他和蒋介石、张冲等人在庐山同以周恩来为首的共产党代表进行谈判，承认共产党的合法地位，两党统一战线宣告成立。一九四五年，国共两党在重庆达成《双十协定》，邵先生出席了重庆政协会议，并起了重要的作用。全国解放后，他不遗余力地为解决台湾回归祖国，完成国家统一大业而不懈地工作。他毕生致力于国家的统一、民族的振兴，其功绩永垂千古。

邵先生对我个人的教诲也是终生难以忘怀的。在学校时他就启发引导我走向进步，时刻在政治上关心我，勉励我为国家多做贡献，而且还对我的下辈垂问周至。一九五六年，上海全市会计师安排就业，我服从国家统一安排，愉快地放弃了私营会计师事务所，加入了上海市纺织局开办的纺织复制和手帕两公司会计人员培训机构。然后，我把自己的想法写信告诉邵先生，时隔不久，便得到了他从广州从化发来的一封信，信中他首先表扬了我服从国家分配，并热情勉励我今后努力工作，更好地为人民服务。他还结合当时的社会主义改造谈了自己的一些思想认识，他说：“从化这个地方原是陈济棠等军阀少数人玩乐之地，今已辟为人民大众休养之所。”他称颂解放后把私园改建为人民公园，人民大众皆得以享受，表扬了一切为公、与民共乐的精神。此次通信，使我深受教育，进一步提高了对社会主义改造的认识，增强了我参加社会主义革命和建设的信心。

我同邵力子先生在几十年的接触交往中，深感他对革命的始终不渝。他为发展我国的教育事业和新闻事业做出了重要贡献，为爱国统一战线的建立、巩固、发展竭尽了自己的全力，为我们树立了光辉的榜样。今天我们怀念邵力子先生，就是要学习他的革命精神，为早日完成祖国统一大业，振兴中华，实现四个现代化而贡献我们的力量。

仲辉先生的教诲

朱仲华

邵力子先生，原籍浙江绍兴，学名闻泰，字仲辉，行二。力子是他办《民立报》时所用的笔名，取义于《后汉书》“游子天所弃，力子天所富”之句。

先生十六岁时丧父。一九〇二年，曾按其叔莲坡之命，捐官监生后，考中过举人，但他本人反科举，轻仕途，却于一九〇五年到上海进了法国天主教会办的震旦公学求学，从而结识了在陕西遭清廷通缉，南逃来沪的三原人于右任，成为一生莫逆知交。在震旦，他俩曾带头反对学校只准学法语，不准学英语，还强制学生进教堂做礼拜等不合理的规定，带领同学进行抗议活动。后由校长马相伯率学生离校，另行自办学校开学，定名为“复旦公学”。

到一九〇七年，他与于右任等同去日本学新闻学，旋即加入了孙中山领导的同盟会。为了宣传革命，他在辛亥革命前后，在一再遭到查封、迫害的过程中，先后与于右任等，在上海陆续共同创办过六份著名报纸，即《神州日报》（一九〇七年四月二日创刊）、《民呼报》（一九〇九年四月二十五日创刊）、《民吁报》（一九〇九年十月三日创刊）、《民立报》（一九一〇年十月十一日创刊）、《生活日报》（一九一三年十月二十日创刊）、上海《民国日报》（一九一六年一月二十二日创刊），并一直担任上海地方版的编辑职务；民国初年，还一度兼任过《民生报》的记者。其中《民呼报》《民吁报》《民立报》这三份报纸，都是以孙中山先生为领导的同盟会上海支部的机关报，当时有“三民报”的美称；至于上海《民国日报》，则先后是中华革命党和中国国民党的机关报。邵力子先生一贯致力于宣传孙中山先生亲自制定的革命政治纲领和政治路线，从事实际宣传工作，先后达十八年之久（一九〇七—一九二五），为辛亥革命和以后的反袁“二次革命”，直至反北洋军阀的斗争，不断埋头工作，做出过贡献。

邵力子先生在我国较早地接受了马克思列宁主义的革命学说，在五四运动时期，并积极报道、宣传了我国早期反帝、反封建的学生运动、工人运动和妇女解放运动。

一九一七年十一月，俄国十月社会主义革命取得了划时代的胜利，从此开辟了人类社会历史的新纪元。当时邵力子先生一方面在我们复旦大学中文系任教，一方面在上海《民国日报》主持笔政，在十一月九日至十一日的报上，连续以“欧洲战电”“突如其来之俄国大政变”“俄国大政变之情形”等为标题，用要闻版重要地位，大力报道了这方面的胜利消息，还兴奋地到我们学校宣讲。

五四运动时，他又在一九一九年五月六日《民国日报》上，及早刊出了北京学生开展反帝爱国运动的“本社专电”，并且一清早手拿报纸，到复旦大学来，叫我临时紧急集合全校同学（当时我正任学校学生自治会主席），并上台亲自朗读当天报纸，然后慷慨激昂地作了鼓动演讲，他说：“北京学生有这样的爱国热忱，难道我们上海学生会没有吗？”他动员、组织了我们复旦同学，外出串联全上海大、中学校，响应北京，在上海也掀起了反帝爱国运动。当我们组织了“上海学联”（当时我担任上海学联总会计兼总干事和全国学联评议员），在孙中山先生直接支持下，于五月三十一日下午，在老西门公共体育场开罢郭钦光烈士追悼会，上万人的示威游行队伍首次冲进租界时，邵力子先生等，站在三茅阁桥民国日报社二楼阳台上，还使劲鼓掌欢呼，给了我们无比巨大的支持与鼓舞。当上海学生得到了全市工人以及市民的支援，开展六三罢课、罢工、罢市这声势浩大的“三罢”运动时，邵力子先生又应邀参加了我们上海学联在卡尔登（今黄河路）举行的各界人士茶话会，即席发表鼓动人心的生动讲话，反复强调，希望沪上各界人士，大力支持我们学生的爱国行动。不久，五四运动在全国范围内，初步取得了辉煌胜利，迫使北洋军阀政府不得不将卖国贼解职之后，邵力子先生又在《民国日报》创刊了名震报坛的《觉悟》副刊，担任主编长达六年之久，持续与《新青年》杂志密切配合，刊登了马克思列宁主义译作、评论，不断发表介绍苏联的文章，和李大钊、陈独秀、瞿秋白、张闻天、李汉俊、李达、方志敏、萧楚女等共产党人的革命论文，并且积极组织报道全国各地不断兴起的工人运动。

一九二〇年初夏，邵力子先生在上海与陈独秀等一起会见了经北京李大钊介绍，由苏联来华的共产国际代表魏辛斯基夫妇，不久即参加了马克思主义研究会，以后并以中国国民党党员的身份，跨党参加了伟大的中国共产党。

这一年七月，我在复旦大学文学系毕业后，因父病，返故乡绍兴侍候。邵力子先生曾来信叫我去上海工作（此信我本来一直保存着，可惜十多年前抄家被毁）。到一九二一年五月下旬，我才从绍兴去上海，到打浦桥三益里五号（当时邵先生在上海《民国日报》社工作的寓所）去看望他。他对我说：“仲华，有一件重要工作想叫你去。苏俄来了一位客人，叫维辛斯基，他们想在上海办个塔斯分社，搞通讯工作，工部局里通不过，我们正在给他们帮忙。现在已经找到了房子，是秘密的。那里要一名英文翻译，你愿不愿去？”我说：“且试试看，只是我父亲在绍兴老有病，没人料理。”

于是到第二天，我记得是六月一日，那天是塔斯社上海分社成立。我同邵力子先生一同坐电车到外白渡桥下车，过桥向北走，到了礼查饭店三楼。那里有两个房间，室内光线不好，很暗，我们就在其中一间，会见了维辛斯基。邵力子先生先向他表示祝贺之意，然后替我介绍说："这是我的学生，他是参加过五四运动的活跃分子，曾经被工部局租界巡捕房同淞沪警察厅当作是'过激党'，说他是布尔什维克！"维辛斯基用英语向我介绍了他自己，我也用英语回答了句："久仰！久仰！"他问我多大年龄，我答："二十五岁。"邵先生又关照我说："你主要是给他们把英文译成中文，译名字的时候，特别注意。"先后谈了十多分钟话，维辛斯基就拿出了一沓儿英文稿，叫我在一张桌子旁坐下翻译，然后他走到另一个房间去了，邵力子先生也走了。

于是我就坐下开始试译，译的都是新闻稿。因为室内光线不好，又不大通气，加上同室还有三位俄国友人在搞翻译时爱猛抽烟，弄得房间内烟雾沉沉。我头痛极了，快到中午时，我把译好的稿子留下说："先生们，我已译好了！"他们点点头，我就告辞下楼回来了。

下午，我没有再去礼查饭店，径到三益里去见邵先生，我说："我头痛极了！这件工作，还不大吃得消。"邵先生考虑了一下说："这件工作很重要。你勿能去，你看你们复旦同学当中，谁能去？"我说："是不是叫周述去（周字仲且，绍兴龛山人），他在学校英文比较好。"以后就由周顶替我工作去了。

邵先生生前于一九三三年二月在由沪返绍的沪杭快车上，到嘉兴站时亲口告诉过我说，连中国共产党的一大由上海转移到嘉兴南湖续开，也是会议接受了由他所提出的建议。

邵力子先生自一九二五年六月离上海去广州黄埔军校任职后，几十年内，一直致力于国共两党的合作，为和平奔走呼吁，竭尽心力。解放后，他最早提倡计划生育，还适时响应党关于和平解决台湾问题的主张，这些都是人所共知的，我也就不再多述了，这里再就邵力子先生热爱祖国文化教育事业，在他故乡和外地大力支持兴办学校的事，作以下追忆：

（一）早在辛亥年间，他在上海曾大力支持绍兴七邑旅沪同乡会，在爱尔琴路兴办“绍兴旅沪公学”。他在担任同乡会副议长的同时，被推为校董，每年集资募款，不遗余力[①]。

（二）一九一二年南京临时政府成立，他为复旦公学复校奔走京沪间。筹建校舍，与有力焉。直至抗战时期，仍为学校内迁复课尽力协助。

（三）一九三二年，我们在绍兴南门府学宫筹建初中、高中、普科、商科俱全的绍兴中学（到一九三三年改名稽山中学），邵力子先生在甘肃省政府主席任内，资助创办，被推为设立人会议主席。该校直至解放后，仍然得到他的全力支持。

（四）一九三三年二月，他首次返回故乡绍兴。在陶堰乡邵家溇原办有明强小学，但规模较小，校舍简陋，他慨然出资数千元，翻修平房为楼房，大大扩建了校舍。

（五）同年，陶家堰白塔头运川小学，也由他慨允出资接办，还聘请了五中毕业学生邵祥茂就任校长。

（六）一九三五年秋，他又独自出资在绍兴富盛金家岭创建棠荫小学，就近学龄儿童，可免费入学，因该校地区不便，还特设专船，接送学生上学。

（七）一九三三年他就任陕西省政府主席后，根据当地的需要，兴办了陕西省林业学校，还支持他夫人傅学文的倡议，创办了第一所助产士学校。

（八）一九四六年春，他又支持在南京创办力学小学，负责集资兴修校舍。学校于一九四七年夏开学，由邵夫人傅学文主持校务。

此外，他自己还在辛亥革命前后，先后在吴兴南浔中学和上海竞雄女学校任教职，以后还历任过上海中国公学、复旦实验中学、复旦大学以及上海大学的领导职务。

至于我个人，从一九一三年三月一日在上海进复旦公学附中起，到

---

① 参见蔡元培《杜业泉传》。

一九二一年夏，毕业于复旦大学中文系，先后受教于邵老师长达八年之久，嗣后又继续不断受到他老人家的教诲和提携，最后也在他老人家的引导下，走向了社会主义的光明大道。记得一九四九年五月七日，伟大的中国人民解放军在中国共产党和毛泽东主席的英明决策和号令下，解放了浙江绍兴。邵先生从北京拍来了第一个属于人民邮电的电报，电文中说："闻吾邑解放，希尽力协助。"于是，我带着无比的喜悦和兴奋，积极主动向绍兴市军事管制委员会请示联系。

今年我已八六虚度。今后我决心继续在中国共产党的英明领导下，遵奉邵老师的生前教诲，为建设社会主义物质文明和精神文明，为实现祖国的统一大业，做出自己力所能及的贡献。

邵力子在陕任教

刘依仁

一九一〇年（时宣统二年），清王朝由于政治腐败，对外屡次割地赔款，对内镇压革命，使其反动统治，已成摇摇欲坠之势。但反动的王朝政府，仍冀垂死挣扎，在学制方面，废科举，设学校，力求西学救国，故在各省遍设学校，延聘国内外知名人士，妄图为其训练挽救厄运的人才。

清朝政府，在陕西也设有高等学堂，该学堂为全省最高学府，校址在西安市东厅门街（现市立二十中校址处）。

邵先生因擅长法文历史，故被聘为该学堂的西洋史教师。与邵先生同时被聘请的国内外知名人士有：黄雨麓（湖南人，教体操）、郭瑞甫（河北人，教英文地理）、景梅九（山西人，教伦理）、王文鉴（陕北保安人，教历史，他能背诵二十四史）、铃木直三郎（日本人，教化学）、足立喜六（日本人，教物理矿物）。

邵先生在陕任教二年，平时待人接物，均异常热忱，故全校师生，多愿与之接近来往。

当时的陕西高等学堂，虽为新建的最新学校，一切规划体制，都力求革新，但学校当局对教师特别是与学生的关系上，仍表现为具有严重而浓厚的封建统治的残余，故在管教学生方面，设有两个检查员姚荣波与严肇卿，常与学生发生龃龉，以致一九一〇年终前后，酿成全体学生驱逐姚、严两检查员的风潮。

在当时的政治环境中，学生的要求，终得不到要领，遂全体搬出学校，移住西大街桥梓口客栈内。当时陕西的巡抚（即今天的省长）为旗人恩寿，得知学校风潮后，生怕学校风潮与各地勃发的（孙中山先生领导的）革命党发生联系，酿成更大的政治问题，遂下严格手令："限三日内解决风潮。"

陕西高等学堂，既迫于学生全体离校的压力，又受反动政府的严令威逼，遂决定由学校当局（校长周镛）与学监恩特亭（旗人）出面，派数十辆轿车（是骡马拉的，等于现在的汽车）把全体学生，从西大街桥梓口客栈内拉回学校。同时，周镛、恩特亭二人及姚荣波、严肇卿，都衣帽整齐地站立在校门口，迎接学生回校。后来姚、严二人退出学校后，一场风波，始告平息。

邵先生在学校风潮过程中，始终站在学生方面，因为学生的要求是进步的，因之遭到反动政府的仇视。邵先生当时本与革命党有关系，在风潮中的态度，更使反动政府必除之而后已，遂对邵先生进行侦缉。

邵先生在两年的教书过程中，在学生中享有极高的威望，邵先生被清政府侦缉时，他的学生李小修等把他匿藏在自己家中，继而又聚赠银两，把银两藏在烙好的锅盔内，以备先生路上使用，并间道送出潼关，使先生免遭危难，顺利地返回了原籍。

（阎秉初　翟文凤　整理）

主持笔政与济人危难的邵力子

常君实

邵老于一九六七年十二月二十五日逝世。在他逝世的前两天，我还去看他，他的精神很好。当时正处于“文化大革命”倒行逆施的时候，老人惦记着浩劫给国家带来的灾难。特别是对他知道和认识的一些人，他更是不断地打听着他们的消息。在“文化大革命”开始后不久，我告诉他老舍遭受迫害不幸去世了，后来，我又告诉他南汉宸、丰子恺等在北京和上海等地接连遭受“揪斗”的消息，他对这些老友是十分怀念和担忧的。老舍是他在抗战时期的朋友，抗战时，老舍负责中华全国文艺界抗敌协会的工作，曾经得到邵老的不少支持。南汉宸是他在抗战前担任陕西省政府主席时的秘书长，当时南汉宸就是共产党员；丰子恺是20世纪20年代他在上海结识的朋友，这些人在新中国成立后都被党和政府委以重要的职务，他们又是著名的作家、学者，“文化大革命”开始后，他们被列为“反动作家”、“反动权威”、“当权派”，便统统成了被打倒的对象。当时陈毅也遭到“四人帮”的“批斗”，邵老听说有一本诬蔑陈毅的小册子在街上出售，他想看看小册子的内容，我便去买了一本送给他。一九六六年，他已八十五岁高龄，不能上街看大字报，这件事他便嘱咐给我。隔一两天，我便将在大街上看到的情况去告诉他。平常，他一向是很乐观的，但在那些是非颠倒的日子里，一些老同志、老作家、爱国人士在遭受着迫害，有的还被迫害致死，因而他经常为党和国家的前途担忧，对朋友们的生死，时时牵挂于心。

邵力子从事新闻工作是从一九〇七年开始的。那时，他才二十五岁，在上海南洋公学毕业后就到日本学习新闻学。从一九〇七年到一九二五年，他和叶楚伧在上海共同主办了《民国日报》，他任主笔十年，而倍受赞誉的还是他主编的该报副刊《觉悟》。《觉悟》是一九一九年六月十六日创刊的，当时五四运动刚刚发生不久，全国仍处于运动的高潮中。创办《觉悟》之意旨在于唤醒人们，使人具有新的觉悟，做新时代的人。《觉悟》经常刊载宣传民主思想、反对帝国主义、反对军阀割据的文章。它还批判旧文化、旧文学，提倡向新教育、新文化进军，号召青年向旧社会做斗争等等。刊登在《觉悟》上的文章形式，有评论、随感录、杂文、小说、诗歌、通讯，也有译作，其中短文章占多数。邵力子编《觉悟》还有一个特点，就是走群众路线办报。所以《觉悟》上的文章，除了有计划组织的共产党人、进步作家的稿件之外，还刊登了大量的群众来稿，特别是青年学生和青年店员，工人的稿件更多。邵力子除了编《觉悟》外，还兼编《民国日报》另一个副刊《妇女周刊》。

他自己在《觉悟》上发表的文章也很多。仅一九一九年六月十八日至八月十九日，他就撰写了几十篇《古训怀疑录》，针对一些有碍社会前进的唯心主义论点进行批判。一九一九年六月二十七日，他在《跋学生潮》一文中，赞扬了学生们的爱国活动。同年十二月九日，在《提倡社会主义决不是好奇》一文中，他批判了章太炎提出的“提倡社会主义是好奇”的错误论点。在当时肯定社会主义这个问题，不能不说是一个先进的观点。一九二〇年五一劳动节那天，他发表了《“八点钟工制”在中国底重要》一文。接着又发表了《“八点钟工制”底成绩》一文，支持工人阶级的解放运动。同年七月一日，他发表的《改造社会底最重要的事》一文中写道："将来改造社会以后，科学必愈求其进步，产业必愈求其发达。不过所有科学与产业都要为真正的人民谋普遍的幸福，不再为少数人所利用罢了。但是，科学进步，产业发达，绝非空口说白话的事，是必须有专精的学术和技能的，所以改造社会家一方面要唤起群众的觉悟，一方面却要准备高深的学术。俄国在社会革命成功之后，最感困难的就是同志中缺少专门技术家，不得不在旧有的产业阶级里面去寻觅人才，勉强应用，其间知有多少困难，有多少危险。殷鉴不远，这正是我国青年最要醒悟的一点。我国科学幼稚，比俄国更甚，如果不早自储人才，将来所冒的危险，一定比俄国更甚。"这些在20世纪20年代发表的正确论点，确实称得起是先驱的。一九二四年二月七日，他写了一篇纪念二七罢工的评论《勿忘二月七日》，赞颂了京汉铁路工人大罢工的英雄行为，并指出这次工人大罢工"决不只是吴佩孚、萧耀南和京汉路工人底搏战，实在是军阀和国民全体底搏战，也就是黑暗势力和光明势力底搏战"。"工人们底运动实在是非常光明磊落的。世界各国底劳工运动，没有不从力争团结权入手的，他们获得团结权，也都不惜重大的代价，甚至以宝贵的生命为殉；京汉路工人去年今日底牺牲，正是为力争团结权而起，丝毫不杂他种自利的意义，他们不是争工资争做工时间，他们是争自由争人权"。"他们伟大的人格和魄力，实在足以担当革命的事业"。在以后，他又发表了抨击吴佩孚镇压工人运动的《吴佩孚压制舆论的手段》及支援上海六月三日游行示威的《"六三"运动的精神哪里去了？》等文章。

当时经常给《觉悟》撰稿的人，有陈望道、潘梓年、胡愈之、李达、刘太白、陈子展、沈雁冰、沈泽民、曹聚仁、陈学昭等人。《觉悟》上还刊登过当时已是共产党人恽代英、邓中夏、萧楚女、蒋光慈、杨贤江等人的文章。

一九二五年五卅运动后，邵力子离开上海去广州，《民国日报》落入国民党右派的手中，《觉悟》副刊也随之改变了方向。

邵力子在主编《觉悟》副刊时，关心读者，特别是关心青年男女读者的自由和解放，他写作的大量通信，受到全国新闻界、文化界和广大读者的赞扬。他主编的《民国日报》副刊《觉悟》被称为当时全国四大副刊之一。从他编辑的这个副刊上和他写作的大量文章中，可以看出他时时都在关心着国家的前途，关心着人民群众。

下面我再举两件他营救作家骆宾基和营救新四军战士的事。

著名作家骆宾基，在解放前曾被国民党反动派逮捕过，那是一九四四年在四川酆都县发生的事情。一九四四年，骆宾基在酆都一个中学里教高中语文，国民党军统特务发现他在批改的学生作文中有“唯心论”字样，就以此把他逮捕入狱了，这显然是在制造借口迫害进步作家。骆宾基被捕入狱后，消息很快传到了重庆，中华全国文艺界抗敌协会的中共地下党组织和新闻界人士立即把这个消息告诉了邵老，请他设法营救骆宾基，当时邵老担任政协秘书长之职。邵老和骆宾基并不认识，但骆宾基是位进步作家，邵老是知道的。邵老出于爱护进步作家的正义感而营救骆宾基。邵老打听到当时任酆都县县长的张一之是他过去在上海的一个学生，便派人向张一之说明情况，骆宾基很快就恢复了自由。从一九四四年到解放后，骆宾基总是念念不忘邵老营救他的事，但苦于没有机会见到邵老，向邵老表示感谢。后来，骆宾基在北京首都剧场看戏，看到邵老也在场，等戏演完后，骆宾基走到邵老座位前，感谢他往日营救之恩时，邵老却说这是他应该做的事，从邵老这句简单而有深情的话里，也可看出邵老的高尚品德。

第二件谈谈他在一九四六年营救新四军战士李觉、郑重、滕小良三人的事。这件事是从他遗留下来的信件中才知道的。这三个战士是在当时江南新四军部队北撤时被国民党反动派逮捕的，其中二人已被非法判处了死刑，另一人也将同样被判为死罪。在这个紧急时刻，他们的家属分别写信告诉了当时住在南京的共产党代表周恩来同志，周恩来同志立即写信请邵老设法营救。现将周恩来、邵老等人的三封信作为一份史料抄录如下：

一、周恩来致邵力子函

力子先生惠鉴：

兹有新四军工作人员李觉、郑重及滕小良三人曾先后被捕，现拘禁苏地方法院。顷接渠等家属函称，李觉、郑重二人均已以杀人罪名判处死刑，滕小良亦将以杀人罪名，同样判处死罪，不胜惊异！查李觉曾在新四军工作多年，三十四年底，江南新四军部队北撤时复员回家，于三十五年一月十三日在苏州被捕，兹闻将以破坏交通杀人等罪起诉，当于七月十九日函请台端转电苏省主席转饬苏州地方法院予以释放，迄未得复。郑重曾在新四军作对敌工作，于三十四年冬在武进被捕。滕小良曾在新四军三师工作，三十四年九月底在扬州被捕。李、郑、滕三人既统系新四军工作人员，即应以政治犯案处理，予以释放，绝不能假借杀人犯罪名而判处死刑，兹特函达，即希

急电江苏王主席立即饬苏州地方法院停止李觉、郑重二人死刑之执行及滕小良死刑之判决，并照政治犯一并予以释放，毋任感荷！如果当局一意孤行，必欲置三人于死地，势必影响敝方对于贵方被拘人员之处置，时机急迫，希即紧急办理见复为荷！专此顺颂

台安！

周恩来谨启

八月二十七日

二、邵力子致江苏省政府主席王懋功函

东成先生惠鉴敬启者：

勘电计达。周恩来先生来函抗议苏州地方法院判决李觉、郑重、滕小良三人死刑一案，略称该三人应以政治犯案处理，予以释放。如必欲置之死地，势必影响敝方对贵方拘捕人员之处置等由，特抄同原函送请

查照，迅予转函苏法院对该三人死刑暂缓执行，免起重大纠纷，毋任公感！一并查周氏七月十九日来函提出李觉与杨阿考二人，经以午梗电请为转电释放，嗣东午有电复已转苏高院。兹其所请为李觉、郑重、滕小良三人与前函略有不同，并附陈明。专此

祇颂

勋礼！附抄函一件

弟邵力子敬启

八月二十九日

三、王懋功致苏州高等法院负责人函

弟云

吾兄勋鉴：

冶放

顷接邵力子先生俭电及八月二十九日函，为周恩来抗议关于李觉、郑重、滕小良三人死刑一案，谨转函暂缓执行，以免引起重大纠纷，并云周氏七月十九日函所提出者为李觉、杨阿考，与此次函所称李觉、郑重、滕小良略有不同等语。特抄录原函，送请

台察并希见复为荷！专此顺颂

勋安！

弟王制懋功拜启

八月三十日

于是，在邵老的营救下，这三位新四军战士免遭于难了。

邵老在一生中不知营救过多少人，廖承志、章汉夫在学生时因为参加爱国活动被国民党反动派逮捕入狱，也是邵老营救的。他从来不对别人谈这些事，他总认为营救爱国人士、爱国青年、帮助贫穷朋友，是他应尽的责任。

写到这里，我想起了一九八二年六月二十九日，在北京为邵老和程潜

百岁诞辰举行的纪念会上，邵老的夫人傅学文先生在会上的致辞中，谈了两点有着深刻意义的话：“第一，我们的祖国需要和平统一，凡是对和平统一做过有益工作的人，祖国就不会忘记他。第二，我们的人民需要那些真心实意为他们服务的人，凡是对人民做过一些好事的人，人民就会纪念他。”这两点对邵老来说是十分恰当的。邵力子先生一生度过八十六个春秋，经历了清朝、民国、新中国三个历史时期。在这风云变幻的漫长岁月中，他为国家、为人民做了不少有益的工作。他对中国革命事业做出的重要贡献，是有口皆碑的。我认为一个人在世或死后，令人永远怀念着，这是最可珍贵的。

邵力子主编《觉悟》

陈德和

上海《民国日报》的《觉悟》副刊是在五四运动的鼓舞下创办的，由我国新闻界的革命先辈、早期共产主义知识分子邵力子主编，陈望道助编。从一九一九年五四到一九二五年五卅六年内，它对马克思列宁主义在我国的早期传播有过重大的贡献。

《觉悟》副刊于一九一九年六月十六日首次在上海《民国日报》第八版出现，在这之前，每天三大张的《民国日报》原有副刊两半版，约四千余字，在八版的叫《民国闲话》；在十二版的叫《民国小说》。从五月十二日起，邵力子先把《民国小说》停了，改出《大家讨贼救国》，《民国闲话》这个副刊仍在续出。从五月二十五日开始，八版上出了《民国小说、闲话合刊》。但由于《大家讨贼救国》这一新副刊，办得越来越有生气，使这个《合刊》黯然失色。当六月十日曹、陆、章三个卖国贼滚下台的消息传开后，从编者到群众，情绪万分激动，合刊也就停办，改出《救国余闻》，直到六月十五日，出了五期。到十六日，就又改《觉悟》新名初刊。当时，这些新、旧副刊都不编号，《觉悟》也如此。

一九一九年六月十六日《觉悟》初刊时，可能时间匆忙，来不及写“发刊辞”阐明它的发刊宗旨。但是，在十八日的《觉悟》副刊上，发表了署名“力子”的《古训怀疑录》这篇连载达三个月之久的专文。它开宗明义地写道：“……我们的学问不能进步，就因为一般人对着古训不敢怀疑的缘故。……到近来，我国和欧美通商，外国的新潮流，跟着我们的失败，一点一点地输进来，我们也就一点一点地觉悟起来……”我们不妨认为：这篇主张“有破有立”的《古训怀疑录》，实质上就是主编人邵力子为《觉悟》副刊事后补写、迟发连载的代发刊辞。

上海《民国日报》这份副刊以“觉悟”命名，它与半年后于一九二〇年一月二十日由周恩来同志在天津主编创刊的《觉悟》月刊，不谋同名而合，南北齐名辉映，说明了“觉悟”这一新词，已成为时代的迫切需要和必然趋势。

到一九二一年七月一日，《觉悟》副刊已闯出了局面，扩大改版，并公开自己的办刊方针为“集思广益”。这正如邵力子在南洋公学时的老师蔡元培当时在北京大学办校，“循‘思想自由’原则，取‘兼容并包’主义”精神实质上是相同的。《觉悟》副刊正是以“集思广益”为理由，得以合法地宣传社会主义学说并公开地介绍十月革命后苏联的各项具体制度。

毛泽东同志在《新民主主义论》中曾经提到：“那时，以共产党的《向导周报》，[①]国民党的上海《民国日报》及各地报纸为阵地，曾经共同宣传了反帝国主义的主张，共同反对了尊孔读经的封建教育，共同反对了封建古装的旧文学和文言文，提倡了以反帝反封建为内容的新文学和白话文。”这里所指的上海《民国日报》，实际上就是邵力子、陈望道合编的

① 《向导周报》系一九二二年七月，中共“二大”决定创办的党中央第一份机关报，由陈独秀、蔡和森主编，向警予、振宇参加编辑，当年九月十三日在上海创刊。后迁武汉，到一九二七年七月十八日停刊，共出二〇一期。

《觉悟》副刊。

从一九一九年六月十八日、十九日初刊署名“鹤”[①]的《什么叫作社会主义》《社会主义的目的》两篇文章起，《觉悟》在六年内，刊登介绍社会主义革命理论专文的在五十篇以上。

一九二〇年七月十八日（当时邵力子和陈望道都已经是上海马克思主义研究会的成员），《觉悟》发表了《征求同志共译社会主义著述》的“通信”，说明了当时进口经典著作的译作确实还少，副刊对此谋求甚迫；九月三十日，又发表了沈玄庐的《答人问〈共产党宣言〉的发行所》，说明了当时陈望道的著名译著——《共产党宣言》，在上海已引起广大读者群众的热切关注。

同《新青年》月刊大致相似，《觉悟》副刊介绍马列主义有一个从译载国外他人专著到译载经典作家原著的过程。

《觉悟》译载马列原著，比《新青年》要迟半年，[②]先后有：

（1）施存统节译：《见于〈共产党宣言〉中的唯物史观》（刊于一九二一年五月十五日—十九日）；

（2）子敏译列宁的演说：《从战争到和平》（刊于一九二二年二月二十日）；

（3）李春蕃[③]译列宁：《农税的意义》（刊于一九二四年二月十五日，即后译作《论粮食税》）；

（4）李春蕃译列宁：《帝国主义》（刊于一九二四年五月十二日—三十日）、《帝国主义概论》（刊于一九二四年十月六日—十七日，即后改译作《帝国主义是资本主义的最高阶段》）；

---

① 初步估计，可能是李达，因为他字“鹤鸣”，确否，待考。

② 《新青年》月刊最早译载经典原著，是一九二〇年十一月一日发刊的八卷三号上发表的震瀛译列宁原著《民族自决》。

③ 即柯柏年（见许德良《关于早期上海地方党内部的一些情况》，载一九八二年十月《党史资料通讯》第二十期）。

（5）张太雷译列宁名著：《马克思政治学》（刊于一九二四年十一月二十六日—三十日，即后改译作《国家与革命》）；

（6）丽英译昂格斯：《空想的及科学的社会主义》（刊于一九二五年二月十九日—二十九日，即后改译作恩格斯《社会主义从空想到科学的发展》）。

此外，也还载过考茨基的《伦理与唯物史观》及布哈林的《无政府主义和科学社会主义》等。

《觉悟》在传播马列主义的进程中，还显示了以下一些特点：

（1）以显著的地位和篇幅，优先刊登了当时很多中国共产党人的革命文章。如：李大钊、陈独秀、瞿秋白、李达、李汉俊、恽代英、沈雁冰、沈泽民、邵力子、萧楚女、向警予、包惠僧、刘仁静、张闻天、张太雷、方志敏、蒋光赤、任弼时、杨贤江、罗章龙、陈毅、杨之华等人的专论，共约二百篇以上。这在其他报刊是没有或难于做到的。到一九二五年五月，邵力子因领导上海大学学生发动五卅运动，遭租界当局查缉离沪，去广州任黄埔军校秘书长，这类文章就从此绝迹于《觉悟》。

至于邵力子本人署名发表的文章，初步统计共九百五十篇。其中专论社会主义的有：《提倡社会主义决不是好奇》、《布尔什维克的真相》、《共产与公道》、《拒受遗产和共产主义》、《主义与时代》、《心与力》、《马克思底思想》、《救现在中国的对症良药》、[①]《社会主义与公妻》、《世界真和平的基础在哪里？》、《资产阶级自趋没路》、《读苏维埃俄罗斯代表加拉罕氏宣言》等。

值得一提的是，在我党一大召开前后，《觉悟》在七月一日的扩版《宣言》中明确发表了三条办刊主张：（一）“使本刊于时下潮流更能尽一点相挽的微力”；（二）“提倡真挚的著述，破除著译的藩篱”，强调“只要好的著述，无论是中国人作的，外国人作的，一样可以使我们思想感情进步”；（三）“欢迎奋发有为之青年”。这个《宣言》分明是为译

① 这篇文章是中共“一大”开罢，于一九二一年八月八日署名发表的。

述马列主义敞开园地之门；为培养青年革命者，鼓励他们创作打亮“绿灯”。

当一大在嘉兴南湖续开之际，七月三十一日《觉悟》上，刊了“光亮”的《再论太朴论主义的选择》一文，批判了“中国式的无政府主义者”，义正词严地公开宣称：“我所信的是马克思主义，就是布尔什维克主义，彼底最后目的，就是‘各尽所能，各取所需’的共产社会，彼底最近手段，就是‘劳农专政’。”此文的应时发表，恐非偶然巧合，而是编者有意安排，在为中国成立马克思列宁主义政党作公开的理论献礼。

（2）把具体介绍苏俄的各种制度和情况，作为马列主义学说的现实“榜样”来进行宣传。《觉悟》先后不断译载过苏俄的《劳动法典》，《婚姻律》《文化政策》《经济组织》等文章，在五十篇左右，同时还不断介绍了俄罗斯进步文学，如屠格涅夫、托尔斯泰、高尔基以及爱罗先柯等的作品，都不惜篇幅大量译载。特别是从一九二一年到一九二五年，每逢十月革命节，都发表纪念文章，或出“特号”，一九二四年一月二十一日列宁逝世，先后发表《怎样纪念革命家》《列宁底死》《列宁与孙中山》等纪念文字；次年逝世周年，还出了“列宁号特刊”。

此外，还发表过《第三国际党颂歌》《少年国际五周年纪念特刊》《共产国际第五次大会对于帝国主义战争十周年宣言》《李卜克内西纪念特刊》；为了纪念马克思诞辰，发表过《五四与五五》《马克思一〇四周年纪念大会》《双五节的真价值》《北京马克思生日纪念会》等专文和通讯。

（3）大力支持和声援作为中国共产主义运动重要组成部分的工人运动、学生运动和妇女运动。六年内，全国各地的工人罢工，在《觉悟》上几乎都有反映，主编者还亲自撰文声援。对一九二二年十月开滦煤矿的罢工斗争，还在报上特辟《唐山潮声》六期专刊；从一九二〇年全国首次举行国际劳动节纪念开始，《觉悟》年年都出“劳动节纪念特刊”或发表纪念文章。对每年的五四运动日也是如此。

此外，对国际工人运动，特别是日本各地的罢工运动，《觉悟》也多次进行过报道和声援。

（4）与《新青年》月刊等互相密切配合，对社会上泛滥一时的反马克思主义思潮，进行过逐步深入的批判和论辩。

邵力子说过："马克思主义研究会斗争的对象，在上海以《时事新报》及其副刊《学灯》为主，在北京以《晨报》为主。因为他们反对马克思主义，在青年中有影响。"[①]

《时事新报》主编张东荪，当时打着"基尔特社会主义"的招牌，着实迷惑了一部分读者。一九二〇年十月，他在报上宣扬"旅行了内地以后"得了"一个教训"，认为中国贫穷，只能"增加富力，开发实业"，"感到中国不能行社会主义"。针对这种"共产主义不适合中国国情"的反动观点，《觉悟》首先予以驳斥。邵力子、陈望道分别撰写了专文加以批判。邵力子在《主义与时代》《心与力》[②]文中，肯定了"社会主义是时代的潮流"，指出了："中国的实业虽不能和现在的欧美各国相比，但和一百年或几十年以前的欧洲与美洲相比还是可以的。既然欧洲在那时的条件下就能出现社会主义者和社会主义运动，能产生《共产党宣言》，为什么现在的中国不能行社会主义呢？"《觉悟》与《时事新报》的斗争，曾持续了相当长的时间。

此外，为了探讨十月革命胜利的原因，《觉悟》还展开过"强权与公理"的论辩；对托尔斯泰的"泛劳动主义"和"劳动神圣"的口号以及所谓"共产、公妻"等诬蔑或误解，都发表过群众性的论辩文章。

但正如邵力子所说："五四前后，马克思主义者是和无政府主义者在一起工作的。如《星期评论》[③]有宣传马克思主义的文章，也有宣传无政府

---

① 邵力子一九六一年九月《党成立前后的一些情况》（见中国现代革命史资料丛刊《"一大"前后》第二册第61—75页）。

② 分别刊于一九二〇年十二月二十一、二十二日《觉悟》副刊。

③ 《星期评论》是在孙中山支持下于一九一九年六月九日在六三运动高潮中在上海创办的。

主义的文章。这是因为十月革命后，知识分子向往苏联，许多人对马克思主义没有认识。有的甚至以为俄国革命胜利，虚无党也有功劳，因此一部分人接受了无政府主义思想。无政府主义思想，在破坏旧的方面，起了好的作用；在使青年接受马克思主义思想方面，则起了混淆作用。那时候，马克思主义和无政府主义没有激烈的斗争。”[①]在这一点上，确是当时的《觉悟》和《新青年》一度共同存在的严重问题。

《觉悟》从一九二四年八月十九日到一九二五年三月十一日止，还出了《非基督教特刊》（周刊）共二十四期；从一九二四年十二月一日起到一九二五年六月二十二日止，又出了《社会科学特刊》（双周刊）共十五期。这是它在晚期传播马列主义的最后努力。正如邵力子所说，“那时党组织给我的任务，我都做了”，[②]“主要是反帝、反宗教”。[③]《觉悟》副刊自一九二五年五月邵力子离沪后就发生了很大的变化。共产党人的革命文章不见了；介绍马克思列宁主义的文章不见了；《非基督教特刊》《社会科学特刊》陆续停了；以前各种纪念特刊也从此绝迹。七月间，戴季陶抛出了《孙文主义之哲学基础》一文，借被歪曲了的“孙文主义”之名，开始抵制马列主义；同年底，又发表了叛党分子周佛海的《国民革命中的几个问题》这篇演说词，扬言：“中国国民革命没有俄国帮助也可以成功”；“反共产主义不能说是反革命”。一九二六年一月，《国民党解除共产分子党籍以后》《忠告我们的好朋友——共产党》等毒文，又相继挤

---

① 邵力子一九六一年九月《党成立前后的一些情况》（见中国现代革命史资料丛刊《“一大”前后》第二册第61—75页）。

② 从一九二〇年下半年到一九二六年八月，邵力子是国民党跨党参加共产党的早期党员，直到去莫斯科参加共产国际第七次扩大会议前，一九二六年八月按照党中央指示，因工作需要退党（见《“一大”前后》第二册第63页）。

③ 邵力子一九六一年九月《党成立前后的一些情况》（见中国现代革命史资料丛刊《“一大”前后》第二册第61—75页）。

缝拥出，革命副刊很快就堕落成为国民党右派背叛孙中山遗教；策划分裂革命，制造反革命舆论的可耻工具了。

对《觉悟》副刊的评价，陈望道说过：“《觉悟》上当然也有不少错话，但总的方向是对的。”[①]邵力子也自谦地说过：“总起来说，《觉悟》所宣传的，还是旧民主主义的思想，共产主义思想是不够的。”[②]《觉悟》曾被认定为“五四文化运动四大副刊”[③]之一，这是已有定评的。

今天来看，《觉悟》副刊还值得进一步加以认识，因为它是在我国最大工商业城市上海发行的，它基本上天天发刊。首先在发行时间上，大大超过了其他革命的“月刊”和“周报”，《觉悟》副刊具体发行数量是多少，目前尚未见资料。陈望道回忆是“几万份”，一般地说来，也总超过了其他革命报刊，《觉悟》副刊的发行面，从它支持群众运动几及全国各主要省市，可想见其发行影响之广；《觉悟》的篇幅，在一九一九年只占四开一版的半页，一九二〇年初起扩大为四开二页；五月二十日起，又改成八开对折四页，据称是为便于读者保存，从七月份起，每月又发行《觉悟汇刊》一册，“每册内容三十余万字”；从一九二四年二月起，又改为十六开八页；五月以后又扩大为十六页。据此，在中国早期传播马列主义各刊物中，影响最大的不能不归于《觉悟》副刊。

当然，“金无足赤”，它在内容上也存在着不少问题，特别在前期，正如邵夫人傅学文所分析的那样：“当时的《觉悟》在组织上不受共产党

---

① 《陈望道同志关于上海马克思主义研究会活动的回忆》（《复旦学报》一九八〇年第三期）。

② 邵力子一九六一年九月《党成立前后的一些情况》（见中国现代革命史资料丛刊《“一大”前后》第二册第61—75页）。

③ 这四大副刊是：一、上海《时事新报》“学灯”副刊，张东荪主编，一九一八年三月四日创刊；二、北京《晨报》新副刊，一九一九年二月七日改刊，李大钊等参加编辑；三、上海《民国日报》“觉悟”副刊；四、北京“京报”副刊，一九二四年十二月五日创刊，孙伏园主编，以文学为主。

的领导，很自然地带上了‘兼容并包’的色彩，除了刊载有关马克思主义的文章外，还编进了不少宣传唯心主义和旧民主主义的文章……削弱和冲淡了它的战斗性。例如一九一九年到一九二一年，《觉悟》曾大量转载杜威和罗素在中国讲演的记录和译文，虽然没有特地加以推荐，但也没有任何批判。《觉悟》也常常不加批判，选录当时其他刊物上的文章。”[1]

（原载上海《复旦大学学报》社会科学版一九八三年第二期）

① 傅学文《邵力子生平简史》（见全国政协《文史资料选辑》第六十七辑第103、104页，着重号引者所加）。

我景仰的邵力子先生

丁　玲

最近读了傅学文同志写的《邵力子生平简史》，重新引起我对邵力子先生的怀念和崇敬。邵先生不愧为我们知识界的榜样。中国革命的胜利和社会主义建设的发展，自然是由于中国共产党的正确领导，人民解放军的英勇牺牲，和全国人民的团结奋斗；但无数志士仁人在先进的思想影响下，奔走呼号，前赴后继，坚持奋发，孜孜不倦，也曾起了很大的作用。从我幼年的经历，我特别体会到像邵力子先生这一代先进的知识分子所给予我的影响。我对他们一直是非常景仰尊敬和难忘的。

一九一九年五四运动时，我不满十五岁。我被卷进了这股革命的浪潮。我在长期孤苦伶仃的童年中感受到旧社会、旧时代所加于我的歧视和压迫，使我常常产生一种朦朦胧胧的愁绪。尽管我还很天真、幼稚、简单、无知，也还不善于观察，更谈不到理解，可是五四运动突然打开了我的眼界，我在黑暗中发现了一线光明。在湖南桃源女子师范学校，我随着高班的大同学，一同冲出校门，上街游行，大声疾呼，要唤醒民众，反对封建主义、帝国主义；我们成立学生会，与当时学校当局及少数同学辩论，要求男女平等，婚姻自由；我们创办夜校，在工农群众中扫除文盲；为了追求新知识、新理论，我们学生会订购了北京、上海等地出版的许多进步的报纸杂志，如《新潮》《民国日报》等。我就是从这时开始读报，开始知道了一些作者，其中就有邵力子先生。这些人在我的心目中是生疏的、遥远的智者、大人物，却又都是亲近的、老师般的知心朋友。

这年下半年，我转入长沙的周南女校。我的语文老师陈启明先生，他是新民学会的会员。他每天都把报纸上的重要文章用红笔画出来叫我们同学们读。他圈选得最多的，便是邵力子先生主编的《民国日报》的副刊《觉悟》栏内发表的论文。因此，那时《觉悟》成了我最熟悉的朋友，给我的影响也最大。

一九二二年春节后，我母亲找我三舅商谈，解除了我和我表哥的旧式婚约。我很高兴。但正是这时，我三舅父却找岔子，在我母亲面前对我提出严厉的指责。这就惹恼了我，使我感到非常委屈，只得挺身而出，和他争辩，顶撞了他。三舅父大发雷霆，在他的大大小小、高高低低全家人的面前，也在我母亲的面前，对我大声叱骂。我自然不甘示弱，怒气冲冲地对他说："你想压服我不行，你对我们孤儿寡母已经欺侮得够了。我一定要在街上骂你，让常德全城都听见。"说完我就拿了一床铺盖离开他家（我和母亲原借住在他家，自理伙食），搬进我母亲负责的"文艺女校"。那时，正当寒假，学校里只剩一个看房子的老妈子。接着我果然写了一篇文章，揭露我三舅是豪绅恶霸，生活腐化，仗势欺人，满口仁义道德，实际是男盗女娼……我把平时在《觉悟》等报纸杂志上读到的那些反封建、反豪绅文章中的字句，写进了我的文章。我把这篇文章拿到常德县出版的《民国日报》。当时我知道它比较进步，不是地方势力的报纸。但他们不愿登载。我和好友王剑虹以一种小孩子的天真想法威胁他们，说我们即将去上海，我要把这篇文章投给上海的《民国日报》，还要告发他们，说他们与豪绅勾结，压制青年，不肯登载这篇文章。……那时我想，至少上海的《民国日报》如邵力子先生等一定会支持我的。后来，他们总算登载了这篇文章，只是把我三舅的名字用了三个×××。而把我的名字用了三个△△△，我胜利了。因此我对上海的《民国日报》和它的主事者们就更尊重和佩服了。

很快我到了上海，进了共产党创办的平民女校。这个学校校舍简陋，学员不多，但老师都是进步知识界名望很高的共产党人，如李达、陈独秀、沈雁冰、陈望道，还有邵力子先生等。我和我的同学们，特别是我们几个从湖南来的好朋友们，真正感觉到是到了自由世界，享受着学术自由的空气；这些老师们每天都给我们以新鲜的知识。我们狼吞虎咽、生吞活剥地学得了一些什么叫共产主义，什么叫无政府主义，什么叫唯心主义，什么叫唯物主义等初步的社会科学常识。读书之余，我们特别喜爱学校给我们安排的一些社会活动。我们曾经背着竹筒沿街为罢工工人募捐，到浦东纱厂向女工们讲演（实际我们的湖南口音、四川口音，那些女工都听不懂），参加庞人铨、黄爱（两个被湖南军阀杀害的爱国分子）的追悼会，听李汉俊等人的讲演，还参加过一个朝鲜流亡国王的葬礼。这个国王叫李熙，因为受不了日本帝国主义对朝鲜的殖民统治，流亡出来，绝食而死的，遗有寡妻、独子。送葬的那天，国王妻子坐一辆马车。送葬行列很长，其中有朝鲜人，有中国人。邵力子先生也走在送葬的行列里。一路上他都照顾着我们这些学生。这次我们的行动就是他安排的。我们去了，是表现我们对帝国主义殖民者的反抗和对弱小民族的同情。现在记述这件往事，是说明当时邵先生的活动范围非常广泛，而且对他的学生们的关心不只是限于教室里的攻读。

一九二三年，我到上海大学的文学系旁听。文学系的教员，大多是平民女校的那几位老师。但课程却有了变化。过去邵先生常向我们讲一般的思想问题，如反帝、反封建、民族独立、人民自由、青年求学的态度，强调独立思考等等，而这时他教我们《书经》。《书经》的确是一本难懂的书，邵先生讲课文又是江浙口音，我们一时听不十分清楚。但同学们为了追求知识，而邵先生细致耐心，又很博学，讲解分析，力求浅显，我们听来，虽说吃力，也还是感到有趣味。

后来我到北京去了，离开了许多在上海的老熟人。20世纪20年代末和30年代初，我再回上海时，只同李达、施存统、陈望道、瞿秋白等有一点联系。一九三一年一月，胡也频被国民党逮捕，我四处打听求援。陈望道写了一封亲笔信，要我找邵力子先生帮助营救。我到了南京，找到了国民政府的衙门，在一间办公室里等待邵先生的接见。这间办公室挤满了等待接见的人，看样子，他们都比我先来。我心里很凉，以为排不上号了，但很快就有一个人走来请我进里间去。邵先生对我很自然、很亲切，还像过去一样，他非常惋惜地说："这是怎么搞的？卷到这么一个大案子里去了！"他立刻给当时的上海市市长张群写了一封信。他无限同情地叮嘱我："即刻回上海，赶快把信交去。"我惶惑地接过他的信，感到他给我的一丝温暖，也感到前途的茫然。我匆匆赶回上海，但等不及把邵先生的信送出去，也频却已经在龙华被杀害了。虽然邵先生的信件没有能挽回这一场灾难，但我至今也仍然感谢他慨然给我的帮助。

一九四九年，解放战争节节胜利，全国解放在望，我正在东北，听到我们与国民党举行和谈的消息，南京的和谈代表中便有邵力子先生。邵力子先生留给我的印象是一位忠诚的爱国主义者，是人民可靠的朋友。因此，我对和谈的成功，曾寄予希望。果然，在和平谈判中的种种事实，邵先生的言行表现都是很有说服力的证明。后来由于国民党反动派的阻挠和破坏，和谈没有成功，但邵先生等拥护中国共产党、热心祖国和平统一的恳切心情和光明磊落的作为，是人民所共知，人所共见，并永昭后世的。

全国解放后，我与邵力子先生只有几次偶然在会上见面，没有机缘再领受教益。但他为国家的统一，为民族的解放，为人民的幸福所付出的辛劳，都一直吸引我的注意，并深受我的敬佩。邵力子先生爱国爱民的坚贞意志和一代进步知识分子爱憎分明、明辨是非的高尚情操，是值得学习的。六届人大及六届政协第一次会议胜利结束，祖国和平统一的大业，行将出现崭新的局面。邵力子先生的一生言行主张，必将在海峡两岸引起新的怀念和影响。但我自己也勉励自己："邵先生曾是我的老师，而且永远是我的老师。"我将更加奋发有为，为实现祖国统一而努力工作。

（原载一九八三年九月二十一日《人民政协报》）

三件往事

马荫良

一

一九二三年力子先生主编《民国日报》副刊《觉悟》时，我作为一个同济大学学生，曾投信讨论学校教材问题，认为当时大、中、小学教材烦琐重复，叠床架屋，不切实际，浪费学生时间和精力，建议精简。这信在《觉悟》通讯中发表后，力子先生又专函复我，约期详谈。我于一星期后去报馆访问。首先看到他的简陋的办公室，工作、会客都在一处，除桌椅、书架、藤榻等外，别无长物。先生待人和蔼可亲，态度平易近人，朴实无华，深为钦佩。其时见来访青年络绎不绝，双方谈话，毫无拘束。偶有不同意见，先生总是悉心倾听，从不中间打断，室内气氛，活泼自然。谈毕后，邵先生欢迎我们以后随时来信或来访，如提出问题也可以继续讨论。他的乐育后进、真挚热情的态度，溢于言表，这是我首次和力子先生见面的深刻印象。

二

事有巧合。一九二九年春，先舅父史量才购进《新闻报》美国人福开森的股票，使《新闻报》从此为中国人所有。当时《新闻报》总经理、副总经理深恐影响他们的地位，鼓动职工，勾结上海特别市党务指导委员会，贿使虞洽卿以上海总商会和全国商会联合会的名义，在《新闻报》刊出大幅广告，诬蔑史量才图谋组织报业托拉斯，并捏造谣言称股票系反动军阀所购买。虞洽卿主持的全国商会联合会同时电请国民党中央党部，国民政府“迅下明令，由上海特别市总商会监督收回，庶反动分子与托拉斯均无所施其技”（一九二九年一月十九日《新闻报》）。其时，史量才适遭父丧，在玉佛寺设奠，史嘱家人到寺内答谢宾客，我留在家里全心处理这事。这些日子里经常有函电和友人陆续往来。当时我即将大学毕业，论文已写就，比较空闲。史留我住在他家，帮他抄录函电，接待友人。史与力子先生系新闻界旧友，草函说明购买股票详细经过，嘱我誊清，然后亲笔书写，送报馆交戈公振阅后，双挂号发出。邵先生时任国民革命军总司令部秘书长，不数日即得其复信。大意是：（一）收回《新闻报》外商股权是件好事。（二）股票转让是私人行为，政府不加干涉。上海谣传为齐燮元、梁士诒出资，实属荒谬。公振先生加入合作，尤为可喜。此事已报告蒋主席（即蒋介石）、楚伧（即叶楚伧，时任国民党中央党部秘书长），认为只求双方允洽，中央决不干涉。史得函后，当夜约陈冷（《申报》总主笔）、张蕴和（《申报》副总主笔）、张竹平（《申报》经理）、戈公振来家便餐，出示邵函。公振即席据南京《申报》记者来信谈虞洽卿赴京见蒋，蓄谋未逞情况。史同时应允不更动《新闻报》人员。于是一场轩然大波方告平息。即此一事，可见力子先生维护国家利益，爱护新闻事业，均从大处着想，其是非分明的正义立场，尤足矜式。

史量才原聘戈公振为《新闻报》总主笔，不幸经此纠纷未果。后来《申报》成立总管理处，黄炎培为设计科主任，戈公振为副主任，兼编《申报图画周刊》，并为《申报》拟订规章制度，多所建树，直至他二次出国为止。因回忆力子先生，而更缅怀良友，白首念旧，凄然久之。

三

事有更凑巧者。一九二九年秋我进《申报》工作，一九三〇年冬任经理，成为史氏亲信。一九三四年冬史遭国民党特务暗杀逝世，我继任总经理。其时国民党加紧新闻检查，上海新闻检查处更变本加厉，乘机检查广告，稍有不合，即予扣发。一九三七年力子先生任国民党中央宣传部长。上海新闻界同人认为国难日深，新闻检查处无理扣发消息及文章，窒息新闻事业，于国不利，邵系望平街（即山东路旧名，上海报馆都设此处）过来人，当深知甘苦，因拟赴京请求改进检查制度。但后来有人劝阻说，上海这些检查官是天天见面的人，得罪了他们，就得天天受刁难，贻误报纸出版时间，反为不妙，因此作罢。但这一年中，邵常到上海，在一次宴会上，我于席前曾和他单独谈过上海新闻检查工作有害新闻事业的情况。他对我说，你们可以据理力争，必要时可叫他们打电话去南京和我联系；但在此国难时期，新闻界要爱护国家，不能有闻必录，影响国家利益。是年四月，《申报》记者俞颂华、孙恩霖访问延安回来，俞、孙写成报道，但检查处不准刊登。颂华再写一篇简文，拟刊《申报周刊》，已将原文删改过半，结果仍不准发表。我愤而电话上海新闻检查处，请其向南京请示。三天后，检查处删存五千五百余字，其中主要部分《肤施（即延安）的见闻》仅剩一千余字，支离破碎，不复成文，才准予发表。《申报周刊》系随《申报》免费附送读者，读者得睹延安报道，虽然只言片语，影响很大。万里跋涉，幸存千言。发表时的阻难又非外界所知，今日握管写此，希望后人深思。究竟检查处是否请示，经批准后才盖“检讫”图章，我不得而知。但我有勇气向检查处力争，是由力子先生当面支持的。此事相隔四十五年，我始终念念在心，觉得有责任、有义务公开这件事，以表对先生的敬意和怀念。

我的回忆

姜长林

一九二三年前后，松江朱季恂、侯绍裘等同志，在松江办理景贤女子中学，他们在暑假中举办讲习会，听讲对象是中学生、中小学青年教师和旅外回乡的大中学学生。讲习会邀请了知名的进步人士恽代英、柳亚子、陈望道、邵力子、沈雁冰等来松作讲演。邵力子先生那次讲的题目是“政治与舆论”，言辞透彻，举例动人。邵先生在辛亥革命前加入同盟会，创办报刊，宣传革命。辛亥后任《民立报》编辑。一九一四年他参加革命文学团体“南社”。一九一五年创办上海《民国日报》，在副刊《觉悟》当主笔，又在复旦大学任教，他是革命的宣传家，大学的名教授，尤其在《觉悟》经常发表文章，受到青年们的尊敬。他在当时已是全国闻名的人士，那次在讲习会讲毕的接谈中，在送他上火车的路上，他对我们所提问题的解答，令人信服。他和蔼可亲、平易近人的态度，给我留下了深刻的印象。

一九二四年暑期，我到上海大学暑期讲学会听讲，有时于晚上到民国日报馆访邵先生，他工作忙碌，看到我们，很乐于和我们交谈。我们所希望知道的关于广东的政治以及陈炯明等情况，他将所知见告，较之从报刊所得，更为明白易解。

这一年的九月，我调上海工作，与邵力子先生的接触更为频繁。他那时担任国民党上海执行部工人农民部秘书，可是部长于右任并不经常到部，还须由他兼代。同时，他还兼任上海大学副校长，上海《民国日报》的经理和副刊《觉悟》的主笔。当时《民国日报》经费，有时青黄不接，人力亦不足，工作人员偶然有事告假，缺人编写、校对，商请我们帮助。物力上往往报纸的大样已经编就，但白报纸尚需多方设法。困难之状，真是难以尽述。俗语所说“天天大年夜”，当时的《民国日报》就是这个情况。但这样长期的艰难局面，始终没有动摇邵先生办好这张报纸的信心。

一九二二年，我热衷于提倡拼音文字（用国音字母）。到一九二五年初，我于业余时间编了一册拼音读本，拿去请教邵先生，蒙他赞许鼓励，并由他送到民智书局请林焕庭印行出版。但民智因经费无着，改由世界书局印行。

一九二五年五月，上海帝国主义者残杀工人、学生，制造了五卅惨案，伟大的中国人民，在中国共产党的领导下，开展了反帝运动，罢课罢工罢市，轰轰烈烈，锐不可当，引起了全世界的注视。帝国主义者上海租界当局，认为反帝运动的核心是学生界，上海学生运动的核心是上海大学，就由上海法租界工部局下令驱逐上海大学副校长邵力子出境。帝国主义者满以为驱邵之后，风潮即可平息，又岂知事态的发展，并不符合帝国主义者的愿望。帝国主义者并不懂得，它们残杀中国人民，是在自掘坟墓。

这时候，国民党反动分子逐渐右倾。由于中国共产党政策的正确，共产党人工作的努力，中国革命形势大为好转。国民党上海执行部叶楚伧、戴季陶已明显反动，戴季陶的《孙文主义之哲学的基础》等反动小册子出版并向各级党部散发，受到《响导》周刊严正的批驳，国民党江苏省党部通告各级党部指斥戴季陶言论的反动。邵力子先生当时也不同意叶与戴的所作所为，在他离开上海的时候，留了一张便条，叫叶楚伧好自为之，希望留有以后见面的余地（原文字句已不能记忆，大意如此）。

一九二四年初，孙中山委任朱季恂等七人为国民党江苏临时省执行委员，此后不久即急剧分化。秦毓鎏、陈去病、沈进、刘云昭、顾子扬等五人分别转化为不同程度的反共人物，他们认为革命工作艰险穷苦，因而星流云散，离开省部。只朱季恂、张曙时二人思想“左”倾，坚持三大政策。一九二五年五月十七日国民党南京市代表会上，省党部代表朱季恂、张曙时被反动派捣乱殴伤，由朱季恂去广州汇报，张曙时留在南京，上海执行部叶楚伧，趁此竟令秦毓鎏、陈去病等持训令来接收省党部。我当时即与朱季恂所委托协助工作的侯绍裘（国民党松江县党部常务委员）等商量，分析情况，根据革命利益，决定拒绝接收，不使秦毓鎏、陈去病等反动派得逞，立即将印信、文件、报表等转移至邵先生家中。这时邵先生也是上海执行部人员，但他不赞成叶楚伧等人的阴谋行动，即刻助我将印信等搬入家中妥为存放，毫不犹豫。不久，我们另租地址，才去转移存贮。

一九二六年，我去广州，到黄埔军校政治部工作，邵先生任主任。但他已随军北伐，工作由副主任熊雄代理，所以并未见到。直至解放后，他定居北京，曾经通信，他说，决心投入人民怀抱，努力为人民服务。十年动乱中，这信也已遗失。20世纪50年代初，邵先生曾来上海，我曾偕徐蔚南趋访，见他年将古稀，精神焕发，不减当年，为之欣幸。兹值邵先生纪念专辑出版之际，爰回忆先生往事数则，以表仰怀之忱。

新闻师尊邵力子

万枚子

新闻师尊

一九二五年九月十五日，四十三岁的邵力子首次来到北洋军阀掌权下的北京。他住在“西安饭店”，公开身份是上海《民国日报》记者。他两次招待新闻界同人，说明广州国民政府绝非京沪所传“赤化、共产”，而是禁绝烟赌、废止杂税等等，正为人民“造产”，不幸廖仲恺近遭奸人毒手，凶犯拿获，政局安定。当时我任北京《世界日报》编辑，经于右任先生介绍见邵，并在报上刊发了邵的谈话[①]。邵在五卅反帝浪潮中被上海法租界当局驱逐，当时他任国民党上海执行部工人农民部秘书，从而南下广州。这次北来，负有对外宣传和同冯玉祥接洽的任务。邵和李守常先师同

① 见一九二五年九月十九、二十三、二十六日北京《世界日报》第三版。

往张家口见冯，详述广东情况和对时局意见，揭穿国民党右派在京活动的阴谋。邵于十月中旬过京时告诉我，一九〇七年他曾同于右任在日本办过《神州日报》，一九一〇年十月又在上海同创《民立报》。辛亥革命时，孙中山先生从巴黎起程回国，先打电报给《民立报》转知军政府。此报在一九一三年九月被袁世凯查禁。《民国日报》是一九一六年初邵同叶楚伧奉中山先生的意旨创办的。五四运动高潮中，邵在《民国日报》增辟《觉悟》副刊，亲自主编，发表犀利的杂文。我把刊出的《帝国主义与中国》《甲寅振思想的解剖》等作品请邵指示，并告以守常师要我参加国民党，而我想作C. P. 。邵说他也跨两党，力求合作，赞同守常师的意见。他严正地对我道："我们必须倾诚爱国，完成国民革命，才能打倒帝国主义。"他走后，我由于右任、成济安的介绍加入了国民党。次年初，主编《民立晚报》[①]。

推行三策

邵师于一九二〇年五月参加上海的共产主义小组，同时者有陈独秀、李达、李汉俊、沈玄庐、施存统、陈望道、戴季陶等人。但对外仍以国民党员的身份从事新闻和社会活动，在文教界起了很大的作用。直到一九二五年六月前往广州，他才在中共党内过组织生活。他接近鲍罗廷和当时以左派姿态出现的国民党文、武首领汪精卫、蒋介石，在黄埔军校担任了短期的政治部主任。一九二六年一月国民党在广州举行第二次全国代表大会，选举出来的中央执委、候补执委、监委、候补监委中，左派和共产党占据优势。邵师是监委十二人中的中共党员[②]。

① 《民立晚报》和民立通讯社的社长兼经理为成济安，作者任总编辑，贺子远任采访主任。一九二六年三月出刊，同年五月七日被奉系军阀封闭。

② 一说另一监委高语罕也是中共党员。

一九二六年三月二十日，蒋介石制造“中山舰”案；五月十五日至二十二日，国民党右派开会通过《整理党务案》；蒋介石开始露出狰狞的嘴脸。但共产国际还是支持他。他派邵为出席第三国际第七次大会的国民党代表，一面使邵出国，离开自己；一面又表示继续执行“三大政策”。邵同中共派出的代表谭平山结伴同行，八月经过上海，陈独秀、瞿秋白等同志开会欢送，肯定邵为党工作六年的成就，但提出邵去莫斯科还是纯粹代表国民党为好。邵接受这个意见，宣称这年八月脱离共产党。他于九月初到莫斯科，十一月开会，以后又进了中山大学听讲，并参加反帝大同盟。一九二七年五月回国，得知蒋介石“四一二”反共的详情，大为震惊。邵曾同张静江发生争论，并同见蒋介石叙述俄国的情况。最后问蒋：“这样，三大政策岂不完结，仍旧靠帝国主义吗？”蒋怒形于色，斥他走开。一九二八年，蒋介石再度上台，委邵为总部秘书长，邵不敢辞，只负短时期的名义，始终反对“剿共”，主张政治解决[①]。

协商和平

西安事变后，蒋介石被迫停止内战，同中共协商和平，邵就自然地成了国民党的一个代表。一九三七年二月国民党三中全会后，邵被任为宣传部长。当时北平市政府征得国民党宣传部的同意，任我为北平新闻检查所所长。三月初我到南京，参加新闻检查工作会议，再度聆听邵师的教导。十年未见，他头上略点星霜。他接见了我，说：国共二次合作抗日，是全国人民的愿望，三大政策将要恢复。他预料西北军人具有爱国传统，终当起而抗战，要我注意动向，沟通消息。

卢沟炮响，平津撤退，我脱险到了南京，邵师令我参加津浦、平汉沿线的抗日宣传。一九三八年一月，邵师看见我在汉口《大公报》发表的

① 邵老的经历，大都于一九五二年八月十五日由他口述，我作重点的记录。

《抗战到底三原则和三运动》，给以鼓励，要我随他同往重庆。我却由于黄少谷荐引到张治中先生部下，同往湖南服役县政，实践“志士下乡”的心愿。

抗战期间，邵老赞助了国共的二次合作，出使了苏联，担任了国民参政会的秘书长。一九四五年抗战胜利，八九月间毛泽东主席到重庆，国共两党重开谈判，邵老虽为国方的代表之一，但致力于《双十协定》的签订，获得“和平老人”的美称。蒋介石撕毁了《双十协定》，重开内战以后，邵就拒绝参加蒋介石召开的国民大会。也因此，一九四九年四月邵任南京的和谈代表之一，到北平进行和谈，主张接受和中共协议的八条二十四款，后被国民党拒绝，他就毅然决然地同代表团全体留平。

诤友良言

一九五一年我调任民革中央宣传部编辑兼秘书，一九五二年五月，编写《民革简史初稿》。这期间，频繁向邵老讨教。一九五五年三月孙中山先生逝世三十周年，邵老面授有关中山先生反帝的思想和行动，我为记录整理，经他修改定稿，命题为《孙中山先生反帝国主义思想的产生与发展》，刊在这年三月十二日的《光明日报》上。

一九五六年六月，中共中央明确提出“中共和各民主党派长期共存、互相监督”的方针。邵老听了李维汉部长的传达，立即叫我记录他的体会。他说这是“中国人民民主制度发展的必然趋势”，他的意见集中在以下几点：

（一）统一战线意味着“民众大联合”，毛主席早在五四运动初期，在《湘江评论》上，就着重宣传“民众大联合”的思想。

（二）一九二三年六月，中共三大通过团结国民党、建立革命统一战线的决议，孙中山赞同并且接受了这个建议，实现了首次的国共合作。抗日开始，国共二次合作，国民党内部分化为民主和顽固的两派，随后又有其他民主党派的产生，赞成中共的“民族统一战线”。新中国成立，中共和各民主党派都参加了中国人民政治协商会议。

（三）各民主党派拥护社会主义，随着民主革命而产生，随着社会主义革命而发展，它的作用不是暂时的而是持久的。这是“长期共存”的根据。

（四）既是“长期共存”，就要“互相监督”。监督的意义是依据正确的理论和实际情况的反映来互相纠正对方的偏颇的思想和行动。

（五）民主党派是中共的诤友，应做到知无不言，言无不尽。

（六）李维汉部长说：“必须严格地尊重各民主党派和人民团体在宪法所赋予的权利义务范围内的政治自由和组织的独立性”，邵老认为这样就是民主党派可以监督中共在法律上的依据。这个方针的提出，不是由于中共的主观想法，而是由于客观事实的存在，反映了中国具体情况下人民大众的需要，也反映了社会主义建设的需要，成为推动社会主义前进的一定的力量。

于是写成《中国人民民主制度发展的必然趋势——对中国共产党和各民主党派“长期共存，互相监督”方针的体会》，发表在同年七月二十七日的《人民日报》，博得当时党内外人士的称赞。

他在晚年不失为同中共“肝胆相照、荣辱与共”的诤友，在一九五四年提出“计划生育”的主张，更不失为诤友的良言。

呼吁来归

邵老经常撰写文章，通过广播和国内外报刊，向台湾当局及有关人员剀切宣告，促其来归。一九五六年十一月十二日中山先生九十周年诞辰，邵老商承周恩来总理的指示，筹备进行全国大规模的纪念活动。周总理任筹备会主任，邵老任副主任兼秘书长。筹备会出版了《孙中山选集》，发行了孙中山头像的邮票，颁发了特制金质纪念像章，编印了中、英、俄文的纪念特刊，首都和各大城市举行了规模空前的纪念大会。毛泽东主席亲自撰写了《纪念孙中山先生》的宏文，文中说："现代中国人，除了一小撮反动分子以外，都是孙中山革命事业的继承者。我们完成了孙先生没有完成的民主革命，并且把这个革命发展为社会主义革命。"

邵老本人在纪念期内写了七篇文章，发表在国内外报刊上，起了很大的作用。

一九五七年张元济（菊生）先生九十寿辰，邵老撰诗庆祝，全诗如下：

> 鬻子九十策国事，伏生九十传尚书，愚公九十思移山，放翁九十常操觚。君之一身兼四哲，君之遭际史所无。早岁维新受挫折，海滨蛰处伤道孤。涵芬万卷毁于寇，烬余犹幸归国储。历尽沧桑逢盛世，浮云扫尽乐何如！老当益壮神长旺，和以致祥福有余。偶得新诗共欣赏，每闻奇迹倍欢愉。只余一事萦怀抱，台湾而今犹负隅。奋起挥毫苦相劝，精诚应可格豚鱼。社会主义向前进，愿见大同极乐图。百岁颂君还未足，再增花甲我高呼！

足见邵老无时不在敦促台湾的醒悟。

力子先生和开明书店

叶圣陶

邵力子先生曾经是开明书店的董事长，知道这件事的人现在已经不多了。

开明书店是章锡琛先生和章锡珊先生在一九二六年开头办起来的，听说资金只有两千来块钱，是他们弟兄俩在商务印书馆工作十多年的积蓄和离职时领得的"退俸金"。开明的业务稍有开展，两千来块钱就不够调度了。于是弟兄俩便拉朋友们入股，少的五块十块，多的也只有几十块上百块。朋友大多是文化界中人，入股不是为获利，而是支持这个颇有朝气的书店。邵力子先生是入股最早的人。一九二八年，章氏弟兄经营的开明书店正式改为股份有限公司组织。

那时候，蒋介石已经背叛革命，成立了国民党一党专政的南京政府，开始他的法西斯统治。开明书店既要谋生存，又不愿意投靠国民党，朋友们商量就推举邵力子先生担任董事长。邵先生主编过《民国日报》，反对旧军阀和帝国主义的态度是鲜明的。他还担任过上海大学的副校长，亲自给学生上几门课，讲课十分认真，教材由浅入深，学生们听得津津有味，总觉得没有听够一样，因此他在当时的知识界颇有影响。他在国民党内左右不了那些权势者，这是大家都知道的，可是他毕竟是位“元老”，开明书店请他当董事长，无疑地能起保护色的作用。至于作用到底有多大，我说不清楚，只记得有时候遇到了麻烦，夏丏尊先生就赶到南京去找邵先生。邵先生一直很关心开明书店，他对朋友诚挚、和蔼，又非常关心，常以“助人为快乐之本”自勉，每次路过上海总要到开明书店看看丏尊先生、雪琛先生等几位老朋友，跟他们谈谈心。

新中国成立以后，开明书店迁到北京，在出版总署的指导下，跟青年出版社开始洽谈合并的事宜。可是不久，总经理范洗人先生患癌症逝世了，经理部门只剩下了王伯祥先生，其余的负责人在上海解放前后已经离开了开明。王先生是研究文史的学者，不是管理人才。朋友们于是商量请邵力子先生暂时管一下，他在开明还挂着董事长的头衔，是名正言顺的。邵先生很爽快地答应了。他当时担任着中央人民政府政务委员，并不是很空闲的人，但是既然答应了，他就踏踏实实干，每天上午到开明坐半天班，处理日常事务。这时候正赶上“三反”“五反”，开明书店是私营企业，当然得按照“五反”的五条进行清查。这样的群众运动，邵先生是第一次遭遇，难免有些言语使他不大愉快，清查结果开明是“基本守法户”，在领到证书那天，邵先生才释然于怀。运动结束，邵先生作为开明书店的私方首席代表跟青年出版社达成了合并的协议，成立了公私合营的中国青年出版社。那是一九五三年四月的事。

在私营出版业中，开明书店是最先接受社会主义改造的。邵力子先生推动和完成了这一件有历史意义的工作。

邵公与上海通志馆的建立

胡道静

邵公道德文章，皎然在世。一生中对革命事业、宣传教育工作，社会勤务，建树贡献，难以悉数。亲故知交，桃李门墙，多有详述，令人景仰。我在此仅记一轶事，因它能从侧面说明邵公的思想进步，识断强毅，为人群幸福、文化发展做出的贡献。

上海在一九三二年时，曾建立一编修“市志”的机构，由柳公亚子主持其事，为当时全国第一都市忠实地撰录了地方史志。志馆的成立，柳公的出任，事由邵公斡旋，此为外间所不多知。缘当时国民党政府建置上海市通志馆，不过欲装点门面，并非真欲成一信史，而聘请柳公主持馆事，乃因“一·二八”日军寇沪，迁都洛阳，当时政治会议，建议首谋国民党内部的团结。柳公向为国民党左派，坚决反对蒋介石的独裁统治，久遭排斥投闲。此时邀请出山，不过为所谓团结问题作一示范，并不希望柳公真为文化工作创出业绩。如此并无诚意的布置，当然不为柳公所接受，而国民党当权派陷于僵局。为摆脱困境，乃委恳邵公出面斡旋。邵、柳私交素好，思想并皆进步，当时有“二子”之目（力子、亚子）。因而一夕谈话，能有共同语言。柳公表示，如真授予权力，为地方历史成一真实记录，自当为人民、为社会担此职责，但必须“约法三章”，获有完全的保证，在此先决条件下才允诺出任。这三章约法是：

一、编辑方针，志馆人事，不受外界干涉（这是为了防止国民党右翼塞进监视分子以及一般的推荐冗员，破坏了柳公撰写信中的志愿）；

二、志稿必须突破惯例而用语体文撰写（这是柳公一贯坚持的文化运动的方向）；

三、志书纪年，一律以公元为主，年号纪元为辅（柳公的本意，只是按照历史学界公认的纪元办法，目的是使读史者对于史事的发生年份，有一个通贯的概念）。

这三章中的后两章，在我们今天看来，都觉得乃是太平常的事，有何提出坚持的必要？殊不知在半个世纪以前的旧中国社会里，连报纸上的新闻消息还在用文言文写，而政府所编“官书”竟用起白话来，岂非“攸关体统，有损尊严”？至于我们国家今天法定的纪年，就是用世界通用的公元，不要说只是历史书籍使用公元了。但在那时，国民党政府对于公然提出要用公元纪年的主张却视为洪水猛兽，吓得要死，他们可以加你一顶“破坏法统”的大帽子。明乎此，在这场“谈判”中，对方如不是邵公，那么柳公绝不会推心置腹，率直提出自己的主张来。而对方要是别人，听了柳公的三章，那也一定挢舌不下，岂敢答允？可是邵公是了解柳公的，而且说心上话，邵公也是赞成柳公的思想的，再加上还必须有的一个重要的砝码，就是邵公他有魄力和能力接受这三项先决条件。

好，一切就这样顺利解决了，上海市通志馆就这样办了起来。

柳公坚持实行自己的主张，在后来的行动中都体现出来。这当然遭到国民党右翼顽固分子的侧目，他们曾数次找机会打击市通志馆，想把它拿过来或撤销它。但以柳公之威望，邵公之主持正义、保障约定，“顽右”们的阴谋没有能够得逞。直至“八一三”上海战争后日本军国主义暂时控制市区后，志馆才停办，但留下了一千多万字的《上海市通志稿》，历经患难，至今完整地保存着。现在，人民的国家重视地方历史，编写多卷本《上海史》的任务交付给上海社会科学院历史研究所进行。所里对于柳公主持通志馆时期留下的这份文献遗产，十分重视，认为它基本上是站在人民的立场撰写的，对于今天新编《上海史》是份极为有用的参考材料。

当此缅怀邵公百龄寿辰、兴念邵公一生伟绩之时，对此邵柳二公情谊以及共同解决关键问题，建立通志馆而撰成一大市志史稿之事，觉得不能不以所知所闻，书此留念，以颂邵公一生在团结工作上所付出的精力与做出的贡献。

法学博士关心请愿学生

高世梁

我首次见到邵先生，是在一九三〇年母校复旦大学二十五周年校庆纪念的时候。那时我是法学院二年级学生，院长为张志让先生。纪念典礼于十月十七日下午在体育馆举行，由校长李登辉先生主持，复旦创始人马相伯老先生也由邵和于右任两先生扶掖登台。时马氏已九十多岁高龄，精神矍铄，坐在圈背椅上，即席致辞，大意是：今日本校举行校庆，并授予邵力子、于右任、钱新之三位先生以“法学博士”荣誉学位，开全国私立大学未有的纪元，这种光荣的事情，应与诸位同乐的。接着邵先生和于、钱两先生也都讲了话。当时老校友朱仲华（学名承洵）先生，以复旦校董，也被邀请从绍兴到上海参加，恭与其盛。

一九三一年“九一八”事变，东北三省沦陷，千万同胞，在日本帝国主义铁蹄之下，痛遭蹂躏，全国人民无不义愤填膺，上海学生更慷慨激昂，奋起斗争。复旦学生激于救国热情，首先分赴各校发动组织请愿团，向南京政府请愿，出师北上抗日。请愿团于二十日动身赴京，一行千余人，校方也派张志让、章益、孙寒冰、温崇信四教授陪同前往。当时抱不抵抗主义的国民党政府，害怕学生运动的蓬勃开展，急电上海市市长张群，极力设法阻挠，不让学生晋京请愿。但他们并未挡住爱国学生的赤忱洪流，遂又派邵先生赶到南京下关车站劝说学生回沪。邵先生却始终凛于民族存亡的大义，对请愿学生提供方便，设法弄到小火车，将学生们送入南京城内国民政府的所在地。当时大雨如注，千余名男女同学，直立院内雨中，终不气馁。蒋介石先派于右任先生出见，致辞慰勉。于先生和大家同站雨中，衣衫尽湿，水从"大胡子"上往下滴，其情令人感奋。从早晨六时许争持到下午二时多，蒋被逼亲自出见。他先讲了套冠冕堂皇的好听话，随后又发誓说："我蒋介石如不出师北上抗日，我不是人。"学生被欺骗退出，已经四点多钟，湿衣在身，饥寒交加，因为从上海到南京，已历时一昼夜。这时邵先生指示南京安乐酒家（为复旦广东校友所开设），在国民政府大门口分赠点食，并率领大家到中央大学体育馆休息，还派人送来整箱军用毛毯，为同学们御寒。次日，上海各大专校学生请愿团都到了南京。蒋在中央军校召集开会，戒备森严，一反前一日出师北上抗日的讲话，痛骂学生一顿。他责令大家返沪读书，并言：国家事自有政府办理，用不到你们学生来操心。当晚蒋又派人分头严逼请愿团离京，否则，次日南京街头如果发现一个上海学生，即行捕送紫金山入伍，并将学校封闭。邵先生又彻夜往返奔走协商，以爱护学校学生为重，设法找来车辆，婉劝返沪。

一九四六年九月（中秋节），邵先生和夫人傅学文师母到海宁观潮，随行者有平湖县参议会议长徐青阳（眉轩）。回到故乡绍兴后，下榻城内观音桥前金汤侯先生家中。当时，绍兴县参议会在觉民舞台开会欢迎邵先生，会议由议长金鸣盛主持，出席者有各机关、团体、报社、学校等多人。邵先生即席讲话，并答复了各方提问。时朱仲华先生在上海，由浙江省地方银行绍兴分行经理徐子潮先生去电通知赶回，邵先生为之滞留了一天。

会后晚上，邵先生嘱金汤侯先生电约先父高剑秋（时任绍兴民国日报社社长）及我（时任绍兴县参议会秘书）到金宅叙谈。邵先生殷勤接待，蔼然慈祥，详细地垂询当地民情及对时局的看法。邵先生对国共两党和谈前途表示万分关切，谆谆然以国家前途、人民幸福为念，诚挚地希望国共两党和平谈判能达到目的。此后先生在党中央领导下，为台湾回归祖国、完成统一大业、呼吁归来，极尽了心力，矢志不移。

邵先生参加辛亥革命暨历次救国运动，以及国共两党和平合作，无一不奋发当先，握笔鼓吹，不辞劳怨，不避艰险，不畏强暴地为民族、为国家奔走呼吁。至于培植青年，兴办学校，节制生育，尊重女权，邵先生也具有高瞻远瞩的独到见地。他的崇高品质、爱国爱民的精神，永远值得我们学习。

邵、于二公亲密无间的友谊

刘永平

邵力子先生和于右任先生无论是在辛亥革命前后，还是在国共合作时期，或是国共和谈中，或是日常生活工作中，或是隔海怀念中，他们都是高瞻远瞩，以国家民族利益为重，以实现祖国和平统一大业为职志。邵、于二公在爱国思想的支配下，始终在生活上互相关怀，在道谊上互相切磋，嘉言懿行，不胜缕述，现就其荦荦大端，简叙于后。

一、在辛亥革命前后

于右任先生长邵力子先生两岁，他们最初在上海见面，由于志趣相同，便成莫逆之交。当时于右任先生在陕西以第十八名乡试中举，文名鹊噪关中，以所著《半哭半笑诗草》中，有“爱自由如发妻，换太平以颈血”等激烈词句和革命排满思想，被三原县令德锐和陕甘总督允升举发，以“逆竖倡言革命，大逆不道”入奏。一九〇三年春，于先生赴试汴梁春闱，而逮捕之令下，于先生改名刘学裕，潜逃上海，得在马相伯座中，认识了邵力子。这时马相伯先生主张“教育救国”，在蔡元培先生的支持下，筹办震旦公学，这是中国第一所新型的高等学府。马相伯先生皈依过天主教，因而此校属于教会性质。邵、于二公都受到马相伯先生的垂青，并肩在震旦大学研习。当时同学还有钱新之、黄炎培等。但后来由于某些传教士企图改变马相伯先生独立自主的办学原则，进行帝国主义文化侵略，马相伯先生异常震怒，在进步学生于右任、邵力子的襄助下，向某些传教士，据理力争，终因阻力过大，马相伯先生毅然摘掉震旦公学校牌，拂袖而去。邵、于二公在此次学潮中崭露头角。

邵、于二公都是最早从事新闻事业的老前辈。于右任先生于一九〇七年四月二日便在上海办起了《神州日报》。开办费两千余元，是邵、于二公在陕、甘、豫、晋等省留日的革命学生中募集得来的。于右任先生旋约杨笃生、叶仲裕、金怀秋、王搏沙、汪寿臣、张俊卿、黄祯祥、谭价人、邵力子等协作，得到当代名流如章太炎、马相伯、黄晦闻等的赞助，题刊头的是南通张季直（謇），盖张时任复旦、中国两公学董事，与邵、于二公有师友的关系。该报所撰社论，抨击时政，针针见血，但刊行未及一载，邻居失火，不幸殃及，编辑部、印刷部、营业部悉付一炬，杨笃生缘电杆而下得免。事后，于右任先生以一时无力恢复而辞去该报社长之职。翌年戊申（一九〇八）秋间，复筹办《民呼日报》，以为之继，可惜被当局取消发行权。由于《民呼日报》激烈攻击腐朽的清廷，报道各地资产阶级民主革命运动的情况，仅出版了九十三天，便被查禁。清政府并扬言要挖掉该报负责人于右任的眼睛，以昭炯戒。一九〇九年于右任先生改《民呼》为《民吁》，重新出版问世。该报取名“民吁”，含有两种意思：一取“民不敢声，唯有吁也”之意，另一种意思，改“呼”为“吁”，少掉两点，象征已去两眼，亦无所畏惧。关于此次改名问题，是于先生询之邵先生，邵先生表示赞成后，方定下来的。

当时邵、于二公都是经济困窘，到处奔波，既要教书，又要办报。于先生下午在报馆，上午到同盟会系统的中国公学任教。邵先生也是边到报馆，又边到复旦公学任教。尤其在《民立报》阶段，宋教仁先生遇害后，邵力子继任主笔，他们的关系更加密切，讨袁檄文，短小评论，大都出自邵、于二公之手。他们以报馆为阵地，抵掌而谈，奋笔直书，惊天地而动鬼神，筚路蓝缕，对祖国新闻事业的奠基，做出了巨大的贡献。

二、在国共合作时期中

孙中山先生对“十月革命”的态度是很明显的，十月革命胜利后，他就去电祝贺。国共合作，先是孙中山先生与越飞合作，决定由共产党帮助孙中山先生推动孙的革命计划。孙先生也知道国民党的人和革命的办法不行，人的脑子太旧，组织涣散，没有力量。一九二一年国民党准备改组，决定国共合作。国民党中一部分顽固分子极力反对，说帝国主义坚决反共，和共产党合作危险，他们怕赤化。一般国民党认为共产主义是一种潮流，共产党有一定的力量可利用。而真正认识到共产党的正确，和国民党本身的弱点的人是很少的。当时对马克思主义很热心，对十月革命很有兴趣的国民党左派，就是廖仲恺、朱执信、于右任和邵力子。

邵、于二公不仅在理论上支持孙中山先生关于国共合作的政策，同时在实际行动上也是身体力行、互相共勉的。一九二二年至一九二三年间，上海环龙路四十四号，有筹备国民党改组的办事处，毛泽东主席参加宣传部工作，邵、于二公在这里和毛主席共过事。于右任先生在《东方杂志》发表文章，力主国共合作，认为“合则两益，离则两损”，反对当时的反共逆流。

为了国共合作，邵、于二公携手于一九二〇年办起了“上海大学”。这个学校是国共合作的产物。信仰马克思主义的进步分子都集中在这里，如邓中夏、陈望道、杨明轩都是学校的教职员。当时于右任先生为校长，邵力子先生为副校长，杨明轩先生为总务长。国共两党共同办学，把马克思主义传播给青年学生。在兴办教育事业方面为国共合作树立了良好榜样。

一九三六年十二月西安事变时，邵力子先生当时是陕西省主席，他赞成毛泽东主席、中国共产党的主张，对抗日统一战线的成立，西安事变的结束，起了一定的作用。一九三七年七月，以蒋介石、张冲、邵力子为国民党代表，周恩来、博古、林伯渠为中共代表，在庐山开谈话会，蒋介石承认陕、甘、宁边区，承认共产党的合法地位，确立了国共两党第二次合作的基础。九月间两党分别发表文件，两党的统一战线宣告成立，邵先生对此花费了心血。邵先生高兴地说："国共二次合作抗日，是全国人民的愿望，三大政策将要恢复。"于右任先生在西安事变爆发后，乘车赴西安，未入潼关，便闻解决。他回南京后，在纪念周会议上说："西安事变的解决，是延安派去的周恩来先生出了大力，停止内战，一致抗日，是当前全国人民的愿望，现在国共已第二次合作，这是抗日民族统一战线。"由此可见，邵、于二公不仅力主国共合作，并以自己的行动，实践自己的诺言。

三、在国共和谈中

在抗日战争爆发后，斯大林同志领导下的苏联热烈支持中国抗战，而有些援助，忽然停止。为了改进中苏邦交，就必须改派大使。当时于右任、冯玉祥、张季鸾竭力推荐邵力子先生出任驻苏大使，以设法争取更多的援助，赞助国共二次合作抗日。为维护抗战大局，争取苏联免与日军妥协，尽可能避免日后内战，"化干戈为玉帛"，为实现国内和平而努力，邵力子于一九四〇年五月到达莫斯科就任，一九四二年回国述职。回到重庆住了三个月，邵力子先生便未再回苏任。

一九四三年至一九四六年间，邵力子先生任国民参政会秘书长时，和在一九四五年国共两党重庆谈判中，为达成《双十协定》，起了重要作用。

邵力子先生对于国共和谈，寄予殷切期望。一九四五年八九月间毛泽东主席到达重庆时，邵先生亲自到机场去接，在国民参政会中设宴招待，于先生亦在监察院设宴为毛主席洗尘。毛主席在重庆见到南社创始人柳亚子后，把《沁园春·雪》词稿给柳先生看，柳先生写下了和章，不胫而走，人人传诵。在国共两党重开谈判的大小会议上，邵先生虽为国民党的代表之一，但遇到国共双方看法不一致的时候，邵先生力排众议，侃侃而谈，折冲樽俎，既能基本上维护国民党的利益，又要满足共产党的要求，求同存异，千方百计，使之达成协议。邵力子先生处境虽很困难，但终于促成了《双十协定》的签订，获得了"和平老人"的荣誉称号。

邵、于二公不仅支持《双十协定》达成的协议，而且也支持"上海人民和平代表团"和"南京政府和平商谈代表团"。于右任先生在国民党和谈特种委员会上大力推荐邵力子先生为和谈代表，他说："我们可以让仲辉（力子的字）先去北平，在适当时机，我也要去。"当时参加会议的有李宗仁、何应钦、于右任、童冠贤、孙科、张群、朱家骅、白崇禧等。

一九四九年一月四日，邵力子、张治中在南京介寿堂招待文化新闻界，谈和平政策的进行。于右任先生在监察院也通过宣言，呼吁立即停战谋和。

四月十二日，李宗仁、白崇禧、何应钦，一度酝酿，公推于右任，加派邱昌渭、韦永成作为非正式代表，再去北平活动。邵先生亦盼望于先生能早日来北平，但由于时局演变很快，未能实现。

邵、于二公力主国共两党和平谈判，身体力行，付诸实践，功在人间，彪炳千秋。

四、在日常生活、工作中

邵、于二公在日常生活、工作中，亲密无间，不仅是良友，而且是挚友，真可以说"邵、于不分家"，"情同手足，亲如一家"。

于先生长邵先生两岁，所以邵对于奉之如兄，于对邵爱之如弟。他们亲密无间的友谊是建立在共同的理想之上的。他们都是很早的同盟会会员，得到孙中山先生的信赖，是孙中山先生所制定的国共合作和三大政策的忠实执行者，由于他们有着共同的理想，所以他们在社会工作和日常生活中接触更多。

在社会工作方面：一九〇七年邵力子先生去日本学新闻学，一九一〇年回国后，于右任先生介绍邵先生去陕西高等学校任教，因宣传新思想、新文化，遭到陕西当局迫害，被驱逐出境，潜回上海。一九一三年于先生又推荐邵先生在复旦公学任语文教员，兼任上海《民立报》编辑。邵先生在复旦公学师生中，曾起过进步作用。在“六三”前夕，北京发生了逮捕学生的事情，邵力子先生在报馆接到北京电报，知道情况后，等到报馆工作一结束，就跑到复旦公学，找几个教员商议。天亮后，打铃召集学生开会，报告这个消息，学生很轰动，立即分头到各校报告。当天，各校学生又派代表劝商界罢市、工界罢工。这就是六三运动的导火线。于先生经常称赞邵先生在复旦公学中所发挥的作用。

一九三〇年十月十七日复旦大学（原为复旦公学）举行二十五周年纪念会。这个会是在上海体育馆举行的，当日爆竹声声，盛况一时。到会者有董事长马相伯、校长李登辉、董事于右任、邵力子等。就在这个会上授予于右任、邵力子、钱新之三人为法学博士，以表彰邵、于二公促进社会进步的成就。

在日常生活方面：一九二九年七月十四日，于右任先生长子于望德在上海和胡仁源三女胡英女士结婚，在一品香举行婚礼。是日，门外仅缀以松柏，未扎灯彩。来宾入门签名毕，由招待员赠以红花一朵，系诸襟上。于右任先生布袜布履，长袍黑褂，钟鸣三下，军乐齐鸣。堂上陈列总理遗像一帧，结婚证书置诸案上，前陈鲜花及诸亲友馈赠之花篮等物，上悬泥金联一，为王一亭所书，中华艺术会所赠。证婚人为九十老人马相伯，介绍人为王开疆、陆仲渔，于、胡二氏，则分立左右，为主婚人。证婚人马相伯以九十高龄，不能久立，乃端坐椅上，须发皤然。马氏所致训词引经据典，勉以团结互助，交相爱待、互相促进。亲友由许静仁、邵力子代表致辞。邵先生以通家之好，关心青年夫妇前途，应以献身社会国家为重，勖勉有加，语极亲切。于右任先生以主人身份在致答词时向马相伯、邵力子二老表示感谢。

一九三一年二月，邵力子先生和江苏宜兴傅学文女士结婚，于右任和陈绍宽做证婚人。于先生在婚礼上称颂说："我们都知道学文女士是大家风范，仲辉先生是江南才子，双美结合，是天赐良缘，构成佳偶。伫望在事业上互相支持，在精神上互相鼓舞，这不仅是家室之福，而且是邦国之庆。"措辞典雅隽永，洵为学者名言。

邵力子先生过去在《民国日报》主编《觉悟》时，曾经大声疾呼反对封建婚姻，反对妇女守寡，引导青年从封建思想的束缚中解放出来。他以身作则，言行一致。邵先生次子邵志刚，留学意大利，不幸死在国外。儿媳由于怀孕，未能随同出国，在志刚死后，她抚养遗腹子。但是，邵先生力劝儿媳破除守寡的传统观念，培养她先到日本读书，然后再改嫁。一九四二年在重庆特为其举办婚礼，邵先生把她作为亲生女儿出嫁来对待，自己当主婚人，请于右任先生做证婚人。于先生盛赞邵氏敢于破除几千年以来的封建传统，将媳作女，安排改嫁，以此移风易俗，尊重妇女权利，实属难能可贵。邵先生说到做到，创立新风，一时传为佳话。

至于邵、于两家，岁时往来，更为亲密。一九三八年八月间武汉战局紧张，邵先生夫妇先住在汉口，到十月底一同飞到重庆，就和于右任先生一起住在领事巷康心之家里。康心之是重庆金融巨头，他的公馆，如同一个大花园，倚山临水，景物清丽，每当春意盎然，风和日丽，天际云帆，飘然而至，杂花生树，群莺乱飞，不啻"杏花春雨江南"也。于先生约住十余间，邵先生则仅住两间，但公余之暇，品茗谈心，共话抗战形势，展望和平未来，往往深夜始罢。

及至日本投降，国民党政府迁回南京。但是，石头古城，备受日本飞机滥炸摧残，公共建筑，悉遭破坏，断壁残垣，疮痍满目。邵夫人在这个基础上创办了力学小学和幼儿园，她认为："教育事业，是百年大计，培养人才，绝非一朝一夕之功，要使国家富强，只有从事幼儿教育，从儿童时代来培养起，使祖国的幼芽、花朵，得到雨露的滋润，从而造就未来的建设人才。”

邵夫人以半生之精力，奉献给祖国的少年儿童，她把生活节余下来的钱，捐作重建校舍的资金。校舍建成后，敦聘教师，并在校舍附近，建一住室，邵氏夫妇，即居住于此。生活俭朴，不尚奢华，陋室虽小，乐在其中。

邵氏夫妇，仍如既往，随时到于右任公馆，快谈竟夕，毫无倦容。他们交谊之深，于此可见。

五、在隔海怀念中

邵、于二公数十年来，朝夕相处，休戚相关，情同手足，亲如一家。但自大军渡江之际，于右任先生被迫去台，从此天涯海角，久疏音问。邵力子先生在京驰想，隔海怀念，情谊尤深。一九五八年十一月于右任先生在台湾重题《岁寒三友图》时说：“破碎山河期再造，凋零师友记同游。中山陵树年年老，扫墓于郎已白头。”此诗被邵先生看到之后，马上发表《勉励在台旧友》一文，文中引用此诗说道：“于老怀念祖国故旧的深情，悲伤老大零落的忧思，情见乎词矣。我知道，这不只是于老个人的伤感，也代表了在台湾的许多朋友的心情。”邵先生经常在传统节日，发表谈话，思念旧友，抒发了和平统一祖国的热望。

一九六一年三月中旬，章士钊先生由香港回到北京，给周总理写了一封信，信上说：“胡子（这是一些人对于老的尊敬称呼）最近给香港吴季玉先生来信说：‘今年是我老伴八十寿辰，可惜我不在大陆，今年她的生日一定会很冷落，不会有人理睬她的。想到这点，我十分伤心。’”章士钊在信中最后说：“胡子的这种心情，请总理给予注意。”后来总理让屈武先生看了这封信，让他以女婿名义，为于夫人作八十大寿。等举行寿礼过后，屈武先生要把总理关怀经过，告知给于先生，但又不能直接转告。后来向邵力子先生领教。邵先生说，“可用‘濂溪’二字，来代替总理。因为‘濂溪’是宋代理学家周敦颐的别号，于先生一看就会知道的。”果然于先生收信后，对濂溪先生表示感谢，也就是向周总理表示感谢。这充分说明了邵力子先生对于先生的心情是很理解的。

一九六二年一月二十四日于右任先生在《日记》中写道：“如死在台湾，愿葬在玉山或阿里山树木多的高处，可以时时望大陆。”又说：“远远是何乡？是我之故乡。我之故乡，是中国大陆。”同时，又写出动人心弦的《望大陆》诗，这是我们所熟知的。

有一次于右任先生来到金门参观，登到县东的太武山上于大雨中眺望大陆，写出有名的《望雨诗》：

独立精神未有伤，天风吹动太平洋。
更来太武山头望，雨湿神州望故乡。

“雨中望乡”，反映出于先生渴望和亲人团聚，迅速回归大陆的爱国激情，可惜邵先生未能看到这首沁人心脾的诗篇。

“胡马倚北风，越鸟巢南枝”。久居台湾的天涯游子，老母倚闾而望久矣，曷不早日回归祖国！像邵、于二公那样，情同手足，亲如一家，使海峡两岸人民得以欢庆祖国的和平统一，使邵、于二公含笑于九泉。我们期待海峡两岸人民对祖国和平统一大业做出新的贡献。

力子先生同新闻界

舒宗侨

我认识邵力子先生，是在一九三七年“八一三”上海战争爆发，国民党首都岌岌可危的时候。那时，上海行将沦陷，我离开《立报》转任苏联塔斯社记者，到南京工作。有一天，一辆汽车开到傅厚岗塔斯社门前，进来一位五十来岁和蔼可亲的长者，他是来拜会社长罗果夫的。他是谁呢？经过介绍才知道他就是宣传部部长邵力子先生。我早就景仰这位新闻界的老前辈，作为刚走上新闻战线不久的新兵，能见到这位老将，心里感到格外高兴。同时，我晓得邵先生是我的母校——复旦大学的老校友，谈起来倍感亲切。当时，我就想，一位宣传部长，首先来看一位新上任的外国记者，充分表现出记者出身的宣传部长，风度究竟与众不同。

从北伐到蒋介石逃离大陆，国民党当政二十多年，邵先生担任过很多重要职务。谁都知道，在国民党人中，他是一位政治态度倾向民主进步，反对顽固倒退的人。抗战时，国民党反动派多次掀起反共高潮，而他却冒风险，战恶浪，始终站在民主进步力量方面。邵先生是国民党里真正的革命派。

八年抗战，我因从事新闻工作，和邵先生有不少接触。想到邵先生，首先想到他在重庆营救我被捕的事。那是一九三九年春天，我经武汉因乘坐的《新华日报》专轮“新升隆”在撤退途中被炸，便辗转到了重庆。在重庆，我在塔斯社担任新闻采访工作，跑些关于国共关系、民主活动、政治动态、战争情况的新闻，有时要去访问曾家岩八路军办事处、民主人士、军政机关，有时要和同业间交换新闻或新闻线索。但就是这点点关系，我却被国民党军统特务看中，认为是“异己分子”，由特务机关“重庆卫戍司令部稽查处”于一九三九年三月下旬秘密逮捕了。我先后在重庆卫戍司令部稽查处和军法处关了整整五个月。与我同时被捕的还有美国合众社记者王公达、香港星岛日报记者王研石、时事新报和全民通讯社记者黄卓明、新民报记者刘自勤等七八人。这是抗战时期，军统特务对新闻界一次大规模的镇压行动。在我被捕期间，有朋友向邵先生报告，并把我的日记拿给邵先生去看，说明我们是无辜受迫害。邵先生得知后，便亲自找到卫戍总司令刘峙那里办交涉，要他把我立即释放。军统特务和刘峙手下的军法处，因为实在拿不出什么证据，没有开庭审问，除王研石外全部陆续释放了。事后，我们才晓得，那次准备加在我们头上的罪名是所谓“国际间谍案”，说我们这些人（其实有的还不认识）是美、日、苏、德的间谍。邵先生不仅替我出面向刘峙办交涉，还为我盖章具保。是年八月，我经过五个月的牢狱生活，经邵先生营救，终于获得自由。放出来时，重庆经过日本飞机的狂轰滥炸，山城已变得面目全非，我去领事巷邵先生处拜谢他时，他紧紧地握着我的手说：“你受委屈了！”当时他那慈祥的面容，亲切和蔼的态度，至今还留在我的记忆中。

邵先生对新闻界一向保持着极为亲近和友好的关系。我在解放前十多年搞新闻出版工作的过程中，每次去采访他，想了解些新闻或有所请教时，从未遭到拒绝。每次他总是诚诚恳恳、开宗明义地谈问题，一点不绕弯，丝毫没有官架子。一般新闻记者看到邵先生总觉得是“自己人”，邵先生看到记者也引为“同行”。这点在今天我回味起来，还觉得意味深长。记得那时，中国青年记者协会在武汉和重庆开会，邵先生是有请必到。我在重庆主编的《联合画报》创刊一周年时，他为刊物题词，出席纪念茶会，并且在会上讲话。

还有两件事，也是我亲身的经历，至今印象尤深。一件事是我获得自由后要不要回塔斯社工作的问题。当时，这件事我和罗果夫各有各的疑虑。邵先生却从中苏关系出发，希望我仍旧回塔斯社去工作。他对我讲：“像这样一个重要的新闻岗位，应该有位明了大事、照顾全局的人在那里工作……”他为此还亲自写信给罗果夫。他考虑的已不是某个人的去留问题，而看得更远、想得更深。

还有一件事，是一九四〇年初国民党政府指派邵先生任我国驻苏联大使的事。当时汪精卫叛国，国民党反动派积极进行反共反人民活动，军事上武汉、长沙相继失守，抗战前途相当黯淡。蒋介石一面想争取苏联援助，一面在国内掀起反共高潮。此时到苏联做大使，是个吃力不讨好的差事。而蒋介石为了敷衍门面，却选了和苏联有较好关系的邵力子去做大使。记得那年春天，有天晚上我在领事巷康宅躲警报，邵和我谈起出使苏联的心情。他表示，一切应从整个抗战大局出发，中国不管怎样变化，都要争取苏联对我的政治和军事援助，防止苏联对日妥协。邵先生在讲这话时我于隐隐中看到了他坚定自信的神情。确实，在那么一个复杂局面下，他明知其不可为而为之，如果没有足够的毅力和远见是下不了这个决心的。邵先生从一九四〇年五月到一九四二年十月，在苏任大使两年多，这时正是第二次世界大战的紧张阶段，他在争取中、美、英、苏四个同盟国家团结奋战，共同抵御德、意、日法西斯侵略，争取盟国胜利方面做了不少工作。

邵先生的谦虚好学，也给人以难忘的印象。抗战时期，他在浓雾迷漫的山城，每次经过七星岗、观音岩时，总看到他坐在车子上，手捧着书在阅读。无论是在巴中战地党政委员会或是夫子池国民参政会任秘书长时，踏进他的办公室，可以常常看到办公桌上摊着一本英文，一有空他就研读。邵先生不仅好学，而且为人谦虚。一九五一年，我在北京华北革大政治研究院学习，有个星期天去拜访邵先生，谈起知识分子的思想改造，他讲道：我们从旧社会过来的知识分子，总难免有这样那样的缺点，需要经过彻底的思想改造，才能更好地为人民服务，为新中国、为社会主义及共产主义贡献力量。这位远在20世纪20年代前后就参加共产主义小组和五四运动的老一辈的民主战士，能毅然地在中国共产党的领导之下，诚诚恳恳、踏踏实实为共产党工作，可见其胸襟坦荡，目光远大。他是从中华民族的利益来思考一切问题的。解放以来，他积极参加统一战线工作，领导国民党革命委员会的活动，在贯彻统战政策，解放台湾、坚定实行知识分子改造等方面，做了不懈的努力。从一九五六年起，邵先生就担任中央社会主义学院副院长，我记起当一九六一年我在嘉定上海社会主义学院学习时，邵先生偕同傅学文师母还特地跑到嘉定去参观访问，吸取改造知识分子的经验。此外，像近年人们关心的计划生育问题，邵先生远在三十年前就提出来了，可惜那时候未引起人们的重视，到现在却成为全中国、全世界的一个尖锐问题。每当我想到这一切时，不能不对终身致力于和平民主、忠心耿耿地为人类的明天而奋斗的邵力子先生，表示最大的敬意。

邵力子与《民国日报》

徐铸成

最近看到邵力子先生的遗著《出使苏联的回忆》，谈他一九四〇年五月到一九四二年十一月担任国民党政府驻苏大使的任职经过。他说："我被任此职，是因为那时只有斯大林领导的苏联政府大力支持中国抗战。为了争取苏联继续援助，必须改派与苏友好的人为大使，努力改善两国邦交。于右任、冯玉祥、陈布雷、张季鸾等乃建议蒋介石换我去任驻苏大使。……张季鸾是蒋介石座上诸葛之一，极力怂恿我使苏。他对中苏关系的看法，我颇动心。"一九四二年十一月他回国时，张季鸾早在一年多前病故了，我那时任桂林《大公报》总编辑。十二月中，重庆《大公报》总编辑准备参加新闻界代表团赴美参观，胡政之派我飞渝去主持重庆版言论工作。但我到渝之后，形势变化，因同业的反对，他去不成了。我就趁此机会，看访各方人士，了解一下"陪都"的政治气氛，以便掌好桂林版的"舵"。

那时，邵先生回国甫一月，正如他回忆中所说，他原来是准备回国述职后就回任的，但回到重庆后，就遭到CC等反苏反共分子大肆攻击诽谤，蒋介石改派傅秉常继任驻苏大使，而派邵为国民参政会秘书长。

我曾去拜访这位新闻界的老前辈，他特地在参政会宴请我，记得席间有王云五、王世杰等作陪。

他回国时，正是希特勒进攻伏尔加格勒极为激烈的时候，重庆的反动政客们，以为伏尔加格勒终难久守，幸灾乐祸地认为苏联将从此一蹶不振了。而邵回渝后，到处演讲，说苏联一定能抗住希特勒的进攻，转败为胜。我到渝时，还听到他在上清寺某团体做的一次报告，他举出一个例子，十分使人信服。他说莫斯科被围攻时，苏联发表了一个剧本《前线》，指责一个叫喀里空的记者，报道的前线捷报都不尽属实，虚构夸大。他说，凡是敢于揭露自己缺点的，就说明自己有克服缺点的自信；这一例子，就可以证明斯大林有信心，一定能最后战胜敌人。

他这些演讲，使CC之流极为恼火，到处诽谤，说邵力子不是中国的驻苏大使，而是苏联的驻华大使了。

据闻，邵离莫斯科时，曾向斯大林辞行，斯大林说："希望你早日回来。"当重庆政府将撤换大使之际，苏联驻华大使鲍格莫洛夫还特地访问外交部，说他已接到本国政府来电，要他向中国政府郑重说明，"斯大林委员长在送别时对邵大使说的话，绝不是一般外交辞令"。但蒋介石还是把邵调职了。也许苏联这一表示，反而坚定了蒋的决心，得到了相反的效果。

邵力子和叶楚伧是上海《民国日报》的创办人。据邵自己说："我当时（一九二六年）是一个跨中国共产党的国民党员，到上海时，中国共产党中央召开欢送会，会上主席发言，愿我以纯粹的国民党员代表国民党去苏联开会；欢送我退出共产党，并说我过去为共产党做了一些工作，今后相信我虽在党外，也照样可以为党为革命效力。我不能提出反对的意见，就这样退出了中国共产党。"

邵力子在上海主持的《民国日报》（尤其是它的副刊《觉悟》），态度鲜明，对宣传民主革命、倡导新文化运动，做出不小的贡献，而且邵还努力从事进步的学生运动，如震旦大学进步师生反对帝国主义分子的高压，另创复旦大学，他曾尽了不少力。

《民国日报》初创时，是相当艰难的。当时，上海各报用以开展竞争、招徕读者的项目之一是北京专电，都用二号字登在新闻版的最前面，申、新两报，凭其资金雄厚，以每月三百元的厚薪，聘请邵飘萍、张季鸾等名家任驻京记者，发电和撰寄通信。《时事新报》和《时报》也约请专人每天酌发专电。《民国月报》没有财力，但也要登些专电以资号召，听说这些专电，大多出自邵氏手笔。上海新闻界曾流传这样的故事，说几家大报的要闻编辑，每每到望平街左近的小烟馆去吸鸦片；力子先生无此嗜好，却也总去和他们叙谈；报馆的工役往往把电稿或小样送来，他们也往往就鸦片灯上加以审阅，力子先生总在不经意中得知许多新闻，参考外国通讯社电报，就不难写出自己的“北京专电”了。这可能全是传闻，但也可见当时《民国日报》筚路蓝缕的精神。

一九二六年北伐开始，邵力子和叶楚伧都到广东去了。《民国日报》由胡朴安继任社长，而掌握编辑大权的陈德征，在北伐军占领上海之后，也成了上海的党阀之一。“四一二”后，陈一度“红得发紫”，除《民国日报》的总编辑外，还掌握市党部和文教机关。一时的风云际会，使他头脑发胀。有一次，《民国日报》发起“民意测验”，“选举”中国的伟人，揭晓时，第一名竟是陈德征，第二名才是蒋中正。这一下，闯了大祸，蒋介石赫然震怒，借故把陈押解到南京。几个月后，人虽释放了，却得了个“永远不得重用”的处分。

一九四二年冬，我去重庆，曾往《国民公报》访友，座中有一个两鬓斑白、一脸凄苦的中年人，他走后，我这位朋友告诉我，此人就是陈德征，新近又受了一次意外的大打击。原来，三个月前，陶百川被任《中央日报》社长，顾念旧情（陶在上海市党部时曾由陈提拔），派陈当了一名挂名的主笔。不久，因为《中央日报》透露了一件外交机密——英、美等国在战后准备“交还”租界，本来相约“盟国”同时发表的，可《中央日报》先发表了，引起英、美使馆的抗议，蒋下令彻查，并把《中央日报》的名册“吊”去审查，看看有无“可疑分子”混杂其间。当他看到陈德征的名字时，又勾起了十几年前的余怒，特在上面批了两句话："此人尚未死乎？着各机关永不录用。""御批"一下，陈自然又失业了。赖有一同乡在重庆开一纸张文具店，请他去当司账，才得了一个饭碗。这是后话。

一九三二年淞沪抗战前夕，《民国日报》因刊载了一条有关日本少壮军人闹事的新闻，日方认为触犯了天皇神圣不可侵犯的尊严，正如杜重远的《新生》杂志刊载《闲话皇帝》一样，向外交部提出严重抗议，非把《民国日报》封门不可。于是国府乃下令该报停刊。但不久即改名《民报》重新出版。一九三八年上海沦陷后，与《大公报》等同时自动停刊，胜利后以原名复刊，无声无臭，甚至已不被国民党所重视，直至上海解放时停刊。报馆的经理，多年一直是管际安，他是昆曲的名票友，解放后还时以拍曲自娱。

在国共和谈期间，邵是国民党方面的开明派。一九四九年三月，他任和谈代表，和张治中一起，力主和平，接受八项条件。南京拒签和约，和谈破裂，百万雄师渡江。邵、张等留居北京，从此，作为民主人士，参加人民政府工作。

邵夫人傅学文是我的小同乡，她一九三一年和邵力子结婚。一九四九年四月，我们一起南下，等待上海解放。以后几年，我曾去拜访邵先生夫妇，邵先生也曾应邀到我们的办公处便餐。

邵先生对新闻事业还抱有浓厚兴趣，有一次，我和他谈新闻界往事，谈到旧《大公报》和张季鸾，他也认为张的文笔好，富有新闻敏感，但旧的士大夫积习太深，容易受人利用。我说："他在《大公报》的编辑方针之一，是反党（国民党）不反蒋。"邵先生说："这就是他的糊涂处。国民党原是中山先生领导的革命政党，有什么可反的。正是由于蒋篡夺了领导权，才把国民党拖入反共、反人民的泥坑。他这样主张，是本末倒置，黑白不分，说穿了，是旧文人受不了统治者的恭维，因而自以为是'国士'，对蒋要以'国士'相报。对他来说，是一个悲剧。"对于这些评议，我认为是十分中肯的。

一九五六年我在筹备《文汇报》复刊时，曾在北京邀请陈叔通、张奚若、陈劭先等民主人士座谈，征求他们对报纸的意见。邵先生也应邀参加。谈到报纸如何响应党的号召，贯彻“双百”方针时，他诚恳地对我说：“一股风吹起时，办报的人往往不容易保持冷静。不要单凭一股热情，要从多方面考虑考虑才好。”他毕竟是老报人，又对政治富有经验。他已看出了我的弱点，好像也已预见到后来的结果。

上海学联的顾问

章　益

邵力子先生的毕生事业和他对人民的贡献，昭昭在人耳目。我六十多年以前在上海复旦大学肄业时虽曾是先生的及门弟子，但对先生的崇高品德认识不够全面，理解不深。此时追溯往事，只能就我心目中留下的较深刻的印象，浅谈我对老师的认识，借以表达我对老师的敬意。

我所理解的邵老师，是在思想意识方面永远走在时代前面的一位先进人物。他不仅在认识上走在时代的前头，而且有坚强的意志、不屈不挠的勇气，把自己的主张向公众发表出来，坚持下来。在旧中国有两个时期邵先生这种精神表现得最为突出。

前一时期是他在上海主编《民国日报》副刊《觉悟》栏，兼在复旦大学任教时期。《民国日报》是国民党的机关报，在北洋军阀统治时期，国民党还是一个常常遭到政治压力的在野政党。《民国日报》设在租界以内，北洋反动政府虽然对它是鞭长莫及，但邵先生在《觉悟》栏中所发表的打倒封建礼教，主张妇女解放等文章，却触怒了租界的当局。在这个问题上，租界当局和中国反动政府是一个鼻孔出气的，因此他们时常勾结起来对《觉悟》主编人借故进行迫害。邵先生曾屡次被租界当局传讯，有时还处以罚款，但邵先生却坚持立场，毫不动摇。

这种政治迫害在当时还不算严重的压力。更大的压力是来自一大伙顽固文人的口和笔。那时候，“中学为体，西学为用”的幽灵还在知识界中徘徊，官方公然下令尊孔读经，有些“卫道之士”也以捍卫中国固有文化为己任。所以《觉悟》副刊被视为洪水猛兽，其主编人也就处于“逐出教门”之外的地位了。邵先生其时尚能在一所大学里任教，也只有复旦的李登辉先生这样开明的校长才敢加以礼聘的。邵先生对于当时社会上的压力始终泰然处之，没有丝毫动摇之意。

在此时期，爆发了五四运动。邵先生主编的《觉悟》副刊，其言论主旨和《新青年》南北相呼应。值得追述的一件事是邵先生对上海的学生运动所起的推动作用。一九一九年五月四日北京学生运动刚刚开始，上海的《民国日报》当夜得到电讯。次日凌晨，邵先生即驰往复旦大学，亲自敲钟召开全体师生大会，当场做了报告，使听众受到极大的震动。于是复旦同学们迅即分赴全市大、中学校，联系各校的同学们成立上海学生联合会（这是上海第一次出现的学联组织）。从那时起，复旦学生始终是该会的骨干力量。其时北洋政府对北京学生还在采取高压手段。上海学联为了支援北方学生运动，就组织全市范围的罢课，向市民作广泛宣传。随后又说服商界举行罢市，更进一步与工人们联系，酝酿罢工，声势日益浩大，同时其他省市的学校学生也纷纷响应。这才打掉北洋军阀的气焰，使其慌了手脚，不得不接受学生们的要求，罢免了卖国贼曹汝霖、陆宗舆、章宗祥的官职，并在巴黎和会上拒绝在损害中国领土主权的和约上签字。这次学生运动的胜利关系到国家的命脉，邵先生赞助之功是不可磨灭的。

复旦同学们参加学联的爱国活动，遇有疑难问题，仍不时向邵先生请教，邵先生总是不惮烦劳，在百忙中抽出时间，为同学们分析形势，指点方略，成为上海学联的不居名义的顾问，受到同学们的敬仰。

另一时期是在国共第一次合作，北伐成功之后，邵先生在国民党任职时期。其时蒋介石已经叛变革命，国民党成为一个反动集团。邵先生身居中委，对于国共分裂极感痛心，平日言谈对此也不加掩饰，因此引起反动派的猜忌，使他陷于孤立地位。国民党内有许多人对他肆意诋毁，最客气的说法是把他描绘为性情怪僻，比较露骨的咒骂则称他为党内的赤化分子，或暗中散播流言说他同共产党暗通声气。这时候邵先生处于危疑之地，比前一时期国民党尚未得势之前，他的危险更大。他之所以未遭毒手，我想是由于两个原因：其一是蒋介石自知其统治地位还存有薄弱环节，有时还必须同苏联或同中国共产党打交道，需要利用邵先生作为中介人物，因此不得不对他暂时容忍；另一原因则是国民党内派系林立，互相龋龁，所有派系间的争斗，都不是由于政见不同，而是为了争夺权力。邵先生从不争名夺利，所以同他们没有尖锐的利害冲突。他们除了背地里对他冷嘲热讽之外，还未到环而攻之的地步。尽管如此，邵先生所处的环境是恶劣的。假如再来一次清党，其后果将不堪设想。但他决不因此而气馁，依然是泰然处之。

我和邵老师同在国民党内，虽没有统属关系，但我在内心里常以邵老师的言行作为我的指针。当我在复旦大学校长任期内，教育部于一九四七年密令我解聘进步教授，我以辞职抵制，这在精神上是得到邵老师的支持的。

邵先生对我的深刻感召

文　强

邵力子先生是我在黄埔军校第四期学习时的老师，也是我生平所最敬爱、最难忘的老师之一。我在未入黄埔军校前的文学生时代，便读过他在报章杂志上的许多文章，向往着能有一天见到他，当面聆听教诲。直到一九二五年我考入黄埔军校时，还不知道这位著有文名的青年导师，已到了黄埔军校，在校长办公室担任着秘书的重任，当然更不知道他是黄埔军校政治部的代理主任兼讲授“三民主义”的教官。

一九二六年二月，也就是我刚由第四期入伍生经过甄别考试后，提升为军官生，到校本部报到编入政治科政治大队第二队不几天，我正在沙河营房入门前，一边等着上大课，一边眺望着黄埔岛外澎湃飞来的潮波。忽见一辆黑色的小车疾驶而来。当我们注目凝视时，从车中下来一位着常便服的中年人，笑容满面地朝我们走来。同学们猜想，这位儒雅的先生，可能是校本部来的高级人员，因是陌生的谁也未敢打招呼，慌手慌脚地站到一边，目迎目送他走进了大队部的办公室。我们这群同学中，有一位较年长的同学名叫叶德生，他是四川省德阳县人，曾毕业于北京高师，进修研究生后，在四川成大任过历史学教授，然后才投考黄埔军校的。也就是说，他比我们见多识广，却并不逞能，而是彬彬有礼，为人非常谦虚。他在目迎目送邵先生时，不知不觉地自言自语起来：“我看这位儒雅的长者，可能是今天来讲授第一堂课“三民主义”的教官，等着瞧吧。”上课的集合号已经吹响了，大家未及追问下文。这是照例由三个队集中上大课的号音，我们急急忙忙地赶到用葵扇叶搭盖作顶棚的大课堂，引领静静地坐在四人与共的长板凳上，等候着第一堂大课教官的到来。

随着一声立正、敬礼的口令，出现在讲台上的，果然不出叶同学所料，正是被我们目迎目送的那位儒雅可敬的先生。然而，此人是谁呢？大家鸦雀无声地注视着这位和蔼可亲的教官。

政治科大队长胡公冕先生举手向这位教官先行了一个军礼，从容地介绍说：“这位前来讲授‘三民主义’的教官，是校本部的秘书，是本校政治部代理主任，是讲授先总理遗教的政治教官，他是大大有名的邵力子先生……”话音刚落，大家立即报以雷鸣般的掌声表示欢迎。真是闻名不如见面，邵先生对青年感染力之大，我以为除了恽代英、周恩来、萧楚女等共产党同志外，作为国民党的教官，在我的心目中就要推邓演达和邵力子两位老师了。

以上所说的，是我初见邵力子所留下的一点印象。

其二：邵先生在学员包围中，明智地归纳出两大政治思想问题。

邵先生在校身兼数职，平时是很忙的。在我的回忆中，由他主讲的“三民主义”课程，总共上大课不过五六次，每次连续讲两个小时，算来是十二个小时左右。由于邵先生很忙，课程没有讲完就不再来上课了。以后据说是萧楚女先生接着讲完的。邵先生忙得没再来上课的时候，我们政治科这个大队挑选了五十余名同学为了准备北伐到前线去工作，集中到广东大学（后改名为中山大学）受特别训练去了，我是被选中者之一，萧楚女先生接替邵先生讲“三民主义”，我不曾听到过。

大致是邵先生第二次上大课的课间休息时，邵先生平易近人，毫无架子地坐在一条长板凳上，被同学们团团围住，热情地端茶送水，递送擦汗的毛巾。曾重圣、廖龄奇、王襄、袁裕、张先梅等几位政治科具有雄辩天才的同学，东一句西一句地向邵先生提问题，求解答。我挤入人群中紧紧地靠近邵先生恭听着。邵先生在密密重重的包围圈内，从容不迫地回答问题，他一眼瞥见我紧靠着他的身边，手中捧着记事本和铅笔，便毫不迟疑地当面指定我担任临时记录的任务。由于这一偶然的指定，我和邵先生也就从此建立起较接近的师生关系，在同学们看来，这也是难得的光荣任务。我的前半生与邵先生的接触并不多，也不曾追随在他的身边服过务，但从对我的感召之深来衡量，邵先生远远胜过其他的前辈。我平日怀着一种传统的观念，认为自己之能敬爱或崇拜一位伟人，常常是来自他的人格的感召、道德文章的感召。邵先生在黄埔学生中的威信，也可能就是从他的人格和道德文章堪为师表而来。

我把凌乱繁杂、不成章法的记录交给他之后，邵先生笑眯眯地连忙将笔记本接在手里，大声说："同学们，今天没有时间来回答问题了，留在下一次上大课时再来回答。你们提出的问题虽然不少，提问题的角度也不尽相同，不过归纳起来，不外两大问题都可包括在当前的政治思想形势里，一、何为新旧三民主义，应该怎样划清界限？二、国民革命何日成功？"

大家一听，无不鼓掌大笑，叹服这位老师的才智敏捷过人。邵先生归纳的两大政治思想问题，既深入到学生们的肺腑，也指明了提出问题的要点，更难得的，是在匆忙中把一堆乱麻似的问题，竟概括得如此妥帖，使自命为雄辩家的学生们，也不得不瞠目结舌起来。

我知道当年在大革命北伐前夜，国民党内左右派斗争非常激烈，反映在青年知识分子思想上的斗争也是非常激烈的。拥护联俄、联共、扶助农工三大政策与反对三大政策成了斗争的焦点，学生们在思想和政治立场上，在理论和党性上，几乎整天整夜地在争吵不休地进行斗争。雄辩家多半都是左派学生中的闯将，有的甚至还是CP分子兼国民党左派双重性的人物。邵先生既了解学生们的思想斗争情况，又抓到了大家提出问题的实质，只要归纳的两大问题一揭示出来，左派同学无疑会受到莫大的鼓励，右派学生将受无情的打击。更有趣的，是政治科学生毕业论文的题目，就是“国民革命何日成功”。我虽然不曾考察过，但知道“国民革命何日成功”一题，曾经在中国共产党的机关刊物《响导》周报上展开过公开的讨论。邵先生当年是中国国民党的左派人物，曾得到过中国共产党荣誉党员的称号。我由此进而联想到，邵先生能得到这样的荣誉不是没有原因的，他的所作所为是值得后辈们学习的，他的言行是无愧于中国共产党赠给的荣誉党员称号的。

其三：邵先生继续大讲新旧三民主义的区别。

我认为当年不论是听课或不听课的同学们，都迫切地要划清新旧三民主义的界限，因为这条界限划不清楚，就等于分不清国民党左右派的界线。“革命的向左来”这一口号，是当时最时髦的，连汪精卫也是喊得最起劲的一个。唯右派这个意味着保守、不革命、反革命的口号谁也不敢喊，连右派的头头们，也不敢把右派的帽子戴上，他们只敢称自己是“西山会议派”。其中也有避开左右派而自封为中山思想“正统派”的，实质上所谓正统派不过是为右派打埋伏罢了。我知道自称“正统派”的头头便是孙文主义学会的创始人戴季陶，维护孙文主义学会的最有力者，便是蒋中正。当年国民党中真正的左派领袖，是创始革命青年军人联合会的廖仲恺先生，继起的有宋庆龄、何香凝、邓演达三位先生，汪精卫是假左派，在黄埔军校内欺骗过不少的爱国青年。邵先生当年是明察秋毫，他虽然不在公开场合大谈左右派的斗争，但他的思想和脚跟却是稳稳地站在左派立场上的。我记得一九二六年三月二十日中山舰事变发生的第二天早晨，我冒着危险到校长办公室去探望过他，他正在窗前眺望，一见我就拉着手问道：“同学们的情绪怎样？这次事件是左右派的斗争，早预料会发生的，新旧三民主义的界限由此划得更清楚了，你回去代我好好安慰革命的同学们，新三民主义一定会胜利的，真正的左派一定会战胜邪恶的。”他愤怒地说完这几句斩钉截铁的话，便向我挥挥手而离开了。我返回转告关心这位老师的许多同学们，似乎从中得到了一种安慰。大家一致赞叹邵先生到了危险关头，犹念念不忘新旧三民主义的界限，他对新三民主义的信念使同学们，也包括我在内，受到了一次深刻的教育。

记得有一次，我专程去向邵先生请问关于新旧三民主义划清界限的问题，与我同去的有周恩来同志的胞弟周恩寿（当年是政治科的同学，现在是全国政协委员，名周同宇）、陈林达（当年是步一团的同学，辽沈战役时充任过前国民党新五军军长，已病故）等人，虽然已事隔五十八年，但仍记忆犹新，如在目前。

这一次以我作代表向邵先生主动提出了问题。我说："老师，我曾听到邓演达教育长在甄考口试中对我的勉励，'今后要好好学习新三民主义。革命一定要有主义……'话虽然只有这么两句，却使我多少天也睡不好觉，老在琢磨新三民主义的内容是什么？我连旧三民主义也没有学过，说到新就更不懂了。对邓教育长的提示，我问了许多老师和同学，大家都不懂，直到请问了恽代英总教官后，他才明确地为我作了解答。"于是，我将恽先生的话背诵了一遍。

邵先生听完，爽朗地答复说："恽老师的话精辟而扼要，也是一语破的，他是从马列主义的国际主义范畴，划清了新旧三民主义界限的，他指出新旧三民主义的界限和中心问题的所在，表现于有无接受三大政策新精神一语之中。他之所以是从国际主义范畴而来，又是出自马列主义的根源，我以后会在上大课中讲到，今天简要地说来，三大政策是从俄国十月革命的宝贵经验得来的，先总理悼列宁的信中喊出要'以俄为师'的道理也就在此了。"邵先生对恽老师的话加上画龙点睛般的一点，不但使我们茅塞顿开，也使我们感到大开了眼界。

邵先生接着又以非常谦虚的态度说："我对恽先生所言，尚待补充的，除了三大政策的新精神外，还要包括先总理遗嘱中'余致力于国民革命凡四十年，其目的在求中国之自由平等，必须唤起民众及联合世界上以平等待我之民族，共同奋斗'，同时还应包括中国国民党第一次代表大会宣言的精神在内。以上这两个文件，标志着新旧三民主义的根本区别。"

邵先生沉吟了一会儿，又从另一方面来说：“旧三民主义是代表了一九一一年辛亥革命的时代精神，基本上是反种族主义的统治和奴役的革命，其目的在推翻清朝建立民国。新三民主义则代表了三十年代反帝反封建的时代精神，已经由民治、民有、民享的民主主义思想，演变为具有民族、民权、民生的社会主义倾向的新内容。”他认为先总理的伟大，“是他的思想能跟上时代前进的精神，永远不停止，不故步自封。他既能接受资产阶级革命的启蒙思想，也能融会贯通社会主义的思想。虽然右派头头对他执行的新政策诋毁破坏，但革命的潮流是阻止不了的”。邵先生怕我们对他提出的补充意见听不懂，便又深入浅出地指出说：“其他的且不必多说，请看‘耕者有其田’这一口号，还有‘工农兵大联合起来’‘打倒列强、除军阀’等等一类的口号，都是旧三民主义所没有的……”邵先生在办公室谈了一阵，然后又领我们到校门前的海滨散步，我们且走且谈，这次会面真是受益不少，可惜我当年的笔记全丢失了，现在只能挂一漏万地记下这段往事。

其四：邵先生宣称“为先总理介绍信徒，是一个最光荣的任务”。

自从邵先生那次指定我担任记录员后，我便成了同学们公认的临时义务记录员。邵先生似乎颇为喜欢我，我也感到多与我所敬爱的老师亲近是一件荣幸的事。有一次，我将记录送给他时，他并不看笔记本，而是拉着我的手亲热地问道：“你是不是中国国民党的党员？”我答复说：“还不是，但在文学校加入过CY。”邵先生有些幽默地说：“国共是一家，CY是CP的预备党员，国民党太老大了，需要引进新党员，像CY这样的革命青年，越多越好。中山马列是一家，你不要忘记先总理说的‘以俄为师’，难道师友、师生还不是一家吗？我不相信死顽固能够反对得了。”邵先生开门见山地又说：“我作为先总理的信徒，就应该将发展党的组织，介绍党的新成员当成光荣任务。但是介绍党员作为先总理的信徒，必须是志同道合、不惜牺牲，在当前就是要坚决拥护三大政策，早日完成国民革命的任务。”邵先生已经忘记了我是否同意，便写了一张纸条递给我。接过一看，纸条上面写着“介绍政治大队学生文强加入本党为成员。介绍人邵力子，　年　月　日。”这是我没有料到的事。记得邵先生将纸条递给我时，被好几位同学瞥见了，他们纷纷问我，我未敢说是介绍入党，而说是笔记上有个问题记得不明确，要我去问一问提出问题的人。

介绍入党的纸条送给谁最为妥当呢？我想来想去，最后决定送给胡公冕大队长，理由是大队部最高的负责人是他，邵先生上第一堂大课的介绍人也是他，同时我还了解到，胡先生曾充任过孙中山先生身边的警卫队长和校本部的特务队长。纸条转出没有几天，就被批准了，我算是得到通知的第一名。不多几天，得到通知批准的多了几人，在私相晤面中才知道，介绍人都是邵先生。

其五：一桩师生之间的佳话——邵先生的狐裘袍子被盗，失而复得。

一九四三年二月，我自香港经澳门辗转逃难到了柳州，这是珍珠港事件引起太平洋大战爆发之后的事。当时，军统局派驻桂林办事处的处长是杨继荣少将，他当年的公开的身份是国民政府军事委员会桂林办公厅第三处处长，实际上干的却是有关粤桂港澳对日抗战的情报业务。我当时自上海租界回重庆述职，道经香港遇到珍珠港事件爆发，仓皇逃难。因杨继荣与我是黄埔四期的同学、同事、同乡的多种关系，故打电报给他，他一接到我逃抵柳州的电报，便专程赶到柳州来欢迎我。两人一见面便无所不谈，我们从偶然逃难到绝处逢生，谈到对邵老师的无限景仰和怀想之忱，引出了杨继荣讲述的邵先生狐裘被盗，失而复得的故事。这个故事是在第七战区司令长官部张向华长官宴请的席间谈出的（张向华是张发奎的别号）。

杨慢条斯理地说：“一九二七年是不平凡的一年，我那时还是一个CP分子，参加北伐时，在铁军部队中干过连营级政工干部，铁军是张长官当年领导下的一支劲旅。‘七一五’汪精卫在武汉发表反共宣言以后，真正革命的左派都脱离了他，走到由中国共产党和第三党合作的武装斗争旗帜下，先后举行了南昌八一起义和广州十二月起义。这两次起义，我都参加了。虽然两次起义都失败了，但留下的革命火种是扑灭不了的。”接着，杨将话题转到失败后他逃难到上海盗取邵老师狐裘的故事，引得在座的人哄堂大笑！

杨继荣说，他逃难到上海后，举目无亲，身无一文，已走到了绝境。

有许多黄埔同学的关系不敢去求援，看到黄浦江边码头上到处插着招募新兵的旗子，更不敢去自投罗网。他曾去湖广会馆找乡亲，但会馆里的老乡并不接待陌生的同乡，在上海这个十里洋场，是很难找到生路的。但事有凑巧，有一天他偶然在街报栏的报纸上，读到了邵力子先生在沪出席某处茶话会的报道，便灵机一动，立刻想到去找这位敬爱的老师。虽然他与邵先生除了一段师生关系外，说不上有任何往来，但邵先生的为人他是知道的。自学校毕业后，同邵先生已一年多没见面了，但他考虑，如果去求援于其他师友，恐怕凶多吉少，如果去求援于邵先生，自信是比较保险的，邵先生不但可能伸出援助之手，也可能会指点迷津，帮他渡过难关的。

最后，杨继荣终于找到了邵先生在上海的寓所。在一个寒冷的早晨，他到寓所去求见，传达室的一位老者告诉他，邵先生还未起床，可在客堂里等候。老者知道邵先生是高兴接见学生的，故而做主将他引进客堂等候。

邵先生是一位细心的人，当他听到隔壁客堂里有脚步声时，便问有客人么？女佣人回答说，有一位远来的学生求见。邵先生便立即起床接见了他。杨隐瞒了参加两次起义失败的经过，只是胡乱编了一套因为蒋中正校长下野到日本去了，他在广东系的部队中受到排挤，成为失业无职的流浪者，身无一文，度日如年，既想到南京找何应钦老师，也想回湖南原籍宝庆去探望老母，向老师求援请帮助点旅费。邵先生一听他的话，十分同情，二话不说，便同意他先去南京见何敬之先生（敬之是何应钦的号），然后再回原籍去探望老母。由上海到南京既是一车之便，也是一水之便，所需旅费不多，邵先生取出五块银圆相赠，问寒问暖，叮咛又叮咛的胜过了慈母心肠，使他感动得热泪盈眶。

杨继荣高高兴兴地离开邵寓，急奔黄浦江码头去购上驶的轮船票。因为目的地不是去南京，见何应钦是自投罗网，回原籍暂可隐居起来，等到联系上了革命组织的关系，然后再回到革命阵营去。他盘算着所赠五元旅费，只可到达长沙，到了长沙就等于到了家，有不少的亲友可资助他……他正满怀喜悦地思索着，一伸手往衣袋摸去，五元银洋已不翼而飞，显然是在慌慌张张地疾行中，被扒手窃去了。“屋漏何堪连夜雨”，他没想到竟会如此倒霉，只好对着黄浦江大哭了一场。

杨在大街上徘徊了一夜，想到再去向邵老师求援，又怎么说得出口呢？而且胡乱编了欺骗他的话，已经心有内疚，时感不安。可是想来想去又没有别的办法，后来想到邵先生客堂衣架上挂着的一件狐裘袍子。当老师起床接见他时，身上穿的是另一件袍子，狐裘袍子显然是严冬外出穿的。最后，他打定主意，先窃取而后奉还。他于次日凌晨，一如前次去求见，先到传达室，自称是老师约见而来，传达室老者不疑有他，要他到客厅等着。

衣架上的狐裘袍子依然挂着，他在一瞬间便穿在自己身上，从客厅隔窗向传达室的老者打了招呼，说出外用了早点再来。于是他扬长而去，到英租界一家当铺典当了十块银圆。同时，他还赶忙恭恭敬敬地给邵先生写好一封讲自己出于不得已而为之的信，将当票随信寄上，并言明他日一定加倍奉还，千道谢万不该地说了许多感恩图报的话。而且，在这封信中，还坦白了隐瞒八一起义、广州起义的实情，连自己到了长沙和原籍的通信处也写在了信上。杨继荣认为，大丈夫做事就应该光明磊落，对邵先生不比对庸俗不义的常人，他是真菩萨，弟子就不应烧假香。

杨继荣讲述的这件事，一时被传为佳话。

事隔二十年后，我有一次在南京于右任院长的家里遇到了邵先生，一见面他就叫我文同学，并说："你是当年为我做记录的政治科学生，多年不见，你高高鼻梁的风貌，时间再久些也不会忘记。"我紧紧靠近他坐下。虽然邵先生已逾花甲之年，头发有些斑白了，但他谈话的声音仍然是那么爽朗、那么亲切。邵先生问长问短地与我谈了许多话，还告知我所知道的一批已成烈士的政治科的同学，听后，我也十分感慨。

我在这次见面时，情不自禁地谈到杨继荣的近况，也谈到了窃取狐裘寄回当票的事。邵先生十分惊讶地急问道："杨同学现在何处，我很想能够再见到他。当年我见到要我赎当留下的信，非常感动不安。杨同学有急智、有胆识，一点儿也不庸俗，是个光明磊落的人，假如你见到了他，要他来与我谈谈，他当年隐瞒了两次起义，去见何敬之先生是假，逃难避凶趋吉是真，从他在信中留下的通信处，就可以看出他对我的敬重和信任，难道是懦夫俗子可以办到的吗……”邵先生的话至今犹在耳边回响，由此我也常常想起杨继荣同学，他已年近八旬，身体尚称健康，在台湾走过一段坎坷道路，现在位居国大代表的岗位，但愿他能意识到邵先生曾对他怀念过，称赞过，而且在祖国温暖的怀抱中，还有许多老友同学都在怀念着他，希望他回国旅游，大讲重温借用狐裘的故事。

邵先生的音容笑貌永远留在人间，永远深刻在学生们的心坎上，他的爱国主义的情操，为祖国统一大业做出的贡献，是永垂不朽的。

邵师惠及长安古迹

郑自毅

一九二六年二月，我在北京菊儿胡同于右任先生家里初次见到了邵力子先生。经于先生介绍后，我方知道邵先生当时是黄埔军校的秘书长。次日，我到前门西河沿燕台旅馆拜访他。见面时，邵先生问我现住哪个学校，我说："我已由北京国立法政大学毕业，想入黄埔军校，学习军事。"他说："你已由大学毕业，为啥还要学习军事？"我说："为了革命的需要。"他听到我这样答复，就很高兴地给我介绍了黄埔军校招生的情况，并给黄埔军校教育长邓演达写了一封介绍信。辞别后，我将这信送请于先生一阅，于先生也给我写了一封介绍信。我拿着介绍信和国民党北京市特别党部（在翠花胡同）给我的证件，进入了黄埔军校。进校后，我被编在第六期入伍生一团三营，驻防深圳。

一九二七年四月十二日，蒋介石在上海发动武装政变，屠杀革命人民。当时我因同情革命，维护孙中山先生"新三民主义"和"联俄、联共、扶助农工”三大政策，被捕入狱，判处七年徒刑。时经三年之后，才由医界杨叔吉先生亲至广东，面请陈铭枢省主席采取保外就医办法，将我保出。我回到陕西后，省主席杨虎城将军委我做了省府秘书。一九三三年杨将军离开省府，专任西安绥靖公署主任，由邵先生继任主席，实行军政分治。这时我听到有人向邵先生反映，说我以前在黄埔军校有过政治问题，不宜在省府担任会议记录秘书。我就去见邵先生，他对我说：“你的情况，我已了解，你安心继续工作好了。”约在半年之后，有一天邵先生对我说：“长安王曲蒙溪宫（即太师洞）有个李道师，他是我一九一一年在西安高等学堂教书时交的一个油印工人朋友，他来请我帮他重修道院。现派你前去调查，看看有无重修的必要。”于是，我就前去调查，回来后，写了一份报告，记得报告中说：“此地是秦将蒙恬驻兵之处，后建道院蒙溪宫太师洞，洞壁上有元代壁塑，是著名的名胜古迹，有重修的必要。”邵先生根据我这报告，就和西京筹备委员会委员长张继商量，决定由筹委会、省政府分担用款重修了蒙溪宫。同时，我又听说，筹委会要修筑由西安到翠华山下太乙宫这段风景路，不用原有曲线而要开辟直线公路，由于占用良田，破坏村庄坟墓，当地人民颇有怨言。我将这情况报告邵先生，他及时通知筹委会开会商定改变直线计划，仍就原有曲线加宽修筑，受到人们的赞扬。

一九三五年八月，邵先生派我出任栒邑（今旬邑）县县长，我到任后，了解到县境之内部分地区已被解放，在县城驻防的国民党军队，调动频繁，苦难应付。于是我就因病呈请辞职，邵先生准我仍回省府担任秘书。一九三六年四月，邵先生派我去南京防空学校民防班受训四个月，结业返陕，邵先生定“八月份为防空宣传月”，指定由我担任这项宣传工作。十月份筹备成立了陕西省防空协会，由邵先生兼任会长，指定由我兼任总干事。邵先生对于这项关系到国防的工作，极为重视，凡对外宣传的稿件，他都要亲自审核，甚至动笔修改。在“西安事变”前几日，邵先生听得栒邑县山洞中住有清朝翰林肖之葆（字筱梅），收藏有明末清初名儒文平人由古文译成今文的《乐经》《周易蠡测解》等遗稿，便派我取来。

正在研究间，适逢西安事变，邵先生被杨虎城将军请到新城和有关方面协商和平解决事变重大问题，他派省府委员李志刚来对我说，要我在他办公室找出由栒邑县取回的肖翰林收藏的遗稿，将原件退还，以免遗失。我立即照办了。

我因工作关系，和邵先生接触机会较多，知道邵先生生活朴素、平易近人、办事负责认真。他在公余之暇，除阅览书报，还常和夫人傅学文先生骑马出城，了解农村情况，夜间喜到易俗社看秦腔，常与观众坐在一处。除此以外，关于国共两党一、二次合作，取得北伐和抗日胜利，邵先生从中都起了有益的作用。一九四九年，国民党南京政府指派邵先生为和谈代表之一，到北京与中共代表商定《国内和平协定》，南京政府拒不签字，以致和谈遭到失败。

邵力老主陕时的嘉言懿行

向心堂

邵力子先生是我的老师，也是我的老首长。他任国民党陕西省政府主席时，我追随他的左右，深受他的教育。我很尊敬他，也很怀念他。

西安事变前，我曾是陕西绥靖主任公署的中校秘书。其时，邵先生主持陕西省政。一九三六年十一月十五日，我蒙邵先生派充陕西淳化县县长。该县原为苏维埃两个县的建制。我赴任时，邵先生特予召见，面谕我要考虑当地的特殊情况，在国难日亟之时，要和中共方面互相团结，和睦共处；以增强合作、共同对敌为首要任务。因此，我到任后，坚决执行邵先生指示，大胆工作。并立即和驻淳化县的陕西绥靖公署直属警备第三旅旅长孙辅臣反复协商，主张秉承邵先生意旨，采取灵活运用措施。孙欣然赞同。这样，就顺利地做到与苏区和平共处。西安事变后，我获悉红军将大部集结于淳化县，就及时主动召开全县联保主任会议，向各乡人民征借粮秣若干石，支援红军。

一九三六年十二月三十日，红军第一军团长左权和聂荣臻、刘晓、丁玲等同志率部抵淳化。我立即召集全县民众列队欢迎；并邀请他们进驻城内高等小学。当晚，我设宴为红军首长洗尘，席间畅谈西安动荡局势，我悉汇报一切。次晨，左权将军送来刘伯承将军自延安给我的一份电报。大意是："汝高兄：接左权电，知你在淳化大力支援我红军部队，我非常感谢。我很想马上到淳化见你。又吴念臣兄、黄慕颜兄近况如何，思想如何？望电复。承世印（即十二月三十日）。"我当即复电，告以：念臣已同邵先生赴京，慕颜已回成都。

一九三七年一月七日傍晚，彭总和杨尚昆同志亲到县府，约我作长夜谈，以研究西北局势。我即将详情如实汇报。夜半，我以电话与三原杨虎城将军、驻军赵寿山师长通话，告知：彭总和杨尚昆同志现驻淳化县府；我已将你女儿（地下党员）介绍给彭总，请他派员辅导；并将你的爱国热情也向彭总详述，且代你表态，接受彭总的辅导。不知你愿意否？赵师长在电话中表示，一定服从辅导，并请我先向彭、杨两公致谢。其时，彭、杨坐在电话机旁，听见话筒中溢出的声音，非常满意。我接着从电话上嘱咐赵师长，派杨参议开小车到淳化县府，代你迎接彭总到三原面谈。同时，我又以电话向杨虎城将军汇报。杨表示：即日亲到三原欢迎彭总到西安。

我在陕西淳化县县长任期内，所以能不顾风险，在当时的环境下做了一些对人民有益的工作，这都是由于邵先生启发、教导的结果。

邵先生在陕，自奉很俭，但对同事和亲友们却很关心。记得有一位姓郑的朋友，他的儿子患先天性心脏病，有一次突然发病，必须立刻住医院动手术。入院时，要预付医药费二百元。但郑某经济极困难，他们夫妇二人焦急异常，眼看孩子面临死亡之危，不知何以为计。郑忽然想起邵先生是愿意帮助亲友同乡解决困难的，自己与邵老是同乡，何不去求他相助。郑找到邵先生，说明情况，恳求帮助。邵先生毫不迟疑地立即拿出二百元，对郑说："快拿回去将孩子送医院，救孩子生命要紧！"

一次，谢无量先生从北京到西安，要回成都，旅费缺乏。邵先生慨然资助三百元。一九五六年谢任北京人民大学教授时，月薪不够开支。邵先生按月从自己的工资中撙节数十元予以帮助，直到谢逝世，从未中断。邵先生乐于助人的高尚品质，深为大家所景仰。

实事求是的工作作风，是邵先生为人们所景仰的又一项懿行。

淳化县通润镇联保主任左逢伯、王金生因贪污枉法、鱼肉人民，被前任县长王凤端予以警诫，因而怀恨在心，联名向省府诬控王县长十大罪状。邵先生亲自鞫讯，当时原告左、王两人向邵先生具结表示所列十大罪状完全属实，如有虚假，甘愿反坐。邵先生就于指控的十大罪状中，询问关于私人民宅强奸民女一事。饬其将私入民宅的地址、门牌号数以及民女的姓名详细说明，以便调查。因原告纯系捏造，无法回答，恳求宽宥。于是邵先生就将左、王两人以诬告罪交由长安县政府关押严惩，以儆效尤。因此，陕西人民均称邵先生为当代的包青天。

（陈守谦　整理）

万世永赖　名垂史册

蒋清凡

一九二三年，母校上海复旦大学添设中国文学系，聘邵力子师为新闻学系教授（邵师一九〇七年留日，曾专攻新闻学）。陈望道师、叶楚伧、刘大白诸先生也在校任教，而我独选修邵师新闻学。开学第二周邵师即迟到半小时，教室中只剩我和黄鸿翔二人。邵师未上讲台，即坐在我们二人旁，说是为了民国日报在会审公堂耽误了，又赞我们坚持听课。随后，他将新闻学要义以及他所提倡的新文学和新闻学的关系，向我们反复讲述，至第二课钟声响后始退出，临行时他又将笔记本和讲义郑重授我。后来，我被邵师选作《民国日报》教育新闻记者，由自我与邵师时亲教泽。当时民众教育家晏阳初在山东提倡乡村教育，我首先撰文选登申新两报，邵师亦为我在《觉悟》副刊上转载之。后来我在南京国民党中央党部专任《更生》月刊编辑，也是邵师介绍的。一九三一年我在浙江民众教育专门学校任教，陕教所友人邀我去陕谋省督学缺，我先函邵师征求意见，邵先生复函谓“我不欲东南人士来此与民争食”，遂罢。于此可见邵师爱民之心，处处流露。

我国西北陕甘两省，交通不发达，民智闭塞。邵师在一九三二年至一九三六年间，连任两省主席，当邵师去甘时，将历年藏书四十箱，悉数捐赠天水图书馆，他说：“我在甘肃搜藏的书籍，应该还藏于甘肃人民。”我于一九四三年以交通部派驻宝天铁路工程局专员兼秘书名义来天水，甫抵秦，遍访天水五城，在天水图书馆，发现邵主席赠送图书四十箱，原封未动，深为讶异。因即自动与该馆建议，并商借路局馆员二人，日夜赶制新图书目录（作者按：我在复旦大学曾读图书馆学，由专家杜庭友教授）。我和原任馆长郭槐青分主其事，尽两月之力完成。凡邵师赠书均加盖邵主席赠字样，由此中外图书充实，读者盈门。事竣我商得天水监委王新令老校友赞同，易名为“天水力学图书馆”，并作序先寄邵师审阅，复函谓我重视图书能写文章为可喜。同时我在天水《秦川日报》、西安《西京日报》发表论文宣传：邵师书生本色，不欲牙签润屋，将藏书不藏于家而藏于图书馆，高瞻远瞩，发展西北，启发民智，这是对建设祖国、造福民族的巨大业绩的一端而已。

邵师主陕伊始，即努力全省建设，先后修建了泾惠和洛惠两大渠，尤重视黄河水利。建所一席，由专家李仪祉先生主其事（后李专任黄河水利委员会委员长）。李先生在建所任内，擘画艰巨，露宿风餐，不遗余力。龙门闸、风陵渡工程浩大，邵师曾数度亲临监工，引起国内外人士重视。全省凿井十万口，亦为邵师所倡议。邵师又努力开荒，注意造林，创办武功农林专校，调建所留德专家寿天章为校长，童山面目，顿时改观。陕省各县大都种有鸦片，邵师到任后，即制订详细计划，采取有效措施，分期实行禁绝。当年京沪西北考察团舒新城，仅在视察潼关渭南一带后，即撰文在中国旅行杂志上连载谓“陕西遍地罂粟，满目烟民”，又谓进旅社如入蟹洞，讽刺陕政忽视西北建设，且复以“投荒”态度出之，殊失考察主要意义。作者曾及时以事实证明，撰文以正其谬，西北老校友莫不寄以同情。又当邵师在陕省府招待该团时，舒又以批评口吻，描述邵师身穿旧竹布长衫，潇洒自在，仅能显示主席俭约，不够为民实际表率。舒复当面讥讽邵师曰："寇深矣，邵主席还在谈读书救国吗？"西安事变，邵师适当其冲，大力周旋，化干戈为玉帛，国共和谈事业，实自此始。邵师关心妇女解放，力主婚姻自由。省府缪秘书长曾介绍同室某女士婚事，女似嫌对方貌不扬，邵师闻而笑曰："我不谈珠联璧合，只赞成志同道合。"即为其主婚。建厅寿刘婚姻，亦以年事文化相距争议，邵师认为"既自由矣，应勿庸议"，亦为其主婚。上行下效，以身作则，由自婚姻自由之风甚盛。缪秘书长为我姑表亲，尝以此两事乐道之，称其为陕省妇女解放声中的一段佳话。

邵师鉴于我国人民对生育方面素无计划，爰于一九五四年第一届人代大会第一次会议上发言传播了有关节育问题。邵师在"关于传播节育常识问题"上，引用了周总理的话"为了保护妇女和儿童，很好地教育后代，以利民族的健康和繁荣，我们赞成在生育方面加以适当的节制，卫生部门应该同有关方面对于节育问题进行适当的宣传，并且采取有效的措施"，邵师又引了蔡畅主席的话"我们必须重视广大男女干部同人民群众要求采取适当的办法节制生育的愿望"，"有计划的生育，对妇女健康、儿童教养、家庭生活同民族繁荣，都是有很大的好处，应当坚决执行"。邵师还大声疾呼地说："在这样的情况下，一般人可以坐着等待它的开展吗？我认为不可以，相反地更应当积极帮助有关部门做好节育宣传工作，同时注意他们如何采取有效的措施。"邵师印行了《关于传播避孕常识问题》的小册子五千册，第一次寄给我五十册，续给我五十册，要我尽力地为它传播。我曾对实行节育措施的男女亲友们实地访问调查它的效果，详细地汇报给邵师，邵师鼓励我的宣传，称我为小广播。自一九五六年以后十多年来我和邵师在通信中，大都谈到了有关节育问题。我按和邵师的历年通信，择要装订成册的计有二百八十余封，我在上海兼任义务学校校长五年之久的具体情况，亦占信册中的一部分。可惜在"文化大革命"大冲击时，我家被抄两次，该本信册也被抄去。我曾告诉了邵师，他说："我与人通信向不留底，你有嗜痂之癖，但既被抄去了也是无妨，我事无不可告人的。”邵师和我最后的通信为一九六七年十一月底，他说：“甚矣！我衰也。”但这封信也写了六百八十余字，可见邵师如不是患的急性心脏病，可臻期颐大年。邵师母告我曰：“邵师逝世前一日曾与张治中畅谈，翌日张接讣告，认以为误。”嗟乎，假使天假之年，邵师对祖同的贡献将益无穷，对台湾回归大陆的事业，定能做出更大贡献。

我今亦八十有五岁矣，病老无能，每念追随邵师一生，只学得了“翻信封”一件小事，平时来信，必将信封翻过来再用，既节约了国家几寸纸张，也省却了我的一分钱。而今缅怀邵师一生爱国爱民的伟大业绩，废寝忘食，辗转反侧，不能自已，爰略述一二以为纪念。欧阳永叔曰：“百年荣华曰夭，万世永赖曰寿。”邵师毕生事业永垂史册，将为万世永赖的了。

邵力子史事拾零

陈于德

一

清光绪末年，邵力子先生曾与黄炎培、谢无量为上海南洋公学的同学，后又与于右任（当时于因被清政府通缉，化名为刘学绪）在震旦、复旦公学为同学，但邵先生在这些公学肄业的时间，总计仅有五学期左右。为了反清革命，邵先生在一九〇六年同于右任离开上海到日本考察新闻事业去了。到日本后，邵力子和于右任参加了孙中山先生领导的中国革命同盟会，一面学习新闻学，一面向爱国华侨宣传革命。

一九二三年私立上海大学成立前，国共两党不少人士公推于右任为校长。于说，他没有教书和办学的经验，还是请李大钊担任校长最为适宜。李表示因忙于北方的工作，未便常离开南下，建议邀于氏的老友邵力子为副校长来协助工作。同时，柳亚子也向于劝驾，于便同意任职了。邵力子先生当时正主编《民国日报》，同时还在复旦大学执教，但为了支持国共两党人士合作创办的上海大学，便同意兼任该校副校长。在他和校务委员兼科系主任陈望道、邓中夏、瞿秋白等人的协助下，终于办起了上海大学。开学以后，邵先生曾介绍上海名教授数人来校兼课，著名的有周建人、刘大白等。上海大学培植了不少革命青年，在当时曾有“上大是革命的摇篮”之称。

二

邵力子先生十分关怀故乡的教育事业，曾在故乡带头发起创办了私立绍兴中学（一九三三年秋改称为绍兴私立稽山中学，今为绍兴市稽山中学，已有五十年历史）。此外，他还把葬父时亲友们送的礼金如数作为在故里增设乡村小学的经费，开办了陶堰邵家溇明强小学、白塔头运川小学，富盛金家岭棠荫小学。

邵先生亡父的灵柩原厝在故里陶堰乡，一九三三年他回乡把它移葬在富盛乡金家岭后，就在这些农村里分设了三所小学，以嘉惠桑梓学子。当时邵先生葬父的礼金代收处，分设在县农民银行及稽山中学，记得邵家亲友所送数目较大的，是陈仪从南京汇来的银洋五百元。邵力子父亲的墓志铭，是柳亚子先生撰写的。粉碎“四人帮”以后，我还查询过这块碑文，但据乡人说，这块碑已下落不明了。

三

一九三三年三月初，邵力子先生和夫人傅学文女士因事返浙时，国民党浙江省政府主席鲁涤平和教育厅长陈布雷设宴欢迎，并请邵先生于次日到省政府礼堂演说，勉励全体科室人员等为抗战建国而努力。

宴会后，邵氏夫妇到西湖新新旅馆休息片刻，邵夫人接见女宾，另去应酬。邵先生管自起草次日演说的提纲，忽有早年上海复旦大学旧生高浪白，正在浙江海宁（或海盐，笔者恐有记错）充当国民党该县警察局长，赶来拜谒，向邵老问候致敬后，就简报工作情况，说这是三等县警察局，干不出什么成就，要求老师提拔，向鲁主席和吕厅长（按：即民政厅长吕苾筹）吹嘘几句，给他调派一等县或二等县的警察局长，一定努力报命，感恩不尽。

平日之间，邵先生平易近人，和蔼可亲。可是，这天晚上，他听了复旦旧生高浪白这番陈说，却有点光火的样子了。他很严肃地对高说："你嫌当小县警察局长出息很少吗？中山先生教导说，人生以服务为目的，要为社会服务。你呢？却想调上大县城，以升官为目的；为自己服务！假使我是浙江省主席，那就不需要你来当什么警察局长！"说到这里，就管自埋首写稿。高浪白受了这番教训，一时非常尴尬，只得连忙向老师告辞了。

四

一九三五年，邵力子先生为国民党陕西省政府主席时，接读他的女儿邵伟真从沪上给他的信件，说想到西安探望他老人家，并面告近况。

邵先生复函指示她说，一路上切勿向人说是他的女儿，要同平民百姓一样的简单朴素。要留心旅客群众的谈话，尤其对政府、对甘肃、对陕西，近两三年来政治上、经济上有什么意见。到西北来，极可能听到民众对西北领导人员的批评，倘显示为省主席的女儿，那他们谁还敢大胆直言，一定是满口颂扬，并不是真正的民意了。

邵先生在西北执政期间，真心诚意地喜听人民群众的意见。他曾向儿女等说过，凡属干部报告上来的民间对省府的谈论，大都是好话连篇，实难可信。一般老百姓，在政府工作人员面前敢说、敢言、敢批评的极少，即使稍为谈讲了几句，而工作人员来报告的又不免七折八扣了。邵先生认为要了解真正的民意，最好由儿女们随时随地地留心，不折不扣地汇报，那才有从事参考和研讨改进的价值。

五

邵先生很关心西北民间疾苦，绝不愿当时上海十里洋场极其腐朽的声色之娱，传染到西北艰苦朴素的社会。他从甘肃省主席调任到陕西省以后不久，上海梅花少女歌舞团（系表演淫歌裸舞的梨花少女歌舞团扩建而成的），几年来在上海及东南各大城市以异常黄色的歌舞赚了许多钱，又想开往西安淘金，以为西北还没有演过这样“引人入胜”的“轻歌妙舞”，一定会轰动一时，大赚一笔的。该团就在西安报纸上，先发新闻消息，并函电邵主席照顾，请求大力支持，还表示到陕后，首先为省政府全体人员演出一场，敬请赏光云云。

可是，邵先生和西北群众一样，不喜看这种袒胸露臂的粉腿舞，不爱听淫词滥调的靡靡之音，质朴的大西北社会，也不需要这样的污染。为此，邵先生就叫秘书处为之函复，说西北社会清苦，该团如前往演出，恐将入不敷出，尚希慎重考虑云云。这样一来，上海梅花少女歌舞团西北之行，只好作罢。于是，有些报刊上就登出花边新闻：“邵力子婉拒粉腿舞入陕。”各界曾传为谈助。

六

一九三六年十二月西安事变和平解决后，张学良亲送蒋介石回到南京，不久就被软禁在浙江奉化溪口，从此失却了自由。蒋叫西安事变时也曾被扣留的邵力子，到溪口风景区去休养一时期，要他教导张学良“读书明理”。当时社会上传说，蒋介石的这种做法是别有用意的。

西安事变后，邵先生故乡的亲戚故旧，因为他在西安也曾被监禁多日，思念不已！次年（一九三七年）仲春，邵先生特从奉化溪口，到绍兴一转，访问亲戚故旧，告知近况。邵先生在溪口动身的前夕，向张学良谈及此行，说不久即返。张说，闻知绍兴不仅为文物之邦，而且是鱼米之乡，美味的土特产很多，可否给他带一两样来？

邵先生回乡后，对20世纪20年代初期在上海复旦教过的绍籍旧生米承洵等谈及，询问可采购些什么美味可口、东北人极少尝到，而又携带便利的食品？旧生们研讨了一下，认为绍兴香糕和桂花素蛋卷很好，张学良可能未曾吃过。尤其是绍兴香糕，清代曾为贡品，故有“进京香糕”之称。于是，邵先生就采购了绍兴香糕和桂花素蛋卷数斤，随身带往奉化溪口。

不久，邵先生函知在绍兴服务的旧生等说，张学良一向吃以面粉制作的糕饼食品，一尝以米粉所做的绍兴香糕，就觉得别有风味，非常好吃，说以后如有便人，还想多带几斤呢！

过了一时期，邵先生到南京去就任国民党中央宣传部部长，就和张学良分别了。

邵老立身处世的风格

李任夫

我和邵先生结识是在抗战中。事情须从头说起。自“七七”抗战后，我追随李济深先生左右，一九三八年，我奉命到四川去执行任务。后来李济深先生也被蒋介石派陈诚从桂林拉到重庆，一定要他担任战地党政委员会的工作，我即从成都回到重庆，参加党政委员会的筹备。在人事阵容上，对于秘书长一职，李济深本属意黄炎培先生。但当我陪同李先生到青年会去探看黄炎培商谈时，黄先生以自己主持的职教社工作太忙无法兼顾为辞，未肯接受。最后才请蒋介石改派邵力子先生担任。邵先生和李济深先生在北伐时即是同事。当时李是总参谋长，邵则是秘书长，李对邵为人是很尊重的，因此蒋派邵来担任秘书长，李济深是非常欢迎的。不过，当时邵先生兼职很多，主要是经常到中央训练团去办公（国民党主办的，蒋介石自兼团长），所以在他任职之初，即对李济深坦白表示，他不能每天按时到公，希望李济深也派一位同志在秘书室负责。这样一来，这个责任就落在我的身上，而邵先生就成为我的直属上司了。

我在邵先生领导下共事时间虽然不长，但我对他的印象是十分深刻的。他对我也非常信任，相处得很好。有时他把自己的小私章交给我，交代我一般的例行问题，可以先盖章呈阅，重要的问题再留待他来处理。他不仅对工作严肃认真，而且非常好学。在处理公事之外，他每天要看一份英文快报。每办完公事，即手不释卷，即使在车上也是如此。他对于纸张文具，十分节约，从不浪费。他批阅公文时，看到一些文件后面空白太长，一定顺手裁下来保存，以备不时之用，所以在他的办公桌上，可经常看到一沓沓的纸条，对别人来信的信封，他也总是保存着翻贴好再用。他批阅文件是很认真的，我从没有看过在他批阅的文件上写过草率的字，尤其对于自己的名字签写，总是一笔不苟的正楷。他经常对我说：看一个人对工作对自己是否严肃，往往可以从他签名上看出来，真是令人回味的妙语。他自奉很俭约，对于公私界限，也自我要求很严格，凡是他私人的信件，决不许由公家代发，连几分钱的邮票也是一概不取的，其廉洁如此。在人事关系上，他也是大公无私的。他不止一次对我谈到，他在党政军界供职，决不任用私人，所以平生决无个人帮派，也不随便介绍人。他对蒋介石的作风是有批评的，他曾一再向蒋介石提出要“开诚布公，用天下人才，办天下大事。不必自分畛域，示人不广”。但蒋介石却骂他“太老实了，所以容易上人家的当”，骨子里显然是对共产党而言的。同时他对陈立夫兄弟也很不满意。记得他曾对我谈过，北伐时陈立夫是他的直属部下（陈当时是秘书处的科长），而陈每次向他提介人员时，都是非亲即故，曾一再受到邵的斥责。他很感慨地说：“今天许多人提出陈家党的问题来，我在几十年前就已看清楚他们了。问题是他们现在是以党的命令来行事，所以就特别发生影响了。”

邵老和于右任先生的关系是很好的，当时他们一同住在领事巷康心之先生的公馆，我是不时走往的。记得一次我请于右任先生写张条幅，邵老也在场，于先生当时写的是孟子的几句话：“居天下之广居，立天下之正位，行天下之大道。”本来想再往下写，但邵老马上对于先生说：“下面的话不必再写了，写了反而不好了。因为下文是“得志与民由之，不得志独行其道”。邵老认为这些话是不合时代精神的。这虽为小事，由此也可理解到邵老立身淑世的风格是与众不同的。

邵老为人，淡泊明志，对名利权位无所营求。他虽然做了几次特任官，并不是他去活动钻求的，他的出处进退，可以说一切都没有小我的得失计较，而以国家人民的利益为前提。一次他谈起蒋介石派他到西北当主席的事。蒋介石嘱咐他要切实注意共产党的动向，随时报告。在西安事变之前，他曾很剀切地向蒋介石建议，要停止“剿共”，一致对外。否则，人心思乱将不可收拾。对东北军不能多用压力，因为他们都有怨气，多压可能发生激变。邵老的意见不仅是对国家对民族有利，即对蒋介石来说也是忠告，可蒋介石听了之后，却批评邵老是书生，不通时务。蒋说：“你把问题完全看颠倒了。不安内怎么能攘外呢？共产党的阴谋就是利用攘外来夺取政权，这一点你都看不到，你真是书生。至于东北军有怨气我知道，张汉卿是大事糊涂小事聪明的人，如果不用压力，他就可能与共产党合流。今天共匪势力已成穷途流寇，不乘此一鼓剿灭，如旷日持久，又将坐大，问题就严重了。”邵老最后很感慨地说：“西安事变就是压出来的。如果蒋介石当时能接受意见，毅然改变做法，又何至发生此次事变呢。”我说：“事情是相对的，假如不发生西安事变，不知又演成怎样局面哩。”邵老也笑着说：“这也许是转祸为福吧。不过未来的演变，还是值得忧虑的。”这可说是邵老的预见吧。

党政委员会是相当复杂的机构。因为李济深先生在未就职之前，即向蒋介石提出自己用人的主张。为了充实抗战力量，在人事阵容方面，要集中人才，兼容并包，曾得到蒋介石的同意。所以在该会内，除全盘接受重庆行营的人员外，同时还吸收了各党各派的人才。在表面上蒋介石对李济深表示：一切听李放手做去，他不加干预。可是事实上并非如此。蒋介石不仅公开干预，而且还暗中监视，怕李济深利用该会来反对他，彼此都是有戒心的。李济深对于蒋介石的毒辣作风是很清楚的。因此在一些人事上，还是审慎考虑的。如机要组的负责人，李提的第一次名单，是以戴笠充任的，表示自己大公无私，蒋介石却没有批准，最后由李提出以王芃生担任，但王芃生与蒋也是有关系的（当时王是国际问题研究所主任）。可是军事组和党务组，蒋介石就毫不客气地派他的心腹人晏道刚和李宗黄负责，而且还布置一些特务人员在内，经常向他汇报情况。在此，我举一个例子来说明问题，同时也证明邵老顾全大局力求团结的苦心。事情是这样的：当时政务组的负责人王先强，是由黄绍竑推介的，王在此之前，是在浙江工作。副组长则由与李济深接近的詹某担任，因为王先强为人锋芒毕露，而詹某也自视很高（他是德国留学，曾参加福建人民政府），因此相处不很融洽，这本是一个小小的问题，但却被蒋介石注意到了。一次蒋问起邵老，为什么政务组人事矛盾，任潮不及时调整？邵老当时很为惊诧，为什么蒋介石会注意到这种问题来，当即向蒋问及消息的来源。蒋说："是王世和反映的（蒋的侍卫长），王是根据党政会干部的情报向我报告的。"后经邵老向蒋说明，这不过是对问题的看法有出入，绝不是什么人事上的矛盾。邵老同时很委婉地说："请委员长以后要相信李济深，一切从大处着眼，不必在这种枝节问题上操心。"邵老一面将情况向李济深做了汇报，请李也不必介意。以后经过调查了解，才知道这种消息是由一个在军事组工作的黄埔生刘天汉反映的。刘某与王世和很接近，也可能是军统分子。事后邵老特找刘某来谈话。邵老对刘某说："李副主任是代表委员长来负责的。委员长派我来工作，是来协助李副主任，会中头等大事，李副主任和我自然要向委员长报告，我们每天也向委员长呈送情报。至于会内日常行政事务，是否有反映请示的必要，我们自当具体考虑。你在这里工作，是属军事组范围，上面还有晏组长负责，你千万不要越俎代庖，多生枝节。目前抗战工作是团结第一，你今后必须切实注意。否则就会发生责任问题。"刘某经邵老此次教育后，即不敢再向王世和胡说八道了。从此，党政会内也减少了许多无谓的是非纠纷。可见邵老在团结问题上，是颇费苦心的。至于当时在战区内发生一些国共摩擦的问题，邵老总是从抗战大局着想，尽力调处，不使问题扩大化，这种事例很多，在此就不一一列举了。

一九三九年冬，我奉派到第四战区去工作，就和邵老离别了，以后由马文车接替我的任务。接着邵老也调任驻苏大使，而李济深先生也调任军委会桂林办公厅主任，由程潜接手战地党政会，我就没有再返重庆。从此以后，我与邵老长期失去联系，一直到一九四八年，我又奉李济深先生之命，从香港回到大陆工作时，李先生除要我到南京去看李宗仁转达意见外，并要我去看邵老，听取他对时局的意见，希望邵老能从中推动和谈。回忆我与邵老见面会谈，是在他和傅学文同志所办的小学校内，地点在南京市汉口路。我们久别重逢，当然喜出望外，但因在内战关头，又不免感慨万千。我把派我回来的任务以及李济深先生对邵老的期望等等，一一做了汇报。邵老很兴奋地倾听我的谈话，尤其关心李济深先生在香港的活动。他问得很详细，同时又以很忧郁的心情谈到当前的时局。记得他说："我几年来本决心跳出政治旋涡，想在社会事业上做点工作，但目前的状况，又使我苦恼不安。蒋先生一再要我参加立委竞选，我都一再拒绝了。你看，在艰苦八年抗战之后，国家又演变到这种地步，真是痛心。本来在抗战胜利之后，应当休养生息，大力建设，但现在是烽火连天，人民所受的痛苦，比抗战还严重，无论从任何方面看，除和谈之外，别无出路。可是现在双方都不肯罢手，这样下去，国家如何得了？任潮先生的做法我很赞成，但客观环境如此，目前要我向蒋先生进言或者参加任潮先生的活动，都是很难的。且看下一步发展如何。如果有和谈的可能，我个人力所能及，当然决不会置身事外，请你为我转达任潮先生。"随后他又问到我会见李宗仁的情况，我也向他作了详细的汇报。邵老听后，又对我说："李宗仁的处境也很难，他目前的态度如此，绝不是什么意外。你将来到武汉后，也可和白健生（即白崇禧）谈谈。"我表示到武汉一定要和白谈，但恐怕不会有什么结果。邵老也同意我的看法。

最后谈锋又转到他主张民办学校问题上。他说："中国太大，经济文化发展都不平衡，尤以广大农村落后，今后如不及时普及教育，当然谈不上建设一个现代国家。我主张提倡一个'民办学校运动'以协助政府。"我说："在全国政治问题未解决之前，这个问题恐怕做不到吧？过去的平教会、职教社以及乡建派等等的实验，我以为还是值得考虑的。”邵老说：“当然，在现状下是无可能的。不过作为一个普及教育的问题来谈，政府与民间应该通力合作，分头并进。将来也不要什么都依赖政府，才有急起直追，收事半功倍之效。我自己还是尽力做点实际工作，总比做官有意义，我希望你将来也在这方面努力，做出贡献。”我答：“邵老的意见很好，将来再说吧。”当时的谈话，大致如此。

解放以后，我于一九五〇年到京，他知道安排我在民革中央，很为高兴。我曾去砖塔胡同看他，作过一次长谈，在座的还有陈劭先同志。当时谈话的内容，除对国际形势的展望外，邵老一再强调今后要控制人口的问题。他认为中国的生产落后，而人口的发展太快，是一个很突出的矛盾，如不防患于未然，采取计划措施，加以控制的话，则不仅影响建设，同时影响民生，成为社会发展的阻力。陈劭先同志也表示同一的看法，可是，当时外界对邵老的主张，并没有加以重视，并且还有一些消极的批评。有些人甚至认为劳动力是促进生产的条件，人口愈多，则劳动力愈多，对于促进生产力是有利的。因此他们认为中国今后不怕人口增加，相反，应该促进人口增加云云。然而客观的事实作了有力的证明，邵老的主张是完全正确的。他与马寅初先生的主张，都是有科学预见的。

当我南来参加土改的时候，我又前去辞别。他一再表示，希望我工作结束马上回来。可是，在我的工作尚未结束之前，武汉方面即把我留下，预先为我作了安排。因此，我就没再到北京去，长期留在武汉了。回忆在邵老负责社会主义学院时，他和陈劭先同志都来信希望我去参加学习，因为工作不能分身，临行又止，不料邵老竟于一九六七年逝世了。追忆往事，缅怀这位慈祥老人，对未能最后相见一面，深感遗憾。

邵力子先生在重庆中苏文化协会

曹靖华

重庆中苏文化协会是一九三九年初改组的。一九三八年底，我在陕西城固西北大学，因“宣传马列”，与其他几位教授被国民党教育部解聘后，即携眷入川，一路上翻山越岭沿着难于上青天的“蜀道”，历尽千辛万苦，终于到了重庆。到了重庆，即找到周恩来同志，他对西北大学不久前发生的解聘事件了如指掌。他对我说：“你们被解聘了，你们反对他，他就解聘你们。反对得对不对呢？反对得对，反对得好。反对法西斯专政，哪有不对的呢？”他又说：“没关系。工作已经给你们安排好了，你是中苏文化协会的理事，这是党提的名，谁也不敢不要。”听恩来同志这样说，我深深感到党的关怀，很高兴，于是到了协会。当时邵力子先生在该会担任副会长，并主持日常事务。他对工作非常认真负责，事必躬亲，许多事他都亲自办理，力求完善。不久苏德战争起来了。我在协会主编苏联抗战文艺连丛，参加的人很广泛，当时茅盾就为连丛译了《团的儿子》

等。邵力子先生对这工作很支持。他常主持理事会。他为人方正，作风朴实，平易近人，没有那些官场的所谓“官气”，给大家留下很深的印象，也给工作一种推动的力量。当时协会主要是开展中苏文化交流，经常举办各种报告会、演讲会、座谈会，请知名人士报告国内外形势，宣传抗日，争自由，争民主。那时诸如茅盾、老舍、王昆仑、夏衍、曹禺、侯外庐、张西曼、曹孟君、沈兹九、沈志远等同志都曾积极参加。郭沫若、李德全同志都担任协会的具体领导工作。协会还出版《中苏文化》杂志，经常放映苏联影片，举办苏联图片展览，还附设阅览室和儿童乐园。协会地点适中，也宽敞，并有文化餐厅，成为当时全市进步文化界人士聚会的场所。翻译出版的苏联文学作品，如《日日夜夜》《团的儿子》《钢铁是怎样炼成的》《铁流》《保卫察里津》《虹》《我是劳动人民的儿子》《安娜·卡列尼娜》等，反映了苏联的十月革命和反法西斯的卫国战争，在广大读者中引起强烈的反响，教育了广大青年，使他们走上了革命的道路。不少苏联文学作品还在解放区和敌后游击区，在极端困难的条件下，用油印方式翻印出版。

在当时反动统治控制非常严密的重庆，开展进步文化活动是很困难的。且不说反动派的严密封锁、检查，就是协会内部也有CC团的势力，每开展一项工作，都要经过一番斗争，而这些工作都是在当时党驻重庆的八路军办事处，在恩来同志和董老的亲切指导与关怀下进行的。在大雾弥漫的重庆，办事处仿佛一座灯塔，给广大群众指明了航向。而在协会内部，除了地下党的领导外，协会的各项进步文化工作，都得到副会长邵力子先生的支持。他反对当年反动当局所推行的消极抗日、积极反共的政策，主张积极抗日。他也积极支持宣传介绍苏联的工作。正是由于他主张团结抗日，支持进步，一九四〇年他出任驻苏大使时，受到进步力量的广泛欢迎与支持。记得当时在重庆为他召开了一次盛大的欢送会。邵先生在出使苏联期间，有两件事应该一提。一是，一九四二年邵先生回国，协会及其他单位曾请他做报告。当时伏尔加格勒正处在德军的重重包围之中，而邵先生在报告中介绍了苏联举国上下，团结一致，“一切为前线，一切为胜利”，浴血奋战，抗击法西斯侵略的情况，听众情绪振奋，无不受到鼓舞。

另一件事，他的夫人傅学文同志，在随邵先生出使苏联前，任中苏文化协会妇女委员会副主任委员（主任委员为李德全同志），做了许多妇女儿童方面的工作。随邵先生赴苏期间，苏联各报刊正报道抗击法西斯而英勇牺牲的苏联女英雄卓娅的事迹。傅学文同志将报刊上有关材料翻译汇编成册，寄至国内出版。这个名为《丹娘》的小册子，曾应读者需要，多次再版，卓娅的英雄事迹，当时在国内广为传颂，引起强烈反响，起了很好的鼓舞作用。这些虽都是四十余年前的往事，但只要是对人民有益的，人们是不会忘记的。

驻苏大使邵力子

李修业

一九四一年春，我在昆明二百师担任团长时，突然党必刚（当时任苏联总顾问翻译）自重庆来电称，军令部已决定派我去苏担任大使馆陆军副武官，要我立即到渝报到。

一

我到渝后首先见到了卜道明（当时任外交部亚西司司长），他说："邵大使已有电来，表示欢迎你去。"接着又说，邵先生的思想、作风和政治立场是非常前进的，邵先生饱学多才，对苏问题颇有卓见。有些反苏顽固分子，至今仍在诬说邵先生不是驻苏大使，而是苏联驻中国大使。卜的一席话使我对邵先生有了初步的良好印象。特别是蒋经国为我饯行时谈到了邵先生平易近人、不以长者自居、诚挚待人和谦虚谨慎等作风是其他要人们所不及的，凡是与他接触过的人，无不感到他是一位博学多才和有崇高道德修养的老好先生。蒋、卜二人都是在莫斯科签订中苏友好同盟条约的参加者，即人们所谓的“亲苏派”的人物，而邵先生则被认为是亲苏的中心人物，他们对苏联在我们抗战一开始就首先大力支援，而且还派飞行员自带飞机前来助战，有着高度的评价和认识。许多人，特别是留俄学生对邵任驻苏大使感到适得其人。

蒋经国同我一起去苏联大使馆会见苏联武官罗申（解放后他担任苏联驻中华人民共和国第一任大使），蒋介绍了我去苏担任副武官的经过后，罗申说：“我们早接到了外交部的通知，欢迎你去我国，我们有一对新闻记者夫妻将要陪你一道回国，沿途好照料你们。”接着他又说：“邵大使是中苏友好的卓越使者，深受我国人民欢迎和尊重。请你向邵大使转致我的问候！”由于在重庆与各界人士相接触，大家都异口同声地对邵先生予以赞颂，因而在未见到邵先生之前，无形中在我心里就播下了对他敬仰的种子。

二

一九四一年夏秋之际我到了古比雪夫，事前邵大使已派大使馆总务处勾处长和武官处张培哲等在车站代表他来接我，我当时就感到我这个无名小卒第一次受到这样大人物的欢迎，真是三生有幸！

由于到站时间较晚，我问邵大使睡了没有，他们说他一般睡得比较晚，我说我要去拜会他，他们说先到旅馆休息一下再说。我们刚到旅馆，邵大使就打电话来了，他向我问长问短，非常关心我们沿途的经过，要我明晨到使馆去。第二天我先去见正武官郭德权，办完报到手续后，他带我同去拜会邵大使。我将国内抗战，特别是远征军在缅作战情况简略地向他汇报。接着我把蒋经国的信转交给他，又转告他说：蒋经国说委座不在重庆，否则他也有手书转达的。邵当时最关心的问题之一，是日军疯狂轰炸重庆市区，他问得十分详细。接着他要我把从阿尔木图至古比雪夫的所见所闻向他介绍。我说：1. 沿途没有看见有难民；2. 各火车站治安良好，秩序井然，堆满支前物资；3. 来往军车较多；4. 沿途看不出战时混乱情景。他说："国内有些人很担心，认为苏联遭受如此重大损失，后方必然混乱不堪，甚至比我们国内还惨，你马上拟好一个到任电报，包括上述情况急电军令部和外交部，使国内有所了解，从而转变他们对苏联的悲观看法，以免影响我们抗战的情绪。"他又说："苏联目前的战局正在开始稳定，举世瞩目的斯大林城的保卫战，虽然不断在激战，但德军已没有多大进展，看情况德军已没有新生力量增援，只要能拖到今年冬季，苏军便能利用严寒进行大反攻，战局一定会大大好转，委座特别关心斯城之战，几乎每日几次来电询问战况。"

三

我到任之后，邵大使经常关心我们武官处（正武官郭德权、待命回国的张培哲、空军副武官徐焕升等）工作，他几乎每晚都要来了解我们对战局的看法，并在地图上查看我标志的各条战线的态势图（根据苏联报刊内容编组）。有时要我把拟好的战报内容由他署名拍发。为了扩大对国内的影响，有时要我单独向军令部发电。特别是一次偶然的机会，我与一位波兰武官下国际象棋时，在聊天中听他说，他听到一个波兰侨民自西伯利亚探亲回古比雪夫后对他说，有新军第六十二集团军由崔可夫（他曾任过蒋介石的总顾问）率领开到了斯大林城增援。这一特大新闻，十分重要，但又无法证实，因为苏联当局一向对军事情报特别保密，我们在邵大使的正直领导下，从未利用手段去搞任何情报，但这一新闻对国内颇为重要，邵大使要我代他拟一电稿，还要附署由我听说的传闻拍发急电。他的意思是向蒋介石汇报苏军尚有雄厚的后备兵力，而德国已无新军增援斯城。苏军已掌握了主动权，不一定要在第二战场开辟之后，他们才能反攻，利用寒冬有利天时，很可能提前大举反攻。次日蒋介石急电询问这一消息的真实性，邵大使随即去会见苏联外交部新闻负责人。邵回来说，事关军事机密，他不愿吐露，但他说斯城战局正在好转，也未否定崔可夫现在斯城。由此邵大使便判定苏军正在积极准备反攻。他把他的判断和意见急电重庆向蒋介石报告了。当时苏德战争的焦点正集中在斯大林城的胜负，谁胜最后胜利就属谁。在这一阶段国内各高级机关，如外交部、军令部、军训部和军委办公厅等，每天电报有如雪片飞来，邵大使每回一电，便能使国内对苏联战局转忧为喜，逐渐增强了对苏军取得最后胜利的信心，从而鼓舞了国内抗战必然胜利的信念。

邵大使对全馆工作人员经常号召进行节约。如有一次在纪念周上，他作完时事报告后，曾谈到节约的意义，他说：国内正在浴血苦战，无论前方或后方都很艰苦。可是，我们住在使馆里，既没有在前方打仗，又没有在后方生产，每天每人能节约一元钱，就能多买几粒子弹，也就能多打死几个日本侵略者，节约就是支援抗战。他是这样说的，也是这样做的。如他常把用过的信封翻过来写回信；不拉用任何公家的东西；不随意请客，就是双十节也不设宴，常以茶会代之。郭德权曾担任过驻美武官，挥霍成性，经常设宴请客。多请一次外宾，他可以多报销一次，也就可以多贪污一些外汇。因此他常以民族节日——端午节、中秋节，特别是双十节为借口，单独由武官处出面，宴请各国武官，甚至有时他私人交往，也用公费而不用自己的交际费（军令部规定每人每月有一定的交际费，不用可作私下的收入）。邵大使不止一次劝告他，要他节约，不要铺张浪费，希望不要乱请外宾。有些外国人根本瞧不起我们，就是请了他们，不但不会感谢我们，反而会背地骂我们不争气，失地如此广大，不去支援前方，反而花天酒地……郭对邵的劝告根本不理解，反而说："这样我们太寒酸了，多丢人！"邵则说："浪费才丢人。"就这样制止了武官处国庆节单独设宴的恶习，从而建起了一个新的制度，全由大使馆设茶会而不摆筵席庆祝国庆，就这样每年可节约美金数千元之多。

不穿西服。邵大使为保持民族尊严，经常劝告馆员节衣缩食支援抗战。自己以身作则，不穿西服，平时穿长袍马褂，大典或出去参加宴会总是穿中山服。在他的带动下，全使馆的工作人员，衣着都很朴素，就是妇女们也没有一个穿过奇装艳服，全使馆显得分外朝气蓬勃。

邵大使一向痛恨官僚主义，他常说，一当官就有官架子，官愈大架子愈大，愈脱离群众，因此，除在办公室接待部属上访请示外，大多数时间是分问题、分对象到各有关人员所在处所（包括住宅、寝室和办公室）进行谈心访问，有时利用夜间下棋进行对话，这样既深入了群众，又能全面了解问题的关键所在，从而就能对症下药解决问题。此类事例很多，未便一一列举，其中最突出的如：有一次空军副武官徐焕升与陆军武官郭德权吵架，原因极为复杂，主要是郭的道德品质败坏，如诱奸华侨女工，克扣武官处办公费用，唆使佣人（俄国人）在外换取黑市卢布等。由于一件小事引起，徐列举许多事实要郭解释，就这样大吵起来。徐当即就想电请军令部另派空军正武官成立空军武官处，不再受陆军武官节制。邵大使得知此事后，不动声色地到徐的住房串门，徐怒气冲天地把吵架经过向邵详陈后说，郭德权的行为既丧失了武官的尊严，更重要的是丧失了国格。邵大使严如父亲一样，慈祥地安慰了徐焕升，说明了在外交人员中吵架是不适当的，影响是不好的。同时又讲明了以吵架的方式是永远解决不了问题的。另外，又高度地表扬了徐的正直精神和崇高的道德品质，这样便使徐感到理虽直而方式欠佳，平息了怒气，要求邵大使对郭德权采取措施。接着邵大使又向我了解情况，最后到郭德权办公室，把郭教训了一下，即所谓“密室责过”，要郭拨出一定数量的办公费，交空军使用，有关空军业务全由徐负责进行。就这样解决了一次重大纠纷。邵大使解决人与人间的纠纷，总是采取个别谈话，当堂扬功，密室责过的方式进行说服教育，使馆中的许多纠纷一到邵大使手中便迎刃而解。

其次是奉公守法，维护国家尊严。当时各国驻苏使馆人员，由于苏联在抗战时期，民用粮食和轻工产品比较紧张，有些馆员利用各种渠道搞不友好的活动，如用美金现钞换取黑市卢布（公价一美元兑换十二卢布，黑市一美元可换三十多卢布）；在黑市上高价出售手表、丝绸、呢绒等衣料；有时用面包、牛油等换取各样贵重物品，我国使馆也不例外。尽管邵大使苦口婆心地一再劝告馆员，不要贪小利而失人格，但仍有一小部分人员在黑市搞活动，但比起其他使馆却要好得多。由于邵大使善于密室责过，将许多大事化小、小事化无。不但犯过者感恩改错，未犯过者亦提高觉悟，从而无声无息地消除了馆员中的黑市活动，深得苏联外交部的好评。苏联便衣特务不再跟踪中国使馆人员秘密侦查，这样既增强了中苏之间的友谊，又维护了国家的荣誉。

四

由于邵大使励精图治，大力推行节约，消除使馆恶习，特别是反对铺张浪费，虽然得到了绝大多数馆员的拥护，树立了良好的新风尚，但仍有一小部分人感到不能浑水摸鱼，公开搞贪污活动，从而积恨在心，背地诽谤，唯恐天下不乱。正好国内传来了调换邵大使的小道消息，他们便乘机大肆宣传：有的说邵大使不是中国驻苏大使，而是苏联驻华大使；有的说邵大使墨守成规，无能开展对英美的外交活动，不去积极争取更多的外援；有的甚至诬告他亲苏通共……

果然，过了不久马路新闻成了事实，重庆方面正式公布："邵力子另有任用，特派傅秉常为驻苏大使。"当时我正在莫斯科与苏方洽谈交换战利品（我以日制新式武器交换德制新式武器）问题，同时又得苏方同意我去高尔基城参观苏联新编机械——摩托化部队的训练情况。突接商务参赞胡世杰来电说：邵大使奉调回国，傅秉常前来接替。我因急务不能抽身回使馆为邵送行，电请他代表我向邵多多问安。真想不到如此正直忠心耿耿的，善于争取苏联军火支援中国卓有成就的，深得中苏人民敬仰的邵大使，竟受到了国内外小人的暗害而被调回国。自此以后，中苏友好关系日益减退。直到现在回忆起来，心中仍是愤怒不息。这样既冤枉了好人，又深害中苏友谊！

自傅秉常来后，原来兴起的一点好风尚，一下子就被消除无余了。特别是大使馆迁回莫斯科后，所谓“一朝天子，一朝臣”的陋习特别活跃，把大批有良好道德修养的旧人员更换了。新来的人员大肆铺张，三日一小宴，五日一大宴，什么茶会、舞会、鸡尾酒会闹得满城风雨。大小宴会几乎每日都有，他们把国内浴血苦战、国破家亡完全置之脑后，尽情挥霍人民的血汗钱，就这样他们有时还感到场面不大，酒宴不丰！

我于一九四三年夏秋之间返回重庆，向邵先生汇报了他离任后的情况，他对人家诬害他的事情一点不提，着重地指示说：“你把斯大林城保卫战的经过写一个专题报告，阐明苏军既能反败为胜，我们也能反败为胜，借以鼓舞我国军民坚定必胜信念。因为日本与德国一样，前线兵力完全用尽，也同样没有后备兵力，必然同德国一样遭到失败。”

过了几天，邵先生通过中苏文化协会与苏联大使馆商量，举行庆祝斯城大捷大会，由中苏文协发票邀请各界人士千余人，其中有苏联人十余人，在参政会礼堂开会。由我根据邵先生指示的要点作了斯大林城保卫战大捷的专题报告。会后，邵先生说，这个报告讲得具体而又生动，更突出的是阐明了斯大林的这一战略思想：现代战争的最终胜利不决于前线兵力的大小，而决于后方是否巩固。接着他又说：“你把报告内容再修改一下，可去报上发表。”同时他还建议要我到陆军大学、中训团、外交部等单位作同题的报告。由此可见，邵先生虽然离任了，但他对增强中苏两国的友谊仍继续不懈地努力奔走，经常以苏联人民打败德国法西斯的英勇范例来鼓舞我国人民抗日必胜的信念。邵先生不但亲眼见到了抗日的胜利，而且还亲身经历了这一阶段的历程。他为加强中苏人民之间的友谊做出了巨大的贡献！

一代英豪邵力子

骆介子

我认识邵力子先生，为时较早。一九三一年我奉当时外交部部长王正廷之委派，前往澳大利亚担任领事职务，同时也受邵力子先生的委派为驻澳洲《民报》的社长兼总编辑。到澳洲后，我同邵先生书信来往，极为频繁，讨论关于如何对澳洲华侨或对外国人士进行抗日宣传工作。一九三三年，我在英国剑桥大学进行研究工作时，得到当时驻英大使郭泰祺之协助，兼任国民党驻伦敦支部委员和宣传部长。邵先生一直同我通讯，指示开展对内对外的宣传方针。一九三五年十月，我当选为伦敦支部代表，回国出席国民党第五次全国代表大会。在南京见到邵先生，阔别重见，彼此甚为高兴。这时邵先生、冯玉祥先生、张之江先生和我经常在一起研究如何推动抗日救国工作的紧急措施大计。这时邵先生的抗日救国主张是多与当权派二陈的意见大相径庭的。邵先生早年追随孙中山先生，因而与国民党中元老相识甚多，友谊甚笃。他对国家大事，深有自己独到的见解，不易苟与人同。我因与邵先生情性相近，观点相同，每次晤面，畅谈甚快，友好往来，成为忘年之交。

现在邵先生逝世，忽十余年矣。回想四十余年往事，印象很深，不易忘怀。兹就当时亲身所历、亲眼所见和亲耳所闻者，备述数事如后，以对邵先生崇高品德和忠心国事之追念。

一、邵先生出使苏联及回国后对共产党之尊崇与合作。邵先生原来信仰共产主义。当他出使苏联时，对于列宁、斯大林之政治实施，极抱尊崇学习态度，深有所获。故当他回返重庆，即婉言劝告蒋介石应遵照中山先生遗嘱“以俄为师”的遗训，刷新政治，挽救危机。但蒋拒听忠言，反而怀疑邵先生之思想“左”倾，撤销其驻苏大使之任务，并委以参政会秘书长之闲职。这是当时重庆各界人士大都知之的内幕要闻。然而邵先生却不以此耿耿于怀，乐而接受闲职。这时，邵先生住在重庆七星岩康氏旧宅，我曾经常往访，表示怀念。然而邵先生谈笑风生，毫无愠色，并认为能有这一闲职与各界人士多相往来，增进情感，亦促进救国之一要道。因此，当时各党各派忠贞爱国之士多与邵先生亲切往还，而邵先生更加推心置腹，相见以诚，友好合作，增强抗战的力量。这种平易作风，恳切态度，深得中共代表团周恩来团长之赞许。不仅此也，在一九四五年，抗日战争胜利时，邵先生并公开露面与张治中先生合作，造成形势，顺应舆情，热烈欢迎毛泽东主席赴渝谈判，促成《双十协定》之订立。这一国共合作之大好良机，卒因蒋之反共措施，毁于一旦。然而邵、张二先生之忠诚谋国，拥护国共合作，早为国人所深知。中国共产党对于邵、张二先生之忠诚，甚为表扬和赞许。

二、邵先生在重庆时之国民外交工作。邵先生在重庆时，对于国民外交工作之推进，深得各界人士之赞誉。我记得邵先生是当时“国民外交协会”发起人之一。自南京政府迁汉后，情势危急，急切需要国际之同情与援助，特别是当时国民外交工作急待展开，不能丝毫忽视。邵先生这时会同各方面人士，努力推进各个人民外交团体之组织。例如除国民外交协会外，他并协同发起组织中苏文化协会、中美文化协会、中英文化协会。

以后，又发起组织“中国人民反侵略大同盟”，这个组织是在邵先生出使苏联回国后积极负责推进的。这个反侵略大同盟，开始时虽以宋子文为主席，实际上是邵先生实际负责专心努力推进的。我当时是国民外交协会常务理事兼代秘书长，并得这个反侵略大同盟之推选为常务理事之一。当时反侵略大同盟的秘书长是郑彦棻，他同邵先生亦甚合作，因而反侵会之一切措施，在当时起了积极作用。此外，邵先生当时对各个文化协会或各个人民外交团体，大都一视同仁，尽力协助。因而在八年抗战中，除一个时期邵先生在莫斯科外，他大都在精神上或物质上给予这些人民外交团体广泛支持和协助，这是当时中国各界人士所深为赞佩，也是当时来往中国的国际友好人士所一致赞颂的。

三、邵先生和于右任先生的深厚友谊和亲切合作的事迹是有历史记载的。人们都知道邵先生和于先生在青少年时代都是才气纵横、声闻遐迩的文坛巨擘。他们都是孙中山先生的忠实信徒，受到中山先生的重视和奖誉。以下仅就抗战时期，于、邵二老之高风亮节，相得益彰之事如实言之，以补史载不足。于先生当时在重庆监察院上清寺的机关中，辟一小室为招待客人之用。这个小室容量有限，陈设简陋。邵先生经常往访和于先生畅谈。某次，我到于先生处，请示关于国民外交协会和东方文化协会一些有关事项。于、邵二老嘱我就座商询诸事。于先生当时提出要借用康家客厅招待一次宾客并乘机讨论关于东方文化协会之有关问题。邵先生笑容满面，表示愿从旁协助，募款接济。言而有信，由于邵先生之努力，于先生当时之愿望，获得圆满解决。我还记得，于先生当时对于建设大西北甚为关心，主张设立一个新西北建设协会。邵先生曾在西北，主政多年，情况熟悉，愿为之助。不久这个建设协会就得到多方面人士之协助，举行成立大会。于先生被推选为该会会长，河南的张轸当时是中央训练团的副教育长后为河南省政府主席，亦被推选为副会长。杨觉天、周士观、骆介子等被推选为常务理事。初成立时，气势旺盛，似乎能做出一些成绩；但终因实施建设计划必须有一定的巨款，而当时重庆当局又不给以实际协助，因而一团烈火，不久即渐告熄灭，没有发生应有之作用。于先生当时对此，闷闷于怀，甚为气愤。邵先生则劝慰说：“国家大事，无法进行者甚多，建设大西北，我也深知甚为重要，但在今日，不能引起人们重视，何必过分焦虑！”于先生深知处境艰难，好事亦难急进，只得自告安定而已。于先生擅长书法，声闻遐迩。当时邵先生提出请于老草书汉朝傅介子之事迹原五绝一首“五月天山雪，无花只有寒。羌中吹玉笛，原为斩楼兰”，并写对联一副“有客德乃厚，博大圣人心”赠我，以鼓舞我之上进。事隔数十年，于、邵二老当时对我之关怀和鼓励，亲切之处，犹记难忘。一九四九年当邵先生和张治中先生等奉派前来北京和谈时，于先生多方赞助，促观其成。但由于一时策略关系，不能同来北京。邵先生对此耿耿在心，不能忘怀。

四、邵先生对台广播十二年之无限热忱和影响。邵先生自一九五四年起，即按照党中央和毛主席的指示原则和精神，开始向台湾当局和各界人士不断进行广播，详细阐发“爱国一家”“爱国不分先后”的真实意义。劝告台湾国民党人，消除成见，打破顾虑，回归祖国，促成中华民族之重新团结和统一。特别是在一九五六年十一月孙中山先生九十周年诞辰纪念日，邵先生奉派为筹备大会的秘书长，当时政协主席周总理是筹备大会的主席，各民主党派负责人大都是筹备委员。为了便于广泛发动宣传，特委派当时《人民日报》社长兼总编辑邓拓为宣传组长，并派民革宣传部副部长骆介子等为宣传组副组长。当时周总理指示的宣传方针是：着重阐扬孙中山先生的“联俄、联共、扶助农工”三大政策。并宣扬中山先生实行国共合作的伟大功劳和范例。当时英国的康德黎、日本的犬养毅的后人及与中山先生有关的各国人士，大都应邀前来北京参加纪念大会，真是盛况空前。纪念大会的文章不下数百篇，大都在《人民日报》和全国各大报刊发表。毛主席特为纪念大会撰写专文，盛赞中山先生的丰功伟绩。这些论文，除向台湾广播外，并发表纪念专册。这次大会，对于全国（包括台湾）以及全世界都发生巨大影响。毛主席、周总理对于这次大会都有很高的评价。邵先生在大会以后，仍继续向台湾广播，或在国内外报刊发表文章，劝告台湾莫忘“爱国一家”“爱国不分先后”的金玉良言，改变孤立自处，以岛建国的错误观念。迨至李宗仁先生回国，到达北京，邵先生则更利用时机，连续发表广播文章，劝告台湾当局，改变独立自处的意念，回归祖国，参加建设复兴祖国的统一大业。每当节日，他必利用良机，向台湾广播。据有关方面反映，十二年中邵先生所有向台湾广播文章尚未发现有人责怨和反驳。一九六六年“四人帮”篡政以后，对台工作无法继续进行，邵先生为此深感悲痛。一九六七年邵先生在北京东四住宅，溘然长逝，无疾而终。邵夫人在侧，主持丧事，闻者哀痛，纷往悼念。党和国家领导人李先念副总理等亲至八宝山参加追悼大会。一代英豪，满腔热血，脉搏停跳，与世长辞。怀念老人，情不自已，谨撰五律一首，以表追思仰慕之诚意：

一代英豪士，峥嵘九十年。
文名驰早岁，革命傲先贤。
处世惟敦厚，持家素俭廉。
平生无怨怼，安卧以归天。

三大政策的忠实执行者邵力子

谌小岑

邵力子先生是孙中山先生“联俄、联共、扶助农工”三大政策的忠实执行者，这是已经为大家所确认了的。这里就我个人在六十年前同他接触中的几件事来补充这一事实。

一九二一年九月，我由北京华俄通信社派到上海分社工作时，一个同事给我写了一封给邵先生的介绍信。这对一个二十四岁初到上海而人地生疏的我是最大的帮助。

华俄通信社是塔斯社的前身，是十月革命后苏联政府的一个中央通信机关。当时苏联内乱已近尾声，列宁提出了新经济政策来补救苏联因战争破坏，工农业生产落后的情况。北京各报还有几家报纸选登苏联消息。上海除邵先生主办的《民国日报》外，别的报纸登载的很少。因此，《民国日报》成了当时联俄色彩最鲜明的日报。

一九二二年一月十七日，湖南劳工会的黄爱、庞人铨被罪恶资本家贿买军阀赵恒惕逮捕砍头的消息传来，《民国日报》首先予以报道。

上海的黄、庞追悼会，于三月下旬的一个星期天，由社会主义青年团主持，在法租界尚贤堂召开后的第二天，邵先生在《觉悟》上写了一篇短文，题目是“追悼会不要白开”。

当时，湖南劳工会已在上海成立驻沪办事处，经商量，我写了一篇文章响应邵先生的号召，建议是年“五一”召开一次全国劳工代表大会，邵先生在文章后批了一行字：“地点最好在广州。”这篇文章登在一九二二年四月二日的《觉悟》上。

随后，我知道邵先生为此事亲自奔走，邀同国民党上海负责人张继走访陈独秀，表示如果中国共产党能够召集这样一次全国劳工代表大会，广州国民党政府愿予以种种方便。

于是，中国共产党领导的中国劳动组合书记部于四月十二日发出通知，邀请华北、华中各工会派代表到广州举行了第一次劳工代表大会。

这次大会是五月二日至六日在广东机器工会举行的，通过了筹备成立全国总工会、实行八小时工作制，确认黄、庞牺牲的一月十七日为中国劳工纪念日的议案。

当时，国民党的人还很少注意工人运动，而邵先生独具远见，并且尊重共产党在中国工人运动中的领导地位，实属难能可贵。

一九二二年下半年，有一个第三国际的代表到了上海，邵先生邀我去当翻译见了他。这个苏联人对于当时国民党联合奉系张作霖反对直系曹锟、吴佩孚的政策很不理解。以为张作霖也是勾结日本帝国主义的军阀。

邵先生对他作了解释。要点是说，当时中国人民最主要的敌人是曹、吴，唯有同反对曹、吴的各派实力联合作战，方能把他们推翻，这是一种策略。我听了也受到了一次统一战线的教育。

“九一八”以后，邵先生一直是全国人民和爱国党派团结抗日的坚决主张者，这是大家都知道的事情。由于他一直主张联俄，所以被派为驻苏联的大使，做了不少有益抗战的工作。

解放战争中主张和平，被选为国共谈判的和平使者。解放后又一直留在北京，接受中国共产党的领导。

在北京的二十几年中，邵先生称得起是中国共产党的诤友。

他一直主张民革和其他民主党派应以发展成员为主要任务之一。是他，首先向政协、人大提出节制生育的主张。

20世纪50年代初期，当铁托领导下的南斯拉夫执行独立自主的政策，斯大林将南共联盟开除出情报局时，邵先生却说：南斯拉夫在铁托领导下的政策是马克思主义与南斯拉夫革命的具体实践相结合的。

“反右”扩大化，邵先生是有微词的，但他说得很谨慎。只是说：“发言的人有不少还是从好心出发的。”

大刮“五风”的时候，我曾不止一次地听邵先生说：“这是胜利冲昏了头脑。”又说：“菜摊上的萝卜白菜还摆在露天地上的时候，共产主义是谈不上的……”

今天，我们纪念这位毕生从事中国革命始终不懈的老人，回想他平日的品德言行，感到在他身上可资学习的地方是一时说不完的。

从几个故事看邵老美德

胡昭仰

邵力子先生是孙中山先生的忠实信徒，反帝反封建的民族民主战士，是国共两次合作的积极参加者，公认的“和平老人”、中国共产党的忠诚朋友。邵老的崇高业绩值得我们景仰和学习。这里，仅就邵夫人傅学文同志平时所谈有关邵先生的几则逸事，加以介绍，以帮助我们从侧面更好地认识这位德高望重的革命前辈。

一顶蹩脚帽子

以邵先生的经济情况来说，工资收入不少，可以说是比较富裕的。但他自奉俭约，生活刻苦。他经常把旧信封翻过来继续使用。真可说是做到了物尽其用。这是尽人皆知的美德。

抗日战争时期，邵老有一天在重庆出席一次会议。陈立夫、朱家骅等国民党要人都参加了。他们开会时，做招待工作的几个年轻人没有什么事，就在衣帽间把他们这些显要人物的帽子拿来鉴定、评比。评比的结果是：陈立夫的黑绒呢帽最考究，不但是进口货（时值抗日战争，交通运输极端困难，进口外国货是极其不易的），而且是第一流的；朱家骅的浅咖啡色礼帽也很华贵，特别是香气扑鼻，熏人欲醉；其他一些人的帽子也都不错，唯独邵先生的褐色礼帽最为蹩脚，不仅使用了多年，很是陈旧，而且帽顶、帽箍都变色了，有的地方断断续续的还有不少破孔。这些青年人真不敢相信，这竟然是一位做过部长、会长、秘书长、大使等许多重要职务的人戴的帽子！

看看这顶帽子，再想想邵老对有困难的亲友总是解囊相助；对家乡的公益事业总是慷慨捐资，又是何等鲜明的对照！

两次捐献藏书

邵先生青年时代学习勤奋，热爱新闻、教育工作。多年来，养成了酷爱买书、藏书的好习惯，有时为了一本好书，竟不吝千金。故珍藏的书籍颇多，达万册以上。生前，他常说，这些书籍都是人民智慧的结晶，来之于人民，应当用之于人民。一九六七年底他逝世后，夫人傅学文同志遵照他的遗愿，先后两次将他全部藏书献给国家和人民。第一次是一九六八年，将他在北京寓所的五千余册藏书全部赠送给北京图书馆，以供群众阅览。第二次是在邵老诞生一百周年的一九八二年。这年六月十七日，傅学文同志委托她的侄女和邵老生前的秘书，将邵老在南京的藏书四千余册全部捐献给南京市人民图书馆，使这些书籍充分发挥作用，更好地为人民服务。南京市人民图书馆于同年十一月中旬前后特举办邵力子先生藏书展览，公诸同好。

邵先生关心人民大众，热心公益事业，不仅体现在捐献珍藏图书这件事上。他在绍兴家乡积极兴办文化、教育、农田水利及其他公益事业，关心桑梓福利，是几十年如一日的。他还支持夫人傅学文在南京自筹资金兴办力学小学，解决抗战胜利之初南京市中小学房屋设备奇缺的困难。

部长亲自审书稿

在国民党当政时，在特务统治下，爱国民主进步人士如邵老等的工作条件和工作环境是困难而复杂的。有时可以公开抵制，正面斗争；有时则不得不机智灵活巧为应付来顺利达到目的。邵老正是这样做的。如"九一八"事变后，邵先生公开发表讲话，认为国民党中央应引咎自责，自我检讨，并主张不能再打内战了，要准备对日作战。又在一九四六年冬，当蒋介石悍然召开"国民大会"时，他坚决拒绝担任国大秘书长，坚决拒绝参加国大选举。这些，都是以公开方式进行的。但有时为了减少危险，以利于任务的顺利完成，则不得不以巧妙的手法，适应复杂的环境来达到目的。部长亲自审书稿，就是一个突出的例子。

一九三七年初，担任国民党中央宣传部部长的邵先生，应许广平女士之请，要尽快审清《鲁迅全集》全部底稿，以便早日出版发行，和广大读者见面。对鲁迅先生的文章，国民党当局是既痛恨又害怕的。根据当时情况，要想迅速通过审查关，谈何容易！邵老左思右想，终于想出了个好办法，决定破天荒第一次由他这位部长亲自出面负责审查。于是，他把具体主持编审的负责人朱某找来，和朱两人在部长办公室内亲自审阅。在审阅过程中，他以鲁迅先生的这些著作早都看过为理由，暗示朱某，所谓审查只不过是个例行手续，随便翻阅一下就行了，不需那么仔细认真。这样，只不过花了几个小时的时间，一部《鲁迅全集》巨著，就全部审查通过了。这样的速度实在是空前而又绝后的。

大使巧妙做报告

抗日战争时期，为了增强中苏邦交，争取苏联支援，促进国共合作，为抗日战争多出一把力，邵先生担任了驻苏大使。出使苏联期间，他不但在争取苏联军事、物资、人员援助方面，而且在促进中苏友好方面也取得了很大成就。在回国汇报工作时，还经常以大使身份，做外交报告，介绍苏联情况。为了应付复杂环境，他根据做报告的场合与条件的不同，报告的内容亦随之而异。

当他奉派在国民党政府官办的“中央训练团”讲课时，听讲的对象都是国民党比较高级的官员，更有国民党中央党部派的朱某每堂课都随同他上课，名义上是作“助教”，实际上是在监督。于是邵老就照朱某事先所编写的讲课教材，一字不漏地照本宣科，并公开对听课的学员说，“我讲的这些内容，都是朱先生编写的。表面上是“归功”于朱某，实际上是暗示大家，我讲的不是真心话！”

可是，当各民众团体、各协会及进步组织邀请邵先生做报告时，他非常高兴。坦率地谈出自己的看法，热情介绍苏联在政治、经济、文化、军事等各方面的成就，指明最后胜利必属苏联的前途，鼓舞了大家的信心；并阐明中苏邦交应不断增进的道理，推动了中苏文化交流，加深了中国人民对苏联的了解。这样，当然就遭到国民党反苏反共分子的攻击，他们诬蔑说：邵力子不是中国驻苏大使，而是苏联驻华大使。尽管他们这样无耻地诽谤，邵老报告的精湛内容，深入人心，他们是无法改变的。

服从需要而退党

邵老早年就参加同盟会，追随孙中山先生从事民族民主革命运动。后来在十月革命和五四运动的影响下，参加了上海共产主义小组，成为早期的共产党员。国共第一次合作时，他以国民党员和共产党员的双重身份，做出了不小的贡献。

一九二六年八月，他和谭平山去莫斯科参加第三国际第七次执行委员会。路过上海时，中国共产党中央领导同志开会欢送他，肯定他多年来为党做了不少工作，并让他以纯粹国民党员的身份去苏联开会，欢送他退出共产党。由他和谭平山分别代表国民党和共产党去参加共产国际会议。邵先生从革命工作需要出发，接受了组织上的决定，退出了中国共产党。这同因革命处于低潮或其他原因而自动脱党，是迥然不同，不能同日而语的。

在这以后，邵先生作为国民党左派，无论是在国共两党第二次合作时，还是在解放战争时期，以及全国解放以后，他都是和中国共产党团结合作，一直和党站在一起，成为中国共产党的亲密战友，为民族民主革命和社会主义建设事业而共同奋斗，直到生命的最后一息。

邵力子先生和我的关系

孙越崎

（一）

邵力子先生，浙江绍兴人，是我的同乡，也是我一九一三年在上海复旦公学上学时的国文老师。他是同盟会会员，与于右任先生交谊很深。二人都是复旦公学的董事。当时袁世凯窃取了辛亥革命的果实，不但想终身做总统，而且要当皇帝，所以大肆镇压革命人士，邵先生因此不得不长期住在租界。他在复旦公学教书时，宣传革命思想，对学生出国文课的作文题时，常常寓意反对袁世凯，给学生灌输革命的道理。

我在复旦公学毕业后，考取天津北洋大学矿冶系。五四运动时，我任北洋大学学生会会长，积极参加了天津学生爱国运动，这是受到邵先生的教育和感召所致。我大学毕业后去“北满”创办穆棱煤矿（现在黑龙江省鸡西矿务局的一个单位）。一九二九年我出国留学，到上海上船去美国，路过南京。那时邵先生任蒋介石总司令部的秘书长，总部设在三元巷。我去拜访阔别多年的邵先生，他勉励我学成之后要为苦难的中国多做贡献，为人民造福。一九三二年我回国以后，因九一八事变，东北全部沦陷，我家就从哈尔滨迁到南京。我参加了当时参谋本部所属以蒋介石为委员长的国防设计委员会（即资源委员会的前身）工作，这个委员会碰巧就设在三元巷原来蒋介石总司令部的房子。那时邵先生已去西安做了陕西省政府主席，他有时到南京来，我也常去看他。

（二）

一九三三年国防设计委员会派我到陕北的延长、延川、延安一带调查油矿资源，准备进行钻探，我就致电邵先生请予多方协助。那时陇海铁路只通车到潼关，邵先生就由西安派人派车到潼关来接我。潼关县县长兼陕西省政府驻潼关办事处处长张丰胄招待我在潼关耽搁了几天后，再去西安，与我同行的有国防设计委员会的张心田。我们到西安后，邵先生又派了陕西省建设厅技正、北京大学矿科毕业的赵国宾陪同前往陕北。我们调查了陕北油矿资源分布情况后回到西安，向邵先生做了汇报，并请他将来在进行探勘时在器材运输方面给予协助，他深表欢迎和赞助。

一九三五年五月刘志丹、高岗率领的红军解放了延长，油矿人员都得到了解放。那时我因应翁文灏之邀事前到了河南焦作担任中福煤矿总工程师，但仍兼陕北油矿探勘处处长原职，用无线电联系工作，直到延长解放为止。延长解放后，我曾从河南焦作到西安向邵先生报告经过情况。一九三六年十二月西安事变后，邵先生辞去陕西省主席，回到南京。

（三）

一九三七年七月全面抗战开始，日军沿平汉铁路南侵，国民党军队节节败退。我当时担任焦作中福煤矿总经理。一九三七年十月我把矿上职员、家属及部分技工和拆迁的机器设备撤退到汉口。资源委员会在湖南湘潭谭家山有一煤矿矿区，正缺少人员和器材。我因此到南京与资委会商议合作，利用中福的机器与资委会合办湘潭煤矿。那时南京已遭日军的空袭，形势很紧张。我立即返回汉口，与邵夫人傅学文同船抵汉，请她住在我家里。不久邵先生也由南京撤退到汉口，就住在我家。当时他担任国民党中央宣传部部长，陈立夫、张道藩等人常来我家找邵先生商谈，在客厅里往往大声吵闹，不欢而散。有一次蒋介石打电话给邵先生，我在旁听到蒋问邵：“你知道现在的刊物有多少是共产党的？”邵回答：“我查查嘛。”蒋大声说：“我知道百分之九十是共产党的，你做宣传部长怎么不知道？”邵仍说：“我查一查嘛。”在这以后大约一个月，邵先生回来对我说，你得给我道喜，我问什么喜啊？他说他的辞职被批准了。

一九三八年八月间武汉战局紧张。事前我已与民生轮船公司总经理卢作孚谈妥，中福煤矿与四川天府煤矿合办。我们中福煤矿雇一专轮把职员家属送往重庆。我与邵先生夫妇和他的勤务员仍留在汉口，直到十月底我们才一同飞抵重庆。邵先生就住在领事巷康心之家里。后来他和夫人同去苏联担任中国驻苏大使，直到第二次世界大战开始。他回国以后，大力宣传俄国十月革命后的种种大好形势。我曾请邵先生到北碚给我主办的四川四个煤矿联合总处职员讲话，介绍苏联的情况。

（四）

邵先生从苏联回来后，担任国民参政会秘书长。国民参政会是蒋介石设置的空洞的、形式上的所谓民意机关。抗战胜利后，参政会更没有什么事可做了。邵夫人傅学文热爱儿童教育，在南京自买地建筑校园，办了一所“力学小学”。他家就在小学里，生活十分简朴。

一九四七年七月至九月，我去东北视察资源委员会所属工矿企业。在东北看到的一切，使我感到共产党一定会胜利，国民党一定要覆没。有一天我和钱昌照谈心，我说：“你已辞去了资委会委员长职务，现在没有事做，是否可以想法到解放区去？”他说：“我有时也曾这样想过，你的意见值得好好研究。”我于是向他透露了我想投共的心事，并建议同去找邵力子谈谈心。因为我和邵力子相知较深，据我过去了解，他和陈立夫是对立的，对蒋介石也很不满，和共产党人有联系。我想，我们去和邵力子谈谈，不会泄密，绝没有危险。于是我们同到邵力子家，和他商量，并问他有没有可与中共联系的人。他说：“过去有，现在蒋介石防范很严，已隔断了。”

一九四八年八月间，钱昌照出国去欧洲。蒋介石于淮海战役失败后，在一九四九年一月二十一日宣布下台，李宗仁以副总统代理总统，发布文告，以停战谋和为号召，并推动组织了一个“上海人民和平代表团”，团员为颜惠庆、章士钊、江庸等，邵力子以私人资格前往与中共当局交换意见。他们于一九四九年二月十三日由上海飞北平，先与中共当局叶剑英、董必武、罗荣桓、林彪、聂荣臻等商谈，二十二日又飞往石家庄，承毛主席接见，并与周恩来会谈。并对通邮、通航问题广泛地交换了意见。代表团于二月二十七日飞返南京。邵先生原拟与颜、章、江三老同去上海，向上海各界汇报。但他到南京后得悉陈仪已被免去浙江省主席职务，在上海遭汤恩伯的扣留，卫立煌也被蒋介石软禁了，邵先生因此决定留在南京，但也不敢住在自己家里，他就住在于右任家里。因于老是国民党元老，想蒋介石还不至到于老家里来抓他。当时屈武也住在于老家里。我常去看他们。

一九四九年三月国民党与共产党进行和谈，李宗仁原拟请邵力子担任和平代表团的首席代表，但当时邵先生曾表示推让说，由张治中当首席代表为好。因此改派张治中为首席代表，代表有邵力子、黄绍竑、章士钊、刘斐、李蒸，秘书长为卢郁文。

卢郁文原是资源委员会的参事，他和邵先生的秘书张丰胄都是我的老朋友。张丰胄要我帮忙解决汽车和办公地点的问题。我说你们应去找行政院。张说，行政院乱哄哄的，你对和谈很热心，所以请你帮忙。卢郁文也要我帮助。我就从资委会拨一辆小汽车给邵力子专用，同时请卢郁文、张丰胄等在我家里办公。他们人少事多，卢郁文又要求我派资委会秘书张月超帮他们的忙。后来代表团北上时，卢郁文和张丰胄把张月超也作为和谈代表团秘书处成员，带到北平去了。

在和谈代表团北上以前的一个晚上，邵先生和夫人傅学文来我家，邵先生说："有一件事，我们二人考虑再三，解决不了，特来请你给我们出个主意。"他继续说，"现在和谈问题，蒋介石在奉化背后操纵，李宗仁失去自主权，看来和谈是不一定有成功希望的；和谈不成，我不会再回南京，这点你是知道的。因此学文一定要同我一起走，但现在外边已有谣言，说我不是去和谈的，而是去出卖国民党的。如果学文同我一起走，谣言将更大，对和谈更不利。不走吧，她一人在南京有危险，弄得进退两难，你看怎么办好？"傅学文接着说："我一人不敢留在南京，我要一起走。"我说："邵夫人如果一起走，我想诚如邵先生说的，谣言将更大，对和谈更不利。和谈不成，邵先生当然知道得最早，现在正是换季的时候，届时打个电报给我说'要衣服'。我负责代买飞机票，第二天一定送邵夫人去香港转去北平，保证她无危险。"他们二人都同意了。

四月一日和谈代表团北上后，过了十天左右，李宗仁派在北平与中共接触的私人代表刘仲华乘专机从北平来南京，住李宗仁家里。他拿了一大布包的文件信件等对我说，这是邵先生托他交我转交上海各有关的人收。他还说："我要去武汉见白崇禧，回来接邵夫人去北平。"后来刘仲华离南京北返前一天，邵夫人到我处辞行。我说您上飞机时设法不要给新闻记者看到。她说一定以最迅速的行动走，避免给记者们见到。但在第二天的南京报纸上还是登出了邵夫人傅学文已飞北平的消息。至于邵先生托刘仲华带来的文件信件等，我托资委会煤业总局上海办事处处长祝福康代为分送。事后，他来汇报说，送去的地方都是门禁森严，他怕国民党的密探跟踪他，很担心。过了几天没有事，才算放了心。

不久和谈破裂，解放大军迅速过江。四月二十二日国民党政府行政院长何应钦、秘书长黄少谷先后打电话要我到何应钦家里，对我说解放军已过江，我们所有的人今天下午一定要坐飞机离南京。因此我于当天下午飞到上海，几天后转广州，五月一日到香港。我在香港写信给在北平的邵先生，邵转告了周总理。周总理说，叫我随时可到北平来。我在香港与乔冠华取得联系，到一九四九年六月我辞去了国民党政府的经济部长兼资源委员会主任委员的职务，本来可即来北平，但因与香港中共地下党联系过，为了鼓动和组织资委会设在香港的国外贸易事务所员工起义，将在港所存钨、锑、锡等外销矿产品移交人民，直到一九四九年十一月该所起义时，我才带了家眷乘轮北上，经青岛转天津到北京。邵先生特到车站来接我，几天后周总理接见了我。

（五）

我在香港时，劝翁文灏也回来，他认为自己有罪，不可能得到共产党的谅解，他说："我的问题，非得到毛主席同意，不能解决。但这就太难了。"当时我同意他的话，但说："只要你有回国的决心，我认为有邵力子在北平，可请他帮忙，也不一定没有希望。"并说："目前你主要做两件事：一、在你思想上必须与台湾的关系一刀两断。二、快把老父老妻从台湾接出来，先住香港，可以自由行动。”他认真考虑我的话后，表示接受。一九四九年七月间他去台湾住了些时候，亲自把老父老妻接到香港，那时进出台湾还是自由的。我就写信给邵力子说明翁文灏也有想回国的意思，请他帮忙。邵回信表示愿意大力帮助，但要翁先写一份悔过书来，以便进言。

翁文灏决定回国，写信要在上海的儿子翁心源来香港接祖父和母亲回上海。翁心源于九月间到香港。我于一九四九年十一月离香港来北京，带了翁文灏的悔过书交邵力子。他看了，认为不够深刻，不便送上去，要我寄回，请其改写。我说：“翁心源接家眷回国，很快就到北京转去上海，等他来后再寄回去吧。”正在这时，忽见到《参考消息》载称，翁文灏从香港飞往巴黎去了。不到一个月，何以忽然变化，我很纳闷。不久翁心源来了，才知道，我走后，台湾方面派人到港请翁回去，他当然不回去。但怕像杨杰一样在港被台湾派人暗杀，因此他临时决定飞巴黎，是避难性质，回国之心不变。不去美国而去法国，原因也在此。

这样邵力子和我与翁心源商量，改变原意，决定把翁的悔过书先送呈周总理，虽然内容不够好，但足以表示他有返回祖国的爱国愿望。悔过书送上后，周总理同意他回来，但须稍等些时候，要向在京的民主人士方面做些工作。关于战犯问题，周总理说，这是新华社的消息，不是党和政府正式宣布的，可放心。

一九五〇年十二月翁文灏从法国到伦敦，乘飞机到香港，当天转广州，由广州中共组织派人送到北京。我、翁心源夫妇和孩子及党派的代表到北京车站接他，并于当天陪翁去看邵先生。当时翁心源已从上海调到北京工作，一家祖孙四代，得以团聚一堂，喜出望外。后来翁由邵先生介绍参加了民革，又担任了全国政协委员。他回顾以往，展望前途，深深感激共产党和毛主席对他的宽宏大量。并深感邵先生对他的大力帮助，使他全家毕生难忘。我参加民革也是经邵先生介绍的。

（六）

邵先生德高望重，素性刚毅正直，一生生活朴素，平易待人，交游很广。他具有高度的爱国心和民族革命精神。早年他追随中山先生参加同盟会，从事民族民主革命运动。在上海复旦公学任教时，对学生灌输革命思想，播下了革命种子，桃李满天下。他主持上海《民国日报》时，更是大声疾呼，抨击封建军阀，宣传革命思想，鼓舞国民斗志。他对蒋介石在政治上独裁，在军事上“攘外必先安内”，发动内战，始终坚决反对并作种种抵制。解放前夕，他两次亲率代表团北上商谈和平，人民称他为“和平老人”，为国民党中民主和进步人士的表率。一九四九年国共和谈破裂以后，他就留在北平与中国共产党忠诚合作，参加新中国的社会主义建设事业，在民革中央也起到模范积极的作用。他的一生事迹值得我们永远怀念和很好地学习。

折冲樽俎，力倡和平的邵力子

龚光朗

提起邵力子先生，海内老一辈人几乎无不知晓。这并非因为他办过《民国日报》，历任过复旦大学校长，国民党政府驻苏大使、陕西省政府主席、国民参政会秘书长等要职，而是因为他在历史上是一位真正热心于国共合作、主张和平建国的开明爱国之士。20世纪40年代在重庆、在沪宁、在政界社会，邵力子先生之所以被誉称为“和平老人”，盖由于此。40年代，我跟随邵老，在其属下任国民参政会秘书兼宪政实施协进会秘书主任，多年朝夕相处，共事左右，对其为人处世、品德风貌知之较深，50年代续有交往，印象难忘。今邵老作古已十余载，若仍健在，恰刚过百岁。敬仰之余，谨记邵老在生二三事，借寄怀念之忱。

邵老为官，清正廉明，淡泊恭俭，平易近人。这在国民党旧政权的官场中是难能可贵的。他自奉节俭，衣着朴素，饮食简单，在重庆时租民房而居，到南京后就住在其夫人傅学文女士创办的力学小学校舍内。他不尚浮华，毫无官架子。随便什么人有事找他，他都亲自接见，细心倾听，坦直恳谈，迎送礼遇。就像我这样差不多天天见面的老下级，去他住所晤谈或请示工作，他总是热情接待，使你感到无所拘束；而且临别，他每次都要走前开道引路，直送到大门口目送我走远方才转身回屋。平日私人通信，从不见他用公家的信封信笺，而且往往把用过的旧信封翻过来糊好了再用。邵老烟酒不沾，声色犬马就更不问津了。

邵老用人，唯贤无私，导之有方，信任支持。他是一九四三年继王世杰之后接任国民参政会秘书长职务的，主管多年很少任用私人，对秘书处各级人员一视同仁，无分亲疏。邵老与我原无私交，接任秘书长不久，以其知人之明，即命我兼任新成立的宪政实施协进会秘书主任，一九四五年重庆谈判时又指派我兼任旧政治协商会议秘书兼议事组长，委以重任。此两处均新建机构，一切无旧章可循，乃作原则指示，放手责成我制订计划，开展工作，对所请诸事均认可照准，并大力支持。有一事我至今记忆犹新，难以忘却。那是一九四四年的九月，国民参政会在重庆召开第三届三次大会，会上听取国民党代表张治中和共产党代表林祖涵关于国共和谈经过的报告。报告后，组织特种审查委员会进行审查，并指定仇鳌、冷遹、王造时、邹韬奋等几位参政员任召集人主持研究；提出审查意见。两天后，推原中央日报主笔胡秋原参政员起草《审查报告》。哪知这位国民党极右分子在《审查报告》中竟大肆诬蔑攻击中共和新四军，胡说什么皖南事变的发生是由于“共产党、新四军不听军令政令之统一……”云云。我当时在大会秘书处主管议事工作，该稿须经我手查阅付印。我见稿，极为反感，随即携稿商之邵老，建议改写。邵老当即同意由我执笔另行起草。我赶写毕，呈邵老过目斟酌。邵老阅后认为很好，便嘱我立即分送特种审查委员会的几位召集人审阅签署，连夜付印。次日上午分发大会，一批极右分子见已易稿，大为哗然，知是我改写的以后，便起而围攻，大骂我“偷天换日”“袒护共党”……大兴问罪之师。然而，改写稿毕竟立言公允，符合和平民主、团结和解的精神，而且事前邵老嘱我分请所有召集人过了目，签了名，故会上国民党左派参政员都极力支持。如召集人仇鳌上台发言，指出改写的报告，内容符合实际，符合和谈精神；知名法学家周炳琳参政员起立发言，指出我所起草的《审查报告》有所有召集人的签名，是理所当然的法定正式文件，交大会讨论顺理成章，无可非议……于是，大会执行主席左舜生指定一人向大会宣读该《审查报告》，然后付诸表决，结果终以压倒多数通过，极右分子的图谋未能得逞。综观此事，实多亏邵老的除谬果断和指挥有方。后来，国民参政会机构撤销，邵老便推荐我担任了伪立法院秘书处长之职，这也是他对我的信任。

邵老对事，实事求是，每遇争执，以理服人。记得一九四六年在重庆旧政协开会期间，发生了国民党特务殴打民主进步人士的较场口事件。参加旧政协综合委员会的中共代表王若飞同志为此非常气愤。联系到国民党训政问题，王说道：较场口事件就是国民党训政的结果，昨天小组会议已通过了结束国民党训政，就是要立即结束。其实，我也参加了小组会议，会上并没有作过结束国民党训政的决议。邵老对王若飞同志说："是应该尽早结束训政，实施宪政。但是，昨天小组会议上还并没有作出现在就结束训政的决议，你大概记错了。"王坚持认为已有决议，并为此与邵老争执起来。此时邵老心平气和地向王若飞同志解释说："较场口事件必须查纠。你的心情和愿望可以理解。但小组确实不曾作过此决议，也不可能作此决议。因为，结束训政须以颁布宪法和作好实施宪政的准备为前提；目前'五五宪草'还在讨论之中，更未经召开国民代表大会通过，训政如何结束，宪政如何开始呢？现在，我们都正是在为完成这一更迭而共同努力。"经此说明，王若飞同志也就不再有异议了。

邵老最关心的是国共合作及和平建国。他常跟我谈起："国共合作本是孙中山先生的坚定主张。历史也证明，有了国共合作，对内才有革命的胜利（指北伐战争，打倒军阀），对外才有反侵略的胜利（指抗日战争，抵御日寇）"，"和平建国，必须国共合作"，"经过长期战乱，民生凋敝，国力衰弱，百废待兴，人心思治，全国人民亟须休养生息，团结一致，建设国家，岂能再启战端！"所以，对于国共和谈，邵老竭诚以赴，不辞辛劳，力求圆满成功。毛主席抵重庆时，他专程去机场迎接，并在国民参政会亲自设宴招待，为毛主席洗尘。重庆谈判中，他大小会议自始至终参加；他作为国民党方面的代表，遇国共双方意见相左之时，则既要考虑维护国民党的有关利益，又要考虑满足共产党的合理要求，这就难免不受到国民党顽固派的非难和压力，处境之不易可以想见，难怪有时我在去他办公室商谈工作之际，听到他情不自禁地愤然叹道："作为最高当局，常发脾气，一意孤行，实非国家之福！"虽此，邵老总是忍辱负重，顾全大局，在力所能及的范围，折中其间，勉为调和，力避和谈破裂，亦可谓用心良苦。无奈，国民党中顽固派势力占了上风，以致终于内战重开，和谈破裂，邵老一番心血付之东流。

邵老阅历丰富，头脑敏捷，胸有卓识，颇能高瞻远瞩。他经多年体察，熟谙国民党内各种势力的复杂关系和当权派的顽固态度，故北平解放后虽两度飞往北平续议和谈之事（第一次是一九四九年二月与颜惠庆等人以社会人士代表身份前往；第二次是同年四月与张治中、章士钊、刘斐、黄绍竑等人以国民党政府代表身份前往），但他行前就估计到成功无望。记得我任伪行政院美援会秘书处长之际，于一九四九年三月二十八日下午在南京办事处设宴为邵老、章士钊、刘斐等部分代表饯行，并有贺耀组等人作陪。席间，章士钊先生以我曾长期担任国民参政会秘书、宪政实施协进会秘书主任以及旧政治协商会议秘书兼议事组长，始终参与了国共和谈的具体工作，情况熟悉，眼界开阔，特向邵老建议同去与张文白（治中）先生商定增聘我为代表团顾问同去北平。邵老沉吟片刻，慨然叹道："连我这个代表都是多余的，雩光（我的别号）又何必徒劳往返呢？"这样，我便没随代表团去北平。果然，代表团在北平与中共达成的协议终究未被国民党政府接受。解放前夕，我辞去一切伪职，迁居上海，拒不去台。上海解放后，我与邵老通信，邵老来信提到，"此次改革，为中国数千年历史所造成，实属必然。吾人虽不幸而生于此时期，须备尝种种艰苦；却亦幸而生于此时期，得以锻炼自身，度过种种艰苦，苦尽甘来，终必有日。"邵老这番话，确实很有道理，经多年的实践体验，领会尤感深切。还有一事值得一提：早在20世纪50年代初期，邵老就和马老（寅初）一样，大力提倡计划生育，主张实行避孕和人工流产，以节制人口增长，改善人民生活，减轻国家压力。为此他还向全国人大常委会提过建议。这在上下只谈人多好处大和以“堕胎”为违法犯罪的当时，也是难能可贵的（马寅初先生正是因为立论主张节制人口增长而被打成了右派）。邵老不但这样主张，而且还这样行动。记得有这样一件事：一九五二年秋，上海有一对四川籍的青年夫妇，年不及三十，却已有了四个子女，这年轻的妈妈又有了五个月的胎儿在身，实不胜经济、精力、精神负担之苦，因闻邵老力主节育，乃投函求助。邵老虽甚同情，但手无具体良方，便来信托我在沪觅医为之施行安全可靠的人工流产。我接信后，按址往访了这对青年夫妇。见在不到十平方米的一间小屋里住着他们大小六口人，其中两个小孩赤着脚倚在一条长凳跟前吃着稀饭，室内凌乱不堪，状甚狼狈。细问其详，得悉他们深受多子女之累，便约请我的一位挚友、妇科专家李医师用最好的针药法进行了安全有效、毫无痛苦的人工流产。他们喜出望外，感激涕零，特地双双前来谢我。我为他们庆幸地说：“这应该感谢邵力子先生呵。”

邵老工作之余，除了看书，最爱好的就是京剧艺术。在南京时，某次听梅兰芳先生演唱《宇宙锋》，戏词中有句“你连三纲五常都不要了吗”这样的说白，有感不适时宜，便在后来某次见到梅先生时直率提及，建议改为“你真正地毫无羞耻之心呵”。梅先生深表赞同，欣然接受，并连连称谢。邵老不仅自己欣赏京剧艺术，而且关心爱护和殷切提携京剧艺术人才中的后进新秀。一九五二年夏，我的湖南同乡人李香芬女士擅长青衣，欲拜梅兰芳先生为师，托我介绍，我便写信转托邵老在北京就近引荐。邵老很快复信，慨然应允，并在商得梅先生同意后嘱李女写了一份自传寄去。不多日，邵老来函约李女去京。李女到北京谒见了邵老夫妇。邵老电告梅先生，随即带李前往梅府。迨至，梅先生已迎候于门首，引进客厅后请邵老上座。这时，热心的邵老便招呼李香芬女士说：“你不是要拜梅先生为师吗？快拜呀，拜呀！”李女忙即下跪。梅先生客气地连忙双手把李女扶起，一面催人上茶，一面嘱李女试唱一段来听。听罢，梅称很好，并指出句尾拖音再延长些为宜，接着转向邵老言道：“我过去收了四十九个弟子，现在香芬恰好是第五十个。我想就此封顶，以后便不再收弟子了。”接着，邵老请梅先生开张名单，由李香芬设宴请拜师酒。梅先生说：“还是我来请客吧！”邵老固请再三，梅先生这才写了一张四人名单——梅先生夫妇及梅先生的公子梅葆玖和秘书许姬传。筵席是邵夫人傅学文同志筹订的。邵老想到李香芬女士是湖南人，便特地邀请了我也非常契识的仇鳌、章士钊、田汉等几位湖南老前辈以及田汉同志的母亲田老夫人作陪。座设百花园中，群芳争艳，幽兰飘香，文人雅士欢聚一堂畅饮畅叙，真是心旷神怡。梅先生高兴极了。仇老赞叹说，京剧艺术千锤百炼，其味无穷，令人百看不厌，百听犹新，真是魅力无比！邵老言道，京剧艺术内容题材广泛深刻，能使人受教益，京剧艺术表现手法丰富多彩，能给人以美的享受，这正是其魅力之所在；京剧艺术发展到今天这样，真不知凝聚了前人和今人多少心血，已经相当精练，后人将继承下去，不断作进一步的发展，精益求精，使之更臻于完美。田汉同志接着说：“我国的京剧，有些传统剧目中的某些唱词因受过去时代的局限，今天有必要加以适当的修改，有的情节也还可以作些加工。这方面我已着手在作尝试，如《白蛇传》《谢瑶环》《西厢记》等。我倘若能长寿多年，定要把这项工作坚持做下去。”时夜幕降临，宫灯照明，章老随兴之所至吟道：“灯花零落酒花浓，妙语一时飞动。”大家酒酣话毕，便留影纪念，尽兴而散。

说来，这些都是几十年前的事了。那以后，我便没能重见邵老。这是因为我不幸于一九五五年和一九五八年两度以冤错案而身陷囹圄，直到一九七五年才重获自由，一九八一年得以复查平反，可邵老却早已离开了人世，思之怅然泪下。若邵老活到今天，他定为我伟大祖国20世纪80年代的空前大好形势和往后的无限美好前景而欢欣鼓舞，也定将不辞辛劳，为争取恢复国共和谈，为争取实现国共第三次合作，和平统一祖国，而鞠躬尽瘁，竭诚贡献。

和平老人邵力子

曹聚仁

三十年前，我们挂“乌鸦”招牌办《涛声周刊》时，我曾经写过这么一段话：“一九二七年，从初夏到深秋，这百八十天中，真是使释迦大彻大悟的大千世界！多少人从最高层跌入血污池，多少人从贫民窟爬上三十六天，多少人把自己的亲友当作牺牲品，多少人把仇敌当作亲滴滴的同志，所谓交谊，所谓政见，都不过是这么一回事。那时，熟人的死讯，一起一起传来，几乎流眼泪的余裕都没有了。可是‘死’予我以启示，并不予人以威慑；我并不想活下去，但也并不想死。我问我自己：‘害怕不害怕？’我的回答，是‘我不害怕，我没有恐怖，我只有淡漠！’于是，我揩干我的眼泪，在这淡漠上活了下来。”

恰好，我手边存了一篇周雍能氏写的《北伐初期的回忆》，那儿有一张北伐军总司令部秘书处名单：邵力子先生任秘书长，马文车先生任秘书处长；那时，陈立夫和周雍能分任科长。这是北伐初期，在蒋氏左右的人物。周氏说到邵先生并未随军出发，因为政府派邵氏出国办外交，便是到莫斯科去访问苏俄当局。等到邵氏从苏俄回来，北伐军已经到了上海，国民政府也已移到了南京。不过，国共已经开始分裂，蒋介石魔手清党，却又由于宁汉分裂，他下了台，归居汉口了。邵氏回到了上海，对着这么大变动的场面，心绪十分混乱、矛盾。我几次到三益里去看他，真是“门庭冷落车马稀”，和宁汉双方都没有往来。有一天，他告诉我，因为蒋氏电邀他往溪口，他问我有没有兴趣去玩玩。我说我见了鬼怕黑，我要到杭州去，到图书馆去做鸵鸟了。以往的事，不待我来说了。

邵氏三益里的寓所，他的书室中，挂着一条横幅，上书“青年导师”四个大字，那是全国学生联合会主席狄侃所赠送的。在领导青年思想这一课题上，邵氏一直保持着《觉悟》时期的风度，和年轻人相接近的。我对20世纪20年代的政治运动，可说十分接近；但我只是“门神”，对幕后情况，实在很隔膜的。依我的看法，吴稚晖老人从极端的“无不是的青年”转到另一极端的“无一是的青年”，这是国民党的最大失败。国民党当局与青年进步分子为敌，那几位元老都该负责的。邵先生，可说是蒋氏左右最清醒的一人。国民党主政二十年，只有他并不走上官僚主义的路子。蒋氏再起时，邵氏仍任秘书长，参与帷幄中的策谋，若干重要文告，都出之于他的手笔。蒋氏虽未必言听计从，邵氏却是知无不言，言无不尽。后来，邵氏出任陕西省主席，得应付那一错综复杂的环境。（依我推想，蒋氏刚在南昌说了“我是赞成共产党的”支持共产党的话，不到半个月，便在上海清党闹分裂了，盖与莫斯科方面的托洛茨基与斯大林的政权斗争有关，国民党元老派便想借此脱离苏联方面的控制，所以不顾一切，仓促间发动政变。这都不是我当年所能了解的。）

西北大局面，由于瑞金赤都军政大移转，经过了二万五千里长征而移到陕北延安，而造成一种新情势。到西安事变发生，又转入另一新情势；其间化干戈为玉帛，要张学良送蒋氏回京主政，周恩来总理和邵力子主席奔走之力为多；（国际共产集团，要蒋氏出面对日抗战，也是主力之一）国共再合作，邵先生出面任国民党中央宣传部部长和国民参政会秘书长。

这便做了和平的桥梁。国共合作则和气致祥，国共分裂则戾气致祸，一部民国史，就是这么写起来的。

邵力子先生，浙江绍兴人，清末举人；从封建社会出来的士大夫，蒿目时艰，投入革命阵线，那是受蔡元培先生的影响。（蔡氏，系清末翰林，邵氏和李叔同师，都是蔡氏的入室弟子。）辛亥革命前后，邵氏和于右任在上海望平街创办《民立报》（《民呼》《民吁》《民立》称“三民”），正是同盟会的宣传前哨。其后，又和叶楚伧先生创办上海《民国日报》，主编《觉悟》，成为新文化运动的灯塔，又是中国社会革命集团的发起人之一。他一生一直站在时代的前哨；为着国家民族的幸福，他一直主张国共合作，共同抗战，共同建国。他是这样的“和平老人”。

一九三八年夏间，我从南昌转往武汉，那时，军政中心集中在那儿，邵氏任中央宣传部部长，那正是国共再婚蜜月期中。中共军政首要也分驻汉口、西安两地；周恩来氏出任军事委员会政治部副部长，郭沫若先生任第三厅厅长。我这个和政治组织不相干的闲人，居然做了中央社的战地特派员，一半是萧社长同兹的大量容人，一半也是合上了邵先生的心意。那时，我已是上海救国会十一委员之一。我从徐州战线，经郑、洛回到了武汉，已经是秋初，和邵先生相见，一同出席了一处追悼上海殉难烈士的大会。我听到了邵先生所说：“慷慨赴死易，从容就义难”的微义，我明白“完成任务”，比“慷慨赴死”更为重要。其后，邵先生到莫斯科去任中国驻苏大使，在那个国际风云变幻中，他的任务是沉重的。朋友们把邵氏驻苏，许世英老人驻日，比之为春秋时代的晏婴呢。邵老有一天告诉我：当我国对日抗战之初，莫斯科方面，曾经对我方允诺：“只要中国能坚持对日作战六个月，苏联一定出兵东北相助。”可是我军长期抗战下去，苏俄反而和日本签订互不侵犯条约呢！国际所谓信谊，大致如此。天助自助，我国非自力更生，无以自存的。

一九四三年暮春，我从赣南到了重庆。那时，邵氏已从莫斯科回来，任国民参政会秘书长；同时，国共之间若干回商谈，邵氏和张治中、王世杰诸氏，都是国方代表。他知道我将出玉门关去担任《新疆日报》社务，颇为赞成。其后，新疆人事又有变动，我也不曾出过玉门关，这和后来的政局，不无若干关系。（这儿，我不想去追述了。）

到了抗战胜利，回京后邵老仍任国民参政会秘书长；最后一回的参政会，也在南京举行。那时，京沪青年学生对国事表示焦虑，举行反内战、反饥饿大游行，向国民参政会去请愿。邵老首先迎接学生代表，作恳切的交谈；也正是“和平老人”的一贯风度。在那么乱糟糟的情势中，邵老对前途并不悲观。他写过如次的春联：山回水复疑无路，柳暗花明又一村。用的是陆放翁的诗句，他对我说：“这是我的看法！”其后，蒋氏下野，邵老两度出任和谈代表，到过石家庄和北平。我相信代表团诸先生留在北平不南归，和老头子退居溪口，依然用手令拘囚陈仪先生的措施有关的，因为蒋氏是不择手段的人。其后八年，我才在新北京又和邵老见了面，还一同出了关去安东（丹东）迎亲（志愿军归国）呢！

（曹聚仁：《我与我的世界》，人民文学出版社一九八三年版，第329—332页）

邵力子先生的道路

赵浩生

去国三十多年，我怀着寻“根”的感情不断回来。“根”的寓意很多，生命的、感情的、文化的……在这盘根错节的无尽端绪中，一个决定我出国前选择做新闻记者的根源，就是新闻界前辈邵力子先生。

单单说我敬佩邵先生的道德文章，那太笼统了。使我感到敬佩的是他所独具的眼光远大、是非分明的那种政治家、政论家的风度、气派。

邵先生是国民党的元老，国民党中派系复杂，而邵先生却代表着国民党中的“无党无派”。他不属于任何小集团，他能看到那个政治小圈子以外的国家、人民的崇高利益。

这里有段旧事，是我目睹的史实，可以证明。

一九四五年八月抗日战争结束后，国民党为缓和国内外的压力，召开“政治协商会议”。参加的有国民党、共产党、青年党、民社党以及无党派的社会贤达。当时，我在重庆是采访政协新闻的记者。

一天下午，讨论团结问题时，中共首席代表周恩来先生起立发言，他刚说了几句，降旗的时间到了，响起“哒——哒——滴”的“立正”号音，全场循声起立，一片寂静，接着是降落国旗的礼号声。礼毕坐下，周先生继续说下去，他在发言前先感慨万千地长叹一声，然后以动人的感情说出下面的一段话：

“在刚才一刹那的沉默中，我想起了一个人。这个人是我的朋友，也是在座各位的朋友。今天我们讨论团结问题，这个人在促成团结方面贡献最大，却因为促成团结（西安事变）而失去了自由。这个人就是张汉卿（学良）先生……”

周恩来先生发言时，声色俱厉，理直气壮，以炯炯的目光逼视着在场的国民党代表。当时，国民党代表一个个闭目合睛，噤若寒蝉，全场一片死寂。

这时，作为国民党代表之一的邵力子先生站了起来。他的突然起立，使那些感到无地自容的国民党代表大吃一惊；而以周恩来先生为首的中共代表都以敬佩的眼光注视着这位挺身而出的和平老人，看他如何应付这个正义的挑战。

邵先生在众目睽睽之下以浙江口音首先表示：“正像周先生所说，汉卿先生是我们大家的朋友。”接着，他以昂扬坚决的声调指出：“在促成团结上，汉卿先生确实有很大的贡献。”这句话，在国民党听来，简直是一声爆炸，粉碎了他们对西安事变和张学良的一切宣传，他们说西安事变是“共党阴谋”，说张学良兵谏蒋介石抗日是“劫持领袖”；而作为国民党元老的邵力子先生却能看到国民党私利之上的国家民族利益，不畏强暴，是非分明，这正是邵先生独具的政治家风骨，也就是这种风度和气派，使他终于在全国解放前走上与中国共产党合作、共同建设新中国的道路。

今天在台湾的国民党，又面对着同样的抉择。在叶剑英委员长提出九项和平统一的建议之后，台湾当局始则噤若寒蝉，继则又说是“统战阴谋”。但国民党人中像邵力子先生一样眼光远大，能看到国民党私利之上的国家民族利益的人一定还有，他们知道邵力子先生的道路是对的，我们相信，他们一定会走爱国统一的道路。

（原载一九八二年六月二十六日《团结报》）

邵力子一九四八年台湾之行

唐振绪

邵力子先生，是我先外祖父邵闻洛（字式之）的堂弟，大排行第五，我称他为五外公。邵先生为人正直朴实，谦厚慈祥，学识渊博。他热爱祖国，热爱人民，为我国和平和解放事业做出了贡献。他是大家非常熟悉和尊敬的“和平老人”。邵先生的贡献，已由有关各方专门写了纪念文章，兹就我亲身经历的往事，略陈数端，聊抒孺子思慕之情。

一、台湾之行

一九四八年六月十五日，邵力子先生偕夫人傅学文，乘轮船由上海来到台湾，对这个国防、海运、国民经济上至关重要而又风景宜人的宝岛进行考察。当时台湾省政府派我陪同邵先生夫妇一行[1]视察台北、台中、嘉义、台南、高雄、新竹等地，历时一周。

六月十六日开始参观台北。首先参观了台湾省林产管理局。当日适值该局纪念成立一周年，全体员工正在摄影留念，邵先生夫妇欣然应邀参加了摄影。

六月十八日，起程前往台湾的中南部各地旅行。

六月十八日下午一时半抵台中，旋循公路去日月潭，时大雨如注，傍晚始抵涵碧楼。楼傍湖修建，凭窗远眺，湖光山色，一览无遗。

十九日大雨不停，游湖不便，即径赴“大观发电厂”参观。邵先生深有感触，即兴题诗两首：

景物不寻常，科学奏奇迹，
人定真胜天，电工称第一。

欣游日月潭，却遇连朝雨；
惟愿兵气销，祥光照寰宇。

六月十九日晚，乘火车抵嘉义。

六月二十日天晴，参观台湾省林产管理局所辖阿里山林场，乘林场贵宾车入山。古木参天，云雾迷漫。至神木站，道旁有一古树耸立，枝叶扶疏，“神木”是也。有木栅保护。树旁置有木牌，上书树龄三千年，高五十三米，树干围十九点四米，地上树根围三十四点三米，材积五百立方米。此诚旷世古迹，在内地也不多见。邵先生夫妇和我等在树旁合摄一影

① 台湾经过“二二八”事件之后，于一九四七年五月十六日将台湾省行政长官公署改组为台湾省政府。魏道明任省主席，代替原长官陈仪。我在唐山交通大学毕业后，曾去美国学习和工作过十年，攻读水利及运输工程。抗日战争胜利后，我返回祖国。由邵力子先生介绍给陈仪和魏道明，去台湾，先后担任过高雄港和台湾林业的领导工作。

留念。乘车再前行，傍晚抵阿里山站，其时山雨适至，凉风拂面，至阿里山俱乐部（原日本皇太子行宫）休息。以山高气候转寒。均换着和服，围炉取暖。凭栏四瞩，风景如画，气象万千。同行林产管理局秘书陈绮华双十年华，喜其景物清幽，有流连忘返之意。邵先生因口占一绝以赠之：

悠然陈女士，仪态有殊妍，
欲向高山隐，应迟五十年。

六月二十一日天晴。此日去吴凤乡。乡长讲述了吴凤事迹。台湾人忘不了给他们影响最大，印象最深的义士吴凤。吴凤生于清代，漳州平和县人，通晓蕃语，在阿里山任“通事”。官职低微，却是一个非常人物。他以力行仁政和教育生产与蕃人产生了深厚的感情，蕃人称他为慈父。结果他却“捧呈”自己的头颅，换取蕃人消除了传统的杀人馘首的风俗。吴凤在阿里山蕃人区工作四十七年，苦口婆心地规劝他们不要杀取汉人头颅以供祭祀，稍收成效。清乾隆三十四年八月，蕃人又作此要求，规劝不听。吴凤说：“杀人决不可为，如果你们一定要如此，只能供给一个人：明天在官衙附近穿红衣徘徊者即是。”次日蕃人群集，果见有红衣者，即砍其头颅。经细察，被杀者原为平素所敬仰的吴凤。蕃人大惊，从此废止了杀人馘首之风。

六月二十二日，驱车去吴凤庙（又名成仁庙），位于嘉义东南十公里。庙之四周，古木苍郁，庙北有清流一泓绕墙，门上横书“阿里山忠王吴凤祠”。邵先生在题名录上，恭书“死于其事则祀之”七字。并为吴凤庙题联、作《吴凤歌》以示敬仰之忱。

吴凤庙题联如下：

爱人甚于爱己，凭一片赤诚，化除种族积久怨仇，正符孙总理嘉言，不作大官，应作大事；

成仁即是成功，洒满腔热血，持续宇宙永恒生命，岂让郑延平伟绩，造福全岛，示范全民。

《吴凤歌》歌词云：

人人争说台湾好，台湾疑是神仙岛；
山川美丽天气新，物产丰饶游惰少。
日月潭旁水力奇，阿里山中林景峭，
林竭水涸将若何，绸缪未雨计宜早。
倭人虽占五十年，民族精神未衰老；
台民崇拜谁为最，郑成功祠吴凤庙。
郑公大名垂宇宙，吴凤知者世尚渺；
我今试作吴凤歌，聊为台游留鸿爪。

六月二十二日下午抵台南，前往延平郡王祠。市长已预备一花圈，请邵先生主祭。邵先生改御长服，肃立殿前，我等分别站在后面陪祭。该祠昔称“开山王庙”，纪念民族英雄郑成功。郑氏三世主台，流风余韵久在民间。台胞念其开辟之功，应有馨香之报，爰集资建庙，并塑郑氏神像于其中而祀之。同治十三年十月，台湾钦差大臣沈葆桢奏请清廷改建专祠，所有资材，统由福州精选运台。正殿上方悬有“力挽狂澜”木匾一块。由此去“赤崁楼”。赤崁楼原名“红毛城”，又名“半月城”，为荷兰人占据台南时所建。郑成功驱逐荷人后，即将该楼改为“承天府”。乾隆十五年列此楼，为史迹，选入台湾八景之一，名为“赤崁夕照”。一九四七年五月，又改称赤崁楼。楼中央正面为郑成功像，手握佩剑，示驱逐荷人后立于城楼遥望大陆之意。楼内陈列史料、契约文件、袍褂盔甲等，并有荷人向郑成功所上之投降书照片，郑成功亲书中堂及其当年所用之碗，都有历史价值。邵先生鉴赏良久，于题名簿上题曰：

民族精神，于兹荟萃。
天地正气，将益发扬。

邵先生夫妇台湾之行，遍历台湾省中南部，视察了农林、交通、工矿企业，兼及名胜古迹。还到了台湾省竹东林场的井上温泉去访问张学良先生，但后未获准许，未能晤面，而中途折返。

二、由宁飞平前一次谈话

一九四九年二月，邵力子先生和上海人民和平代表团一起，去石家庄会见了毛泽东主席以后，怀着希望于二月二十七日返回南京。接着国民党当局决定组织南京政府和平谈判代表团，再次指派邵先生为和谈代表，于四月一日参加以张治中为首的代表团前去北平。在这次起程以前，我由上海去南京，在首都饭店和邵先生共进早餐。邵先生告诉我他最近去北平的印象，感到中国大有希望，喜形于色。我当时虽只三十八岁，但已饱经忧患，盼望能早到解放区去，我当时在上海唐山交通大学主持校务。我要求邵先生派我作为代表团的一个秘书，随他前往北平。他不同意。他说："唐山交大是一所历史悠久、很出名的大学。现在你责任重大，要把这所大学尽一切可能保存下来，并且要发展下去。目前学校正值危急存亡之时，不能片刻无人负责。你应竭尽全力，把这件事办好，这比现在空着手去见毛主席要重要得多。"我聆听邵先生一席话后，认识到自己的革命工作就在教育岗位上，于是决心要把唐山交大办好。一九四九年五月上海解放后，唐院又迁回了唐山。解放后，我被任为唐院院委会主委。新唐院由原来四个系增为七个系，还建立了铁道技术研究所，我兼任所长[①]。在党的领导下，唐院不仅壮大了自己，还为全国各地高等教育和科研事业的发展做出了贡献。早在一九七六年唐山大地震的前五年，唐院即迁往四川峨

---

① 在我离开唐山调来北京以后，研究所也迁来北京。今天已发展成拥有十个专业研究所、两个实验工厂、一个环行铁道试验段和六千名职工的铁道部科学研究院。

眉，改称西南交通大学。在党的关怀下，全校师生员工为把唐院办成第一流重点大学而努力奋斗。邵先生殷切期望这所学校能“保存下来”、“发展下去”的愿望实现了。这也是我们今天可以告慰邵老的一件喜事。

（原载北京《文史资料选编》第十八辑）

邵力老的高风亮节

武和轩

邵老的嘉言懿行，不胜枚举，兹仅就能记忆起的所闻所见略记数则：

一九二七年，邵老从苏联回国，甫登上海码头，即被当时上海警备司令杨虎目为共产党扣押，后经蒋介石电令押解南京，邵先生才脱离虎口。这件事是和邵先生同押的国民党驻法国总支部成员卢雪正亲口对我讲的。

一九二八年，我在国民党中央党部工作，常与当时在党务学校（中央政治学校前身）充当训育干事的谷正纲、康泽过从，他们经常谈他们在莫斯科中山大学如何如何和共产党留学生的种种斗争，言谈中常指摘邵先生为共产党党员打掩护，压制有国民党党籍的学生，因此目邵为共产党。当时邵先生是驻莫斯科的国民党代表。

同年，我第一次在南京平仓巷于右任先生住所见到邵老，他那时是蒋介石总司令部的秘书长，风度潇洒，坐在沙发上总是倾听别人的议论。他从不参与聚集在于府客厅里的人们的议论。记得就在这一年，于先生移居绣花巷。于的爱女于芝秀（屈武的爱人）从苏联回国，被南京清党委员会扣押，幸经邵老从中维护，多方疏解，始被释放出狱。

就在这一年的某天，我们一伙青年在于老家打听中央政治会议消息。只见于老走进会客室，气呼呼地说："真正盛气凌人，岂有此理！"大家询问出了什么事，于老说："张静江这老家伙太可恶了！今天会上，当邵先生起立发言时，张就大声斥责他说：'你是共产党，没有讲话资格，不能在这儿讲话！'你们说，这还成话吗？邵先生只好忍气吞声地坐下不再讲什么了。"大家听了，纷纷表示不平。这时邵先生也来了。他仍同往日一样坐在他常坐的那个位子上，拿起报纸读报，态度仍那样平静，不像是一个受过委屈的人，实在令人佩服其豁达大度。

此后，我为反对蒋介石独裁专断、圈定指派国民党三次全国代表大会代表而离开南京。再见到邵老，是在抗战时期的重庆。邵老是国民参政会秘书长，他运用参政会的职能，联系各方人士，沟通意见，对抗战发挥了应有的作用。我当年是驻会委员。当抗战正在紧急关头，国民党制造了几次反共高潮，散布八路军"游而不击"的谰言。为了澄清，在一次驻会委员会（等于常委会）后，邵老留了一部分委员在油市街参政会吃午饭，饭后开座谈会，请董老（必武）参加，给大家介绍敌后情况。还有一次是在新生活俱乐部礼堂举行百多人的座谈会，由中共副主席周恩来做报告。周副主席和CC御用工具孔庚等辩论对抗日战争的看法和对八路军的态度，很激烈。结果，周恩来以无可辩驳的事实，打退了孔庚等的气焰。事后，人们称赞邵老对这次座谈组织得好。诸如此类的活动，不时举行。邵老经常对我们讲，国共只能团结，不能分裂，对那些摩擦专家，吃摩擦饭的人要严加驳斥。因之被国民党顽固派目为亲苏通共的危险人物，但邵老并不理睬这一套。他不仅紧密团结各党派参政员，即对某些在野名流，也多方关心。安徽耆宿光明甫（升）也是参政员，曾对我讲过这样一件事：当陈独秀寓居江津时，邵老曾托他照顾。

国民参政会由重庆迁到南京后，国共合作濒于破裂的边缘，邵老忧心时局的发展。当国民党决定召开国民代表大会，要他当国大代表，他坚决辞谢，曾对劝驾的洪兰友说：“竞争的人还无法安排，何必再找我凑热闹？”

一九四九年，和谈破裂，邵老留在北平，亲眼看到在毛主席、共产党领导下中国发生的巨大变化，有说不尽的高兴。他努力学习党的方针、政策和毛主席著作，站在党的立场上，以主人翁的态度，勇于负责，披肝沥胆，敢于直言，知无不言，做党的助手和党的诤友，无愧于党的知心朋友。在这些方面，我有两件大事记忆犹新：一是邵老从新中国成立伊始，即在民主党派工作上担任民革中央的社会联系工作，全国民革的社联工作，是民革的主要工作之一，在中国共产党的领导和邵老的指导下，克服了“一嫌二怕”的思想，社会联系工作蓬勃发展。就以上海一地而言，一时发展到三千多人。邵老每到上海，必要我陪他分别看望有代表性的人士，例如李思浩、冯耿光、章宗祥等知名人士。他为我们克服“一嫌二怕”树立了典范。第二是他对中国的人口发展问题，力排众议，发表他的独特见解，提出“节制生育”的建议。这个极有远见的意见，在当时遭到了物议，被认为是离经叛道。但他仍印了若干份小册子分送人们，这个胆识，实非一般人所能及。

和平的使者

程思远　张丰胄

邵力子先生和章士钊先生竭力促进一九四九年的国共和谈，其经过略如下述。

邵老是国民党的主和派

一九四九年一月一日，蒋介石发表元旦文告，呼吁和平。并声明："个人的进退出处，绝不萦怀，而一唯国民的公意是从。"

一月四日，邵力子、张治中在南京介寿堂招待文化新闻界，谈有关和谈进行事宜。有记者问，对元旦文告有什么意见？邵力子先生指出，元旦文告提出了保存"宪法""法统"等五条件，而语气又含有招降意味，很不妥当。这真是言人之所不敢言。一月五日新华社便发出了以"评战犯求和”为题的一篇评论，把蒋介石文告的外衣层层剥开，使它原形毕露。当时监察院也通过宣言，呼吁国共立即停战谋和。

一月十四日，中共广播电台发表了毛泽东主席《关于时局的声明》，声明提出了和谈八条件。十六日，蒋介石邀约邵力子、张治中、张群、吴铁城和民社党头目张君劢、青年党负责人左舜生到黄埔路官邸晚餐，饭后就毛泽东主席所提的和谈八条件征询意见。孙科说，中共所提八条件，是要我们无条件投降；他们不能以战胜者自居，和谈应在对等地位上进行才行。邵力子说，三大战役结束，人家本来就是战胜者嘛，我们还有什么话说！张治中看到蒋介石脸色不对，忙转圜说，今天主要是听民青两党的意见，我们党内改天再谈。蒋经国在日记中，把当天的会议说成“邵力子公然主张‘无条件投降’”。[①]

一月十七日上午九时，国民党中政会开会，讨论和谈问题。蒋不参加，由孙科主持。会上邵力子、张治中主和，谷正纲、张道藩主战。双方尖锐对立，激烈交锋，无结果而散。张、邵成为国民党主和派，就是从这个时候传出来的。

一月十九日，蒋介石邀孙科、张群、邵力子、张治中、吴铁城、陈立夫到黄埔路官邸，就和谈问题交换意见，会后做出决定：由行政院决议，政府希望国共双方先无条件停战，然后各派代表协商和平办法。会上，蒋介石说，徐州会战已经结束，杜聿明余部三万多人自陈官庄西南方面突围，最后全部被共军消灭，局面发展到此地步，个人引退已无遗憾。并征询下野文告应如何措辞，张治中建议由邵力子起草，邵考虑到他谋和的想法未必与蒋一致，卒辞谢。

---

① 见蒋经国《风雨中的宁静》。

奔走于宁沪之间

一月二十一日蒋介石宣告下野，李宗仁于二十二日就任代总统职，通电申明：“政府工作目标在集中于争取和平之实现，个人服务方针，亦夙以人民意志为依归。”

一月二十二日，孙科的行政院作出决议：派邵力子、张治中、黄绍竑、彭昭贤、钟天心为代表，并指定邵力子为首席代表，等候中共代表，于双方同意之地点进行和平商谈。

一月二十三日，李宗仁请邵力子去上海，与黄炎培、罗隆基、张澜等联络，目的在敦促他们共同策进和平运动。当时李宗仁所以请邵老负此使命，是因为邵老曾参加重庆政治协商会议，其后又仆仆风尘于宁沪之间，为延揽“第三方面”人士出力；深信邵老此行，可收驾轻就熟之效。

一月三十一日上午九时，李宗仁专机飞沪，通过邵力子的介绍，分别与颜惠庆、章士钊、江庸等会晤。当日下午李飞返南京，留甘介侯协助邵老在上海联系各界人士。五日李宗仁接到报告，已决定由颜惠庆、章士钊、江庸、凌宪扬、欧元怀、侯德榜六人北上试探和平。但后来凌、欧、侯三人不愿前往，而甘介侯又被指为“贩卖和平分子”，不能随行。二月八日，李宗仁再到上海，续与各方联系。最后决定颜惠庆、章士钊、江庸三人以“上海人民和平代表团”的名义北上，邵力子则以私人资格前往。

随同上述四人前往北平的有：李宗仁的联络工作者黄启汉，四老的秘书龚安庆、傅树苍、潘伯鹰、张丰胄，还有金山以及中航公司电信课长顾乐村与技师雷仲仁等共十九人。

邵、章北行的成就

邵力子和代表团一行于二月十三日上午十一时半乘中央航空公司专机由上海机场起飞，下午二时一刻到达青岛，因机轮破裂，在青岛住了一夜，十四日下午四时半才抵达北平。北平市市长兼军管会主委叶剑英的代表王拓、北平市副市长徐冰到机场欢迎，并招待各代表住六国饭店。

二月十五日，叶剑英主委亲自来访，与邵、颜、章、江作了初步会谈。当晚又设宴招待代表团全体人员，并邀董必武、聂荣臻和傅作义、邓宝珊等参加，席上交谈甚欢，气氛热烈。十七日中共举行欢迎晚会，徐冰副市长作了有诚意言和的讲话。十八日再应董必武、罗荣桓、聂荣臻、薄一波几位的宴会，又作深谈，大家感到快慰。

二月二十日，董必武、罗荣桓、薄一波、聂荣臻、叶剑英在北京饭店举行招待民主人士的大宴会。到会四百多人，邵力子与章、颜、江三老应邀参加。邵老在席上发言，他说："和平是'野火烧不尽，春风吹又生'，希望和平障碍得以扫除。我此来不代表任何方面，唯江南人民切盼和平，并且宁愿选北平式的和平，不愿选天津式的和平。"云云。

二十二日邵、颜、章、江四老从北平乘专机飞石家庄，傅作义、邓宝珊同行，受到毛主席的接见，并与周恩来副主席会谈了两次。会谈主要就国共和谈的可能性以及南北通邮、通航问题广泛地交换意见，结果非常圆满。四老于二十四日下午飞返北平，并带有毛主席给李宗仁的信一封。后据章士钊、邵力子在五月十八日致函李宗仁追述此事时说："犹记某等初次到平，中共领袖对于公之是否力能谋和，颇难释然。经某等再三譬说，以为和平本身有无穷民意为之后盾，即属一种不可侮的力量；加以中共在同一旗帜之下相与提携，双流会合，并于一响，应足以克服可能发生之困难。中共同意此说，和平之门以启。"由此可以知道，最初，中共中央领导人对李宗仁是否具有谋和的能力，深表怀疑，后经邵力子、章士钊多番解释，然后才终于开始以李宗仁为对手的和谈。如此得来不易，而李宗仁却最后拒绝和谈协议，这使邵、章感到莫大的遗憾。

“南京政府和平商谈代表团”的简况

国民党政府孙科内阁三月八日垮台，以停战谋和主张作号召的何应钦内阁于三月二十三日宣告成立。二十四日何内阁第一次政务会议首先议决组织“南京政府和平商谈代表团”，五个代表是邵力子、张治中、黄绍竑、章士钊、李蒸，二十八日又增刘斐，共六人。邵力子坚辞首席代表，改推了张治中，又派卢郁文为秘书长。中共和谈代表团成员是周恩来（首席代表）、林彪、叶剑英、林伯渠、李维汉、聂荣臻六人，齐燕铭是秘书长，定四月一日在北平开始和谈。在和谈期间，李宗仁和毛主席互通了电报谋和。毛主席从四月八日起，分天邀见张治中、邵力子、章士钊、黄绍竑、刘斐、李蒸会谈，周恩来副主席设宴于颐和园。四月十五日正式会议通过《国内和平协议》细则草案八条二十四款，并以四月二十日为签字日期。当晚推定黄绍竑代表偕屈武顾问携带《国内和平协定》最后修正案专机飞南京请示。二十日晚得南京李宗仁、何应钦复电，主要意思是不同意签字，嘱对和平协定草案再作商讨并反对即行渡江。

力辟“和平即投降”的谬论

四月二十日和平协定签字日期届满，解放大军渡江，那时所谓国民党主战派已如惊马骇鹿，觅路分奔；独李宗仁坐镇南京，左顾右盼，擅为所欲为之势，操千载一时之机。邵力子、章士钊在北平看到这种情况，焦灼万状，急电李宗仁，请李“无论如何，莫离南京一步；万一别有危机，艰于株守，亦求公飞莅燕京，与某等共图转圜突变之方”。这两点李都未能实行。

四月二十三日李宗仁回到桂林，意存观望，再定行止，那时国民党劝驾说客络绎不绝，邵、章又飞电劝告：“此为公悬崖勒马之第二机会，盖长江之局面虽变，西南之版图犹存，盼公在桂林开府，屹立不动，继续以和平大义相号召。”但李宗仁轻信蒋介石致何应钦函中所说“德邻兄凡有垂询，无不竭诚以答”的话，轻率地到广州维持残局去了。事已至此，邵、章在致李宗仁函中不禁慨然言曰：“公不以鄙言为可采，并不胜主战分子之胁迫利诱，竟亦翩然莅穗，同流合污，阳冠僚采，阴侪傀儡，不知公有何把握，作何打算，犹岸然以国家存亡民生祸福为张皇工具？伤哉！伤哉！”

其时，蒋介石曾有“和平协定就是投降条件”的说法。蒋经国在一九四九年四月十七日的日记中写道：“李宗仁本日向共方要求暂缓签订协定日期。父亲阅毕黄绍竑携回之二十四项要求后，曾在日记中写道：共党对政府代表所提修正条件二十四条款，真是无条件的投降处分之条件。其前文叙述战争责任问题数条，更不堪言状矣。黄绍竑、邵力子等居然接受转达，是诚无耻之极者之所为，可痛！”①

邵、章两人在致李宗仁的信中，亦就此有所论述。他们说：“某等之愚，以为天下公器非可力取。中共今日之成功，因由本身依倚民众，组织坚强，而亦因于国民党反乎民之好恶，馁败无能。三年之间，党府以全胜以至惨败，讫犹秋风卷箨，不至扫地以尽不止。此在中外历史，尚无前例。大势如此，人心可知！真爱国者处此，应掬诚作最后计较，苟能为国多存一分元气，试问尚有何顾忌而不肯为？或曰，和者名耳，其实降也。欲以此提振困兽犹斗之精神，拼作铤而走险之末计。嘻！斯何时也，顾倒

---

① 见蒋经国《风雨中的宁静》。

行逆施乃尔！”这些话，是专对当时国民党顽固派说的，意在阐明得民者昌，失民者败，古往今来，无不如此，人心所向，无法违逆。邵、章的金玉良言，对今日台湾当局来说，还有其深刻的现实意义和政治意义，值得他们深思。

忧国忧民　情寄一统

毛翼虎

我和邵力子先生的接触，是抗日战争胜利后在南京政府立法院里工作时开始的。相交既晚，时间又短；但是给我的印象和影响是既深且远的。

那时，我和金鸣盛兄同住在南京大同新村，可称是莫逆之交。金是绍兴人，与邵先生同乡。平时很稔熟，又佩服邵先生之为人，因此约我同去看望这位老人。当时邵先生住在其夫人傅学文女士主持的力学小学内。在窗明几净的会客厅里，虽然宾朋满座，却摆设得那样简朴；他的待人接物，又是这样平易，慈祥温和，真挚恳切，这在国民党上层人士中是不容易见到的。

自从蒋介石撕毁《双十协定》，挑起内战，召开"行宪国民大会"，自己当上总统以后，形势的发展，对南京政府越来越不利，当时我们忧心忡忡，去请教这位坚持国共合作的和平老人。看来这位老人想跟共产党合作是真心实意的，他拒绝参加制造国共分裂的"行宪国大会议"，他痛惜从国民参政会以来经过各方努力达成的《双十协定》没有能够实现；忧国忧民的情绪，溢于言表!

一九四九年蒋介石被迫宣布“引退”以后，国民党内显然分成两派：一派主张与共产党作战到底，一派主张与共产党和谈成立联合政府。主和的人，对邵力子与张治中这两位和平老人寄予很大希望。我和金鸣盛兄又去到邵先生寓所，请教和与战的问题。他说，现在谈和，为时已晚了一些，虽然如此，仍旧还是和谈好。这席话表达了他始终如一地坚持国共合作的主张。

后来南京立法院推派和谈代表团去北平与中共谈判，邵力子先生也被推为代表，我们都曾到机场送行。遗憾的是在北平商定的《国内和平协定草案》，仍由于南京政府没有诚意，和谈遭到失败。

大军渡江，南京政府陷入一片混乱之中。立法委员奉命飞赴台湾，我在上海就曾发到飞机票，可我还是放弃了飞机票回到了家乡。后来我虽迫于各种因素去到定海，又辗转台湾，但终于下定决心，冒着生命危险回归大陆。这些虽然主要是革命形势的迅速发展和自己经过深思熟虑抉择的结果，但也离不开邵先生的深远影响。

我回大陆后，邵先生亲笔写信给当时在上海的周而复同志，介绍我参加了华东革大政治研究院第一期的学习。

我和邵力子先生最后一次碰面是在一九六〇年前后，当时他以中央爱国卫生检查团团长的身份去到宁波，住在东亚旅馆内。和我同去看望邵先生的另一位民革成员，是奉化同乡姜辅成先生，与邵先生是老朋友。他一见我们非常高兴，问这问那，还问我们生活能适应否？姜老说：“能适应，很好！”我说：“就是希望使生活能更趋合理，才回新中国的！”邵先生笑了，他说：“我也能适应新生活，新的应该比旧的好嘛！”最后他语重心长地对我们说：“人，既是理智的，也是感情的。你们都是奉化人，在台湾有很多关系，希望在祖国统一问题上多做一些工作！”他是这样的在影响着我们。在纪念邵力子先生一百周年诞辰的时候，回首前尘，虽往事如烟，然笑貌如见，声咳如闻，斯人云亡，能不悲悼?

安息罢，邵力子先生！巍巍昆仑山，浩浩东海水，它终将把国共推向合作，民族推向团结，祖国推向统一，家人推向团聚！

（原载一九八二年六月三十日《浙江民革》）

两封意厚情真的慰问信

凌其翰

我认识邵先生较迟，但由于他为人忠厚诚挚，故对他十分敬重，以师事之。兹仅就我个人微不足道的经历，略述他待我的真情厚意。

一九四三年十一月，蒋介石开罢开罗会议后返渝，认为开罗地点重要，决定设立使馆，令国民党外交部提出公使候选人名单，呈蒋亲自审批。当时政务次长傅秉常，常务次长钱泰提出三个公使候选人：以我为外交部推荐的候选人，以郭德华为宋子文推荐的候选人，以许念曾为戴笠推荐的候选人。三人竞选的结果，蒋介石却圈定了戴笠推荐的候选人许念曾，并由蒋同时下了两条手令，一条手令派我担任外交部驻甘肃特派员，另一条手令派郭德华为外交部驻两广特派员。令下后我不愿就任，经新任政务次长代理部务吴国桢再三催促，我仍坚持不就。时邵先生闻之，认为驻兰州外交特派员，可做中苏关系的联络工作，不是不可为的。一天晚上他邀我在领事巷康心之住宅后花园楼上邵的私邸叙餐，他说只约一位客人即蒋经国，已获蒋经国同意，一来可使我认识一下蒋经国，二来也可听一听蒋经国关于中苏关系的见解。那天晚上，大雨滂沱，蒋经国忽来电话说，“原拟赴约，临时有事不能来了，请老师向凌先生致歉意”云云，因此，我始终没有见过蒋经国。

一九四四年五月我终于赴兰州上任。适新疆情势紧张，盛世才垮台，胡宗南调兵遣将，军纪败坏，加以伊宁哈族扰动。我把搜集的情报连续电告重庆，蒋介石阅后大怒，亲批如下：“此种情报根据何来？新疆事有迪化特派员在，于凌何关？应予斥责！”此项斥责令甫下，正是祸不单行，甘肃省主席谷正伦与美国驻兰州领事史蒂芬逊因事发生摩擦，怪我疏解不力，又向蒋介石告了一状，因而我在兰州任外交特派员未满一年，即被撤回。

这时邵先生特于一九四五年二月七日来信慰问：

> 兄被总裁亲批斥责，弟在渝亦微有所闻……我国对苏亲善之国策早经决定，而政治上未能尽相配合，社会意识尤多背驰，诚为可虑，只有希望其逐渐改进。我人自问要对得起国家，亦只有尽其心之所能安与力之所能及。

对于蒋介石蛮不讲理的斥责，邵先生却无形中为蒋开脱，说什么：

严父之责爱子，往往如是，我人唯有尽几谏之道耳！

由此可见，邵先生当时对蒋介石还处在不切实际的幻想阶段。

蒋介石一手撕毁旧政协协议，悍然召开“国大”，邵先生拒任国大秘书长（CC派洪兰友方担任此职），态度日渐消极。我适从越南归来，在南京仍任外交部专门委员的闲职，经常和邵先生谈论时局。邵先生对蒋介石的态度逐渐从幻想转变为失望。他常常为蒋介石酷爱独裁、厌恶民主、酣于内战而叹息不止。

一九四七年五月，南京国民党外交部的司级领导班子略有变动，内定我为礼宾司司长。我惶恐极了，立刻商诸我素所敬爱的邵力子先生，央求他向外交部部长王世杰陈说，以期打消此议。邵老是忠厚长者，立刻与王世杰商量。结果，王世杰要我以视察北平，收回使馆界，收回天津租界情况的名义前往平津一行，俟蒋对拟命的签呈不加反对后，才回南京就礼宾司司长新职。

我任礼宾司司长仅十个月，蒋介石即调我任驻法大使馆公使之职，而令侍从室秘书沈昌焕接替我的司长职务。“塞翁失马，焉知非福”，从此我得以金蝉脱壳，获得弃暗投明的机会。

后来，我和国民党驻法大使馆、驻巴黎总领事馆全体同人联名通电起义后，邵老闻之大慰，特于一九五〇年一月九日修书向我祝贺，全文如下：

寄寒吾兄惠鉴：自兄与鞠如兄等发出正义的吼声以来，不只为外交界增光荣，直为全中国同胞在世界上提高声誉。当宣告及电文抵达北京时，因弟忝与兄及鞠如兄交久知深，弟之欣忭更逾于他人，并得为周总理详言弟所知之兄与鞠如兄。惟以素性疏慵，故未奉书左右。日前承令兄抄送函稿，兹又得十一月二十七日惠书，拜诵之余，益增钦佩！法方对兄等维持外交官之待遇，不以一九四九年底为限，弟先于周总理处知之，得以稍释系念。至承认问题，据弟推测，不至迟延过久，英国既毅然不顾美方宣告，承认新中国（或竟得有美方默许亦未可知），法国决可随之而起，此在现时必已为兄等所洞察，而稍释忧虑矣。周总理深慨国民党旧垒之中，以外交人才为最少，兄等为外交界首义者，其关切重视，自无待言。兄等行止固可一听中央指示，果确有困难，亦可据实向中央陈述，倘须弟代陈，请即函告。此数月中兄等维持之艰，中央当自知之，兄等可深以为慰也。鞠如兄希代致意，弟本拟作一长函，表示忻佩，兼与讨论国际现势，而一念及鞠如兄之猛进，则深觉无庸辞费，兄为我代致拳拳足矣。驻欧外交人员中尚有不愿为顽固反动派之殉葬者否？回头纵迟，究胜于直堕崖底，兄等能加劝者，亦大功

德，至少希望彼等能接受周总理最近之警告。我们相晤或不甚遥，当紧紧握手，用示欢迎。此颂

健康！

诸位先生均此致敬

弟邵力子手上　一月九日

邵老这一热情洋溢的信，我和巴黎起义同仁传阅时都很感动，认为对我们是莫大的鼓舞。

回忆邵力子同志

胡子昂

邵老和我曾在全国政协负责联络委员会的工作，党内是金城同志负责。邵老一生经历了清朝、民国、中华人民共和国三个时代，经历了我国民族、民主革命和社会主义革命。他为人谦虚谨慎，艰苦朴素，勤于学习，思想进步，对工作非常负责，开会、学习从不缺席。

我所闻知，过去他在蒋介石时代负有重责，蒋对他印象也是好的，给他的待遇也是相当不错。他同张治中、刘斐等一道参加南京政府和平商谈代表团，并在该团开会商讨决定回南京还是留在北平的问题时，首先发言，表示了不再回南京去的坚决态度。后来，他同张治中、刘斐等五人给李宗仁、何应钦发去一个痛陈利害率直进言的电报，其中提到“闻知中共对于维护国家独立，尊重人民生活自由，贯彻其城市政策，扶植民族工商业，确为有目共睹之事实”。充分说明了当时邵老他们的行动，完全出于对革命大业的关心，是天下为公的壮举。

全国解放后，邵老亲自目击解放了的广大人民群众在党和毛主席的领导下，为建设自己的国家而忘我奋斗的情景，这也促使了他的思想迅速地跟上新时代的发展。据我所知，在解放初期邵力子先生从社会主义计划经济的观点出发，认为充分发挥社会主义制度的优越性，在不断发展社会主义经济，提高生产力的基础上，为不断满足人民物质和文化生活增长的需要，必须要有计划地控制人口的增长。因此，他非常关心计划生育问题。当时他和马寅初先生写了许多关于节制生育方面的文章。一九五四年他在第一届全国人民代表大会第一次会议上发言时就提出，“社会主义社会什么都有计划，生育更要有计划。计划生育，有利于我国计划经济发展，能使我们伟大的祖国更加富强”。邵老提出的这个正确主张，是经过长期的分析研究，是有科学根据的，是适合我国国情的。当时毛主席、周总理对此颇为重视。可惜由于种种原因，这个建议未能引起各方面应有的注意，没有被采纳。现在看来，这个失误所造成的损失是无可估量的。从当时我们联络委员会讲，对这个问题的看法，也是为当时的某些错误思潮所感染，认为中国地大物博，人口众多，这正是我们的优势，是战胜帝国主义和各国反动派的强大因素。没有进行科学分析、精确计划，看不到我国经济本来就底子薄，生产不足，如果人口增长速度超过了经济发展速度，必然会给国家和人民带来无穷无尽的严重后果。中共中央十一届三中全会以后，肃清了“四人帮”的流毒影响，清除了“左”的错误，党和政府高度重视了这个问题，采取了一系列重大措施。现在，计划生育已经家喻户晓，深入人心，收到了显著成效。这充分证明邵老开国初期的这个主张是完全正确的。

当然邵老对其他方面还做了很多工作，我在这里仅提这一点，足见邵老高瞻远瞩，也说明当时我们的认识不够。抚今思昔，应该肯定邵老是一位具有真知灼见的和平老人，我们应该向他表示最大的歉意和敬意！

和平统一祖国的愿望定能实现

史　良

邵力子先生是国民党民主派中的一位有识之士。他在民主革命时期，真诚地努力促进国共两党合作，主张用和平的方法解决争端，贡献是不可磨灭的。今天，当我在回顾他的往事的时候，怀念和钦佩的心情不禁油然而生。

我和邵力子先生的接触，是在重庆旧政协时期开始的。

抗日战争胜利后，中国共产党为了在国内实现和平民主，避免内战，多次主张同国民党进行和平谈判解决争端。在国民党人士中，邵力子先生是中共中央和平谈判主张的热诚赞助者和积极参加者，因而被誉为“和平老人”。一九四五年毛主席亲自到重庆同国民党当局谈判时，邵力子先生和张群、王世杰等代表国民党，同周恩来、王若飞等同志进行了和平谈判。结果，国共双方签署了纪要，达成了《双十协定》。邵力子先生在其中所做的努力，受到了社会舆论和在渝的民主人士的赞扬。

一九四六年一月，旧政协在重庆召开。邵力子先生是国民党方面的代表之一。我当时和邵力子先生有过交往和接触。他的和平解决争端的坚定信念和光明磊落、平易近人的风度令人难忘。正因为如此，当国民党反动派撕毁《政协决议》，发动内战和不顾全国人民的反对，独自召开伪国大的时候，邵力子先生毅然拒绝参加伪国大选举。

邵力子先生最受人们敬重的行动是，一九四九年四月，他作为国民党政府特派和平商谈代表团的代表，和张治中、章士钊、黄绍竑、刘斐、李蒸及屈武等从南京飞到北平和以周恩来同志为首席代表的中共代表团进行和平谈判，商定了八条二十四款的《国内和平协定》草案。由于国民党政府拒不签字，致使和谈遭到失败。正在南京政府急电询问代表团归期的时候，邵力子先生首先表示不再南返。他在人民革命的伟大洪流中，终于和国民党反动派决裂，站到人民大众的一方。从此，他的政治生活也就跨进了新的阶段。

新中国成立后，我和邵力子先生在全国政协、全国人大中长期共事，经常在一起参与国家大事的商讨。他对社会主义建设事业一日千里的进展，祖国面貌日新月异的变化，人民真正成了国家的主人，心中十分感慨和兴奋。他每次外出视察回来，总要畅谈自己的感受和体会，并表示他对中国共产党、毛主席、周总理的崇敬之情。

邵力子先生是一位敢于发表自己意见的直言者，可以说是真正做到了“知无不言，言无不尽”的。记得在一九五四年第一届全国人民代表大会第一次会议上，他就从社会主义的计划经济观点出发，提出了要有计划地控制人口增长的主张。后来，他又多次在全国人大、全国政协的会议上，发表意见或写成提案，大声疾呼必须实行计划生育，控制人口增长。他还自费编印小册子，宣传他的这一主张。邵力子先生的这一举动，给我留下了极为深刻的印象，也使我十分敬佩他的这种敢于进言、勇于任事的精神。他和中国共产党“肝胆相照”，不愧为党的诤友。今天，当我们把计划生育、控制人口增长作为一项战略决策来推行时，不能不想起三十年前邵力子先生的这一正确主张，也更加怀念他这种敢讲真话的可贵精神。

邵力子先生一直主张以和平方式实现祖国统一大业。他十分关心在台湾的国民党军政人员，经常通过新闻报道和电台广播向他们介绍祖国发生的深刻变化，希望他们一道为实现祖国统一贡献力量。他作为国民党中的一名高级人士，曾在第一、二次国共合作中奔走呼吁，身体力行，并且切身体验到，只有国共两党紧密携手，国家才能大步前进，民族才能团结一致。他确实是一位具有远见卓识的政治家。他生前十分盼望国共两党能实现第三次合作，以和平方式统一祖国。虽然他一九六七年就离开了人间，但是，在中国共产党的真诚努力下，在全国各族人民的共同推动下，邵力子先生这一愿望，不要很久，必将会成为现实的。

可敬的前辈

沈求我

邵力子先生是一位可敬的前辈。他原籍浙江绍兴，年轻时在江苏吴江的盛泽镇上学，生活多年，许多人都以为邵先生是吴江人，他自己也把吴江当作第二故乡，听说还加入过吴江同乡会。盛泽离我家乡震泽只有七十二华里，所以我上小学时就知道邵先生的名字。当时吴江有两“子”很出名，一位是柳亚子先生，另一位就是邵力子先生。“九一八”事变后，各地学生纷纷到南京请愿，我作为苏州中学的学生代表之一也前往参加，请愿遭到国民党军警的残酷镇压，酿成了著名的“珍珠桥惨案”，引起了全国人民的愤慨。听说国民党内部的一些有识之士也不同意蒋介石采取这种血腥的手段，其中就有邵先生，这是邵先生最初给我的好印象，虽然我当时只在报上见过他的照片。

抗日战争初期，我到陕西榆林，认识了邓宝珊先生。邓先生和邵先生在甘肃共过事，邵先生任甘肃省主席，邓先生是西安绥靖公署驻甘肃行署主任，彼此过从甚密，相知颇深。对于邵先生的为人正派，处事公平，居官清廉，生活朴素，邓先生深为钦佩，认为这在国民党要人中是很难得的。

20世纪40年代初，我在重庆。当时苏联卫国战争正在激烈进行，国民党内的一些法西斯分子宣扬希特勒军队如何强大，苏联难以取胜。邵先生卸任驻苏大使回国后，就以自己掌握的第一手材料，在一些公开场合如实介绍了苏联军队和人民英勇抗击德国法西斯的事迹，断言反侵略战争必胜。邵先生的讲话产生了广泛的影响，使人们看清反法西斯战争正向有利于人民的方向发展，更增强了抗日战争必胜的信心。

一九四九年我在北京，经邓先生介绍，终于认识了邵先生。此后多次来北京，几乎都同邵先生见面。而且总是他知道后先来看我们。一九五一年，邵先生来信要我帮助他的一位朋友解决在兰州的房产问题，我转给了兰州市副市长孙剑峰同志，事情很快得到妥善处理。这本来是按政策规定应该解决的，而邵先生却又来信道谢，使我深感不安，同时也体会到邵先生细致周到的作风。

邵先生的古道热肠，乐于助人，也是值得称道的。有一位吴江同乡蔡元湛，过去和邵先生相熟，解放后由邵先生介绍在上海福利部门工作，反右斗争中被错划为右派，以后又自动离职，生活困难，不得不向邵先生求援。邵先生慨然允诺，按月接济他一定数目的生活费，直到邵先生逝世。由于邵先生和柳亚子先生的夫人郑佩宜的解囊相助，蔡元湛才得以渡过困难。一九七五年我在上海见到他，谈起邵先生，他深表感激和怀念。我也很受感动。

邵先生是很有远见卓识的。他最早考虑到我国的人口问题，建议实行计划生育。可惜这个重大的建议当时未被采纳，和马寅初先生的建议一样受到了不公正的待遇。但是，邵先生始终坚持他的主张，并不因此而改变自己的态度，这种精神是可贵的。现在，全国城乡已经普遍推行计划生育，并已取得显著的成就，回忆过去的这段经过，我们更深切地怀念邵先生。

邵先生的一生，经历了我国从封建社会、半殖民地半封建社会到社会主义社会的漫长历史时期，走过了曲折的道路，终于亲眼见到新中国的诞生，并在社会主义社会中度过了自己的晚年。作为爱国老人，邵先生多年的愿望已经得到实现。目前，我国的社会主义现代化建设正在蓬勃发展，中华民族的大团结、大统一成为不可抗拒的历史潮流，邵先生身后有知，更可以含笑瞑目了。

功在人间　彪炳千秋

黄廷桂

一

20世纪20年代，我就读于上海复旦大学商学院。当时，邵力子是复旦很有声望的教授，所授新闻学更是誉满全校。我非常仰慕邵先生，极想选修新闻学。怎奈新闻学不是商科的必修课程，难以如愿。嗣后见到学校里不仅文科生，就是商科、理科生也都争先恐后地选读新闻学。每逢邵先生讲课总是听众满堂，普通教室容不下众多学生，因而常常改在大礼堂上课。为此，我决定越系选修新闻学。

20年代，复旦尚未正式设置新闻学系，也没有现成的教材。邵先生就自己收集资料编写讲义，发给学生。在讲授过程中，抓住重点旁征博引；有时还结合时事，谈自己的观点，启发学生思考，大大活跃了学术研究气氛。

邵先生不是一进课堂就讲、一下课就走，而是经常在课余与学生们交谈，进一步辅导学生，也了解授课效果。记得有一次课后，我提了几个没有弄懂的问题向邵先生请教，他不厌其详地对这些问题一一作答，答后还问我明白了没有，同时鼓励我多看书、多留心时事、多思考问题，不懂就问。尤其令人感动的是，第二天上课时，邵先生反谦恭自责，认为自己昨天没有把观点讲清楚，又把昨天讲的课重新讲解一遍，直到大家都懂了为止。最后，他还叮嘱大家以后凡有不懂或模糊之处要随时提出，借以达到教学相长的目的。邵先生的治学态度和教育方法在当时确是了不起的。

二

邵先生从来不把自己的薪水所得只作个人受用，其中大部分都用之于教育事业，在家乡他办了明强小学和稽山中学。那时他认为，要使贫穷落后的中国富强起来，必须办好教育事业，然而在旧社会他的想法是难以实现的。新中国成立后，邵先生看到人民政府对教育十分重视，教育事业一片欣欣向荣的景象，使他感到无比欣慰，便将自己解放前创办的学校交给政府管理。他还自动提出减去半薪，作为教育费用，但提出几次均未得上级批准。

邵老师的亲友、学生中，有的有困难，求助于邵先生，邵先生总是晓之以理，决不以私人关系给安排工作；另一方面，则慷慨解囊，用自己的工资予以帮助。我的一位同班同学多次对我谈起他曾受到邵先生长时间的资助。邵先生常说祖国人口多，现在还穷，人民政府决心造福人民，改变贫穷的面貌；但是国家底子薄，在短期内这个目的还难达到。如果全国人民都能互相照顾，同舟共济，协助国家解决困难，那么全国人民就可共温饱，不仅可增强团结，而且有助于社会主义建设的加速进行。

三

邵先生在20世纪50年代宣传节育，是有感于人口增长太快，有加以控制的必要。不提“人口论”而宣传“避孕常识”，是邵先生的宣传策略。

解放后的人民生活水平逐步提高，医疗卫生事业得到显著发展，人民的死亡率迅速下降，特别是政府对孕妇和婴儿的福利照顾，婴儿出生与成活率大大提高；同时封建残余思想依然存在，很多人向往着“子孙满堂”，这一切必然造成我国人口的飞跃增长。在50年代初，邵先生就看到了这一点。如不及时对人口飞跃增长的趋势加以控制，中国的经济发展就很难跟上人口的增长，而提高人民生活水平的愿望就很难实现。他还认为，人口问题若不引起人们的高度重视，从而迅速地制订控制人口计划，把计划生育纳入计划经济范围之中，后果将不堪设想。他研究马克思主义的人口论——它的基本观点之一是人口发展必须与经济发展水平相适应。同时也研究社会主义人口规律——这个规律指出，人口发展同物质资料生产必须有计划地相适应；不但使人口总数与消费资料数量相适应，亦要使人口质量与经济发展水平相适应。

邵先生深信自己原拟订的一个“节制生育计划”，在理论上是正确的，在实践上也是切实可行的。但考虑到50年代社会上存在一种“人口多就是好”的形而上学的思想偏见，如果直接提出人口问题，就一定会有人反对，或批评，或给以打击。这些还是小事，如果节育计划不能实现，影响国家繁荣与人民的生活乃是大事，不可不予以重视。经过周密考虑，邵先生决定以“避孕常识”为题来进行宣传。这样做既可增进妇女的健康，解除妇女的许多痛苦，也能使儿童得到更好的教养，提高儿童的素质。这不但为现代家庭所希望，就是受封建思想支配的许多妇女也抱有同样的期望。往昔常常听到有些妇女害怕多子女之累而滥用不科学的堕胎措施，以致损害了健康，甚至有葬送了生命的，她们多么希望有科学的避孕方法呀。

邵先生于一九五四年九月在第一届全国人民代表大会第一次会议上提出：废弃惩罚堕胎的法律；宣传避孕的医学理论；提供有关避孕问题的材料。同年十二月，《光明日报》登载了他的一篇《关于传播避孕常识问题》的文章。一九五五年七月在第一届全国人民代表大会第二次会议上，又正式提出了“请加强避孕常识的宣传和放宽节育技术的限制”一案。

节育问题提出后，赞成者固属不少，而反对者也大有人在。温州市政府就有人说：“邵某代表哪一界人民的利益？我们人民将要求把他的人大代表资格撤销。”邵先生于一九五六年一月在第一届浙江省人民代表大会第二次会议上补充阐明自己的观点，再次重申节育的重大意义。并写信给温州市人民政府那位提出非议的人，讲道理，使该批评者无言以对。继而邵先生得到生理工作者赵以炳的支持，卫生部李德全部长也认为应开展宣传避孕常识的工作。邵先生于一九五六年六月在全国人民代表大会第三次会议上进一步提出具体的节育办法与节育药品，一九五六年十一月印发《关于传播避孕常识问题》的小册子，还做了大量的调查研究及说服工作。稍后经济学家马寅初于一九五七年七月在《人民日报》发表了他的《新人口论》。当时康生插手对马老进行政治围攻，斥《新人口论》为“马尔萨斯主义”，余波所及，邵老的节育计划也遭到了冲击。但他不计个人得失，坚持宣传节育主张。

50年代后期，我国生产与人口增长的矛盾已经出现，政府开始支持计划生育，在各地药房普遍出售避孕药品与用具。但社会上的逆流时起时落，邵老、马老的主张仍得不到有力的支持，计划生育未能放手推行，十年浩劫更把避孕计划完全打乱。我国人口在一九五九年为六亿多人，至一九七九年猛增至九亿多人，二十年中人口激增了三亿左右。至此中国的人口问题与生产问题、教育问题、就业问题以及一切生活问题的矛盾，已明显地突出出来了。于是政府肯定了计划生育的重大意义，全国上下大声疾呼，雷厉风行，短短的两年多时间就收到了显著的效果。这件事，邵先生是有功的。

四

邵老是孙中山先生的忠实追随者，拥护孙先生提出的三民主义纲领，一贯主张唤起全国人民，联合各党各派与各界民主人士共同奋斗，以打碎封建枷锁和殖民桎梏为目标。邵老坚决反对国民党当局背叛孙先生遗训的反共反人民行径，并为国共合作，消除内战，加强民族团结做出了贡献。

新中国成立后，邵老为台湾回归祖国做了大量工作。一九五六年中国国民党革命委员会第二次会议组成“和平解放台湾工作委员会”，邵老被推选为副主席。他常在政协等重要会议上以及传统节日里发表谈话或文章诗词，寄语台湾故旧和军政人员，晓以大义，认清前途，以国家民族利益为重，早日回归祖国。特别是他的《勉励在台旧友》一文，是很有影响的。邵在台湾的老友于右任先生临终前写道：“葬我于高山之上兮，望我大陆。”怀乡之情，溢于言表。

邵老几十年如一日致力于台湾回归祖国的伟大事业，惜全志未竟遽尔溘逝。但其坚信祖国必能统一，台湾定然归来的信念，恰正道出了全国人民和一千万台湾同胞的共同心声。

（原载北京市政协《文史资料选编》第十八辑）

乡贤的遗爱

陈惟予

一九六一年的秋天，时任全国人大常委的邵力子同志和竺可桢同志前来浙江视察。两老在杭州公毕之后，又相约同返故乡绍兴继续视察。在绍期间，承邵老相召，我有幸陪同他老人家前往农村一行。邵老关心国家建设和人民利益的巨大热忱，给我留下了极为深刻的印象。

仲秋的绍兴水乡，景色分外宜人。年近八旬的邵老安详地坐在小艇舱内，远望鉴湖两岸，晚稻苗壮浓绿，长势喜人，很是高兴；又看到湖面河旁的菱角、茭白种得比往年多，称赞这真是做到了“地尽其力”。到达灵芝公社蒋家交大队时，村里的干部和社员齐来河埠迎接，一位老社员说：“两位人大代表都是伢绍兴人，一位家在陶堰，一位家在东关。”这样一说，社员愈聚愈多，挤满了一屋子。大队支书蒋五六同志汇报了近年来农业生产的发展情况，邵老听了很为满意。接着，邵老详细询问了大队人口增长的情况，亲切地对在场的社员说，生产发展是好事，人口增长太快并不是好事。同时宣传了节制生育会带来很多好处。当时几位大队干部还是第一次听到节制生育这件事，一时无言以对，但从他们的表情上可以看出，他们听得很认真，含着笑，点着头，邵老的一席话是深深地打动了他们的心的。

这一次，邵老在故乡仅停留两天，没有回老家去看看。不知是谁通知的，第二天邵老的一户坟亲上城来看他了。这位坟亲名叫金国仙，是金家岭大队的生产队长，年未满三十。邵老向他一家问好，关切地询问了他家的生活情况，当邵老听说他已是两个孩子的爸爸时，马上说："国仙！两个孩子足够了，千万不要再生了。"后来国仙果然实行了计划生育。

德高望重的邵老，在绍兴几乎是妇孺皆知的。来访的人接踵而至，邵老利用短短一天的时间，随时随地向各方面人士宣传计划生育这件大事。可惜他的远见卓识未能被采纳。人们至今还在谈论，如果当时邵老的宝贵意见得以实现，那就可以避免一九六一年以后的那次生育高峰，人民的生活将会过得更好一些。先哲已逝，遗爱长存，绍兴人民将永远怀念这位乡贤。

（原载一九八二年六月三十日《浙江民革》）

附　录

邵力子年表

晨　朵

一八八二年（清光绪八年　壬午）　虚龄一岁

十二月七日（农历十月二十七日）诞生于浙江省绍兴府会稽县陶堰乡。“初名景奎，字仲辉（取义‘奎璧连辉’）”。（邵力子亲笔《自传》残稿）

父邵霜，字诚哉。正室章氏；继室张氏（邵生母），江苏苏州府吴江县盛泽镇人。长兄闻益，字伯谦。（据现存绍兴县富盛金家岭邵氏墓碑）

一八八七年（光绪十三年　丁亥）　六岁

在陶堰乡邵家溇从叔邵莲坡（清会稽县廪生）读家塾，同学有：东湖人陈紫仪、皋埠人谢祥霖等。（同上）

一八九一年（光绪十七年　辛卯）　九岁

父邵霜“始任吴江县县丞，分防盛泽镇”。（同上）

一八九七年（光绪二十三年　丁酉）　十六岁

父邵霜“调署镇江府经历”后一年，在苏州病逝，迁柩回原籍，叔莲坡信“风水”，葬陶家堰杨家溇。少年时力子，认为墓地妨碍农耕，曾加以反对，未果。（直至一九五五年，邵自北京返故乡，运父柩至杭州火化，骨灰迁葬至绍兴富盛金家岭，与母张氏同穴。）此后，由叔培育成长。（同上）

一八九八年（光绪二十四年　戊戌）　十七岁

“受戊戌维新影响，始入上海。初入严开第所办求志学堂”。

“进学堂时改名闻泰”。（同上）

一八九九年（光绪二十五年　己亥）　十八岁

求志学堂停办，“曾考广方言馆，始学法文。不久又考入苏州中西学堂”。（同上）

反对八股文，拒绝叔嘱考“秀才”之命。

一九〇二年（光绪二十八年　壬寅）　二十一岁

九月　叔代为捐官“监生”后，去浙江杭州应“庚子、壬寅并科”乡试，题为“振兴实业论”。中举人，第六十七名（署“邵闻泰”）。（《浙江乡试录》第18页及《绍兴县志资料》第九册第76页）

同科者有仁和陈敬第（叔通）、秀水沈钧儒（衡山）等。

中举后，按通例应进京考“进士”，轻科举不去。

时江苏县台朱智邀去任文案。辞而不就，径去上海南洋公学。在“特班”学习（校长马相伯，国文教习蔡元培，同学有黄炎培、胡仁源等）。（《辛亥革命回忆录》第四集第65页）

一九〇三年（光绪二十九年　癸卯）　二十二岁

由陈紫仪、谢祥霖为媒，与绍兴平水上灶屠玉英（一八八六—一九一九）结婚于邵家溇。婚后去吴江盛泽。

一九〇四年（光绪三十年　甲辰）　二十三岁

在浙江吴兴南浔镇执教。

二月五日　在上海《俄事警闻》第五十三号上，发表《俄祸》"征文稿"（署名仲辉），认为"此非我中国之祸，而（为）全世界之祸"，主张"我同胞"当"挺刃而起"。

十二月二十八日　生长子遂初（一九〇四——一九八二）于浙江吴兴南浔镇。

一九〇五年（光绪三十一年　乙巳）　二十四岁

去上海震旦公学求学，结识同学陕西三原于右任（一八七九—一九六四），后两人为一生莫逆之交。

因"震旦"受法天主教势力控制，于、邵领导同学罢课。由校长马相伯带领离开震旦。

九月十四日　从沪西新闸路到吴淞炮台湾，进复旦公学（取《尚书大传·虞夏传》："日月光华，旦复旦兮"句意），在校边工作边学习。

一九〇六年（光绪三十二年　丙午）　二十五岁

秋　继于右任后离"复旦"，去日本学新闻学，后与于加入"中国同盟会"；"在日本，向学生募得办报款二千余元"。（傅学文：《邵力子生平简史》，刊全国政协《文史资料选辑》第六十七辑）

一九〇七年（光绪三十三年　丁未）　二十六岁

四月二日　参与于右任创办《神州日报》创刊于上海。（同上，并参阅冯自由《革命逸史》第四集第242页）

四月二十六日　次子志刚（一九〇七——一九三〇）出生。

八月八日　在《神州日报》就徐锡麟刺皖抚恩铭事，“景墨”为笔名，发表《皖警》文，中有“一士披猖海岳惊”句；并就绍兴大通秋瑾案，发表《论吾侪对于浙江省“黑案”应有之办法》文。

一九〇八年（光绪三十四年　戊申）　二十七岁

五月　《神州日报》因邻居失火遭焚停刊，随于右任离去。后由汪彭年等接办。（冯自由：《革命逸史》第二集）

一九〇九年（宣统元年　己酉）　二十八岁

五月十五日　参与于右任创办《民呼日报》，在上海四马路望平街创刊。（《民呼、民吁、民立报选辑》河南人民出版社。）

八月十四日　《民呼日报》因社长于右任、主笔陈非卿涉讼被捕，发表《辞世之言》后，被迫自动停刊。

十月十三日　改《民吁日报》名出刊。

十一月十九日　《民吁日报》被诬“有辱中日邦交言论”遭查封。

一九一〇年（宣统二年　庚戌）　二十九岁

由于右任介绍，到陕西高等学堂任教，同行者有复旦同学叶永鎏（藻庭）。

后“因宣传新思想、新文化，被陕西当局驱逐出境”。（傅学文：《邵子生平简史》）

十月十一日　参与于右任再办《民立报》创刊。“任《民立报》编辑，笔名‘力子’，取义于《后汉书》‘游子天所弃，力子天所富’”。（邵力子：《自传》残稿）

一九一一年（宣统三年　辛亥）　三十岁

四月十四日　女伟真（小字“民倌”）诞生于吴江县盛泽镇。

在上海任“绍兴七县旅沪同乡会”副议长。（蔡元培：《杜亚泉传》，《绍兴县志资料》第十六册第213页）

十一月十一日　《民立报》刊《绍兴士民之义勇》报道。

十一月十八日　《民立报》刊《光复义勇军纪闻》报道，宣传绍兴陶家堰同乡陶成章（一八七八——一九一二）事迹。

十一月二十七日　《民立报》刊《陶成章广告》。

一九一二年（中华民国元年　壬子）　三十一岁

一月　在柳亚子（一八八六——一九五八）任主笔的上海《民声报》兼任记者。（《邵力子生平简史》）

一月七日　《民立报》刊《陶成章致浙省旧同事》声明。

一月十二日　《民立报》刊《陶成章致报馆转浙江各界》声明。

一月十四日　《民立报》刊沈荣卿等致陶成章电。

一月十五日　《民立报》刊《陶先生死不瞑目》，报道陶成章被刺于上海广慈医院。

一月十七日　《民立报》刊陶成章《被刺情形》及《孙大总统唁电》（附有编者即邵力子按语）及《黄兴电请陈其美严缉暗杀陶成章凶手》。

一月二十二日　《民立报》刊上海都督府及绍兴旅沪同乡会在斜桥永锡堂召开徐锡麟、陈伯平、马宗汉及陶成章追悼大会实况报道。

二月　在《民立报》与《天铎报》主笔柳亚子发生政见分歧，进行论争。（《柳亚子年谱》第4、35页）

为复旦公学复校奔走京沪，并帮助筹建校舍。（傅学文：《邵力子生平简史》）

八月十二日　加入由宋教仁组织、推孙中山为理事长的“国民党”。

？　筹办“绍兴旅沪公学”于上海爱而近路，任校董。（蔡元培：《杜亚泉传》）

秋　应聘任上海白克路竞雄女学校教员。（秋宗章：《六六私乘》，《秋瑾史料》第66页）

一九一三年（民国二年　癸丑）　三十二岁

三月一日下午　出席上海徐家汇“李公祠”复旦公学复校开学典礼；担任中文系丁、戊班国文教员。

三月二十日　宋教仁在沪宁车站被袁世凯暗杀。此后署名“力子”，陆续在《民立报》发表《纵容杀人之政府，国人奈何纵容之》《宋先生不死》《当与国人共弃之》《何以慰宋先生在天之灵》《自由不死》《咄咄怪事》等文；并与徐血儿、叶楚伧、杨千里、朱宗良编辑《宋渔父文集》第一集。

九月四日　“二次革命”失败，《民立报》因响应孙中山“五省都督起兵讨袁”号召，遭禁停刊。

十月二十日　以于右任名义，续办《生活日报》，创刊于上海。

一九一四年（民国三年　甲寅）　三十三岁

七月八日　孙中山在日本筑地精养轩组成“中华革命党”，与叶楚伧、陈其美等在上海加入。

一九一五年（民国四年　乙卯）　三十四岁

在复旦公学任教。并去上海（育智）师范学院兼课。（《邵力子生平简史》及《中华民国史资料丛稿》译稿第十二辑《民国名人传记辞典》）

冬　由中华革命党上海市党部陈英士发起，为进行“反袁”宣传，和叶楚伧等筹办《民国日报》于天主堂街（今金陵东路），任“经理兼编辑”。（邵力子：《党成立前后的一些情况》，人民出版社中国现代革命史资料丛刊《“一大”前后》第二册第64页）

一九一六年（民国五年　丙辰）　三十五岁

一月二十二日　上海《民国日报》创刊。兼编本埠新闻。

二月十一日　在《民国日报》“本埠新闻”发表《呜呼洪宪》时评。

五月九日　《民国日报》刊孙中山《第二次讨袁宣言》。

五月十九日　就陈其美被袁世凯暗杀事，刊《哀陈英士先生》社论。

五月二十一日　与叶楚伧、陈匪石联名发表悼陈英士挽联。

一九一七年（民国六年　丁巳）　三十六岁

三月　复旦公学改名复旦大学，任中文系主任。

四月五日　在上海徐园参加“南社”第十六次“雅集”。（《柳亚子年谱》第53页）

七月四日　《民国日报》刊声讨张勋复辟通电。

七月二十日　发表孙中山南下广州沿途演说。

十一月二十日　在“要闻版”头条，以《突如其来之俄国大政变》，最早在我国报道俄国十月革命。

一九一八年（民国七年　戊午）　三十七岁

一月十五日　刊孙中山在广州对海军、滇粤军命令，谴责桂系军阀。

一月十七日　刊孙中山在广州茶会上谴责桂系军阀讲话。

一月二十一日　刊孙中山召集非常国会议员讲话。

五月一日　刊孙中山因《军政府组织法》被非常国会修改后的“辞职通电”。

十一月八日　为欧战胜利，开始隔日发表“时评”，陆续有：《庆祝联军最后胜利》《公理战胜强权之庆祝》《先觉者之责任》《吾人抱定宗旨》《公理之敌》《大庆祝中之觉悟》《真爱公理者之光荣》等文。

十二月三日　为“徐世昌诬孙中山病重”事，发表署名“时评”《辩谣》。

一九一九年（民国八年　己未）　三十八岁

二月一日（春节）　发表署名“时评”，谴责湖州富商徐冠南子开自备汽车轧死乡间老妪一事。徐贿工部局涉讼，邵被传讯判罚银五十两。

二月　《民国日报》发表孙中山《护法宣言》。

五月三日　发表时评《麻木不仁之国民》，指出巴黎和会上“外交失败，其咎皆在国民自身”。

五月六日　《民国日报》刊北京五四游行示威的“本社专电”。清晨持报去复旦大学，鼓动在上海开展反帝爱国运动，并按孙中山指示，到各校演讲。（朱仲华：《六十二年前上海“学联”首冲租界纪实》，一九八二年七月三十一日《团结报》）

五月十日　参加上海报界联合会第七次会，讨论在报上一律拒登日商广告等事。

五月十二日　将《民国日报》第十二版旧副刊《民国小说》，改版为《大家讨贼救国》。

五月十五日　参加全国报界联合会在静安寺路事务所举行的京津及留日学生欢迎会。

五月三十一日　在三茅阁桥北、河南路第十二、十三号《民国日报》社二楼阳台，鼓掌支持上海学联首次冲进租界的游行示威队伍。（同上）

六月五日　应邀参加上海“学联”在宁波路卡尔登西餐馆举行的茶话会，发表演说，要求各界支持学生爱国运动。

六月十一日　将《民国日报》第八版旧副刊《民国闲话》改版为《救国余闻》。

六月十六日　为了和《时事新报》《学灯》副刊做斗争，将《民国日报》第八版《救国余闻》改名《觉悟》发刊，任主笔。发表觉英的《女子解放问题》等文。

六月十八日　在《觉悟》署名力子发表《古训怀疑录》（相当于代“发刊词”，连载达三个多月。此后在《觉悟》发表署名文章，共约九百五十篇）。

同时刊出“鹤”（即李达）的《什么叫社会主义》，开始宣传马克思主义。以后陆续发表我国早期共产主义知识分子和共产党人李大钊、陈独秀、瞿秋白、李达、李汉俊、恽代英、沈雁冰、沈泽民、萧楚女、向警予、包惠僧、刘仁静、张闻天、张太雷、方志敏、蒋光赤、任弼时、杨贤江、罗章龙、陈毅、杨之华等人文章。

七月三日　在《觉悟》发表《俄国新宪法》。以后不断发表介绍十月革命后苏俄新的制度、法律和政策的文章。

十月十日　参加孙中山领导的由“中华革命党”改组的“中国国民党”。

十一月四日　原配屠玉瑛在上海打铁浜吉益里四号逝世，六日在天津路报本堂开吊。（一九一九年十一月五日《民国日报》一版头条“报丧”广告）

十一月上旬　任上海河南路商会联合会会长。（一九一九年十一月十二日《民国日报》）

十一月十六日　《民国日报》发表日军镇压福州市民爱国运动报道。三十日发表署名社论《为闽事警告国民》。

十二月八日　在《觉悟》发表《提倡社会主义决不是好奇》，批评章太炎。

用“和文汉读法”学习日文马克思主义书籍。

一九二〇年（民国九年　庚申）三十九岁

一月一日　在《觉悟》发表《八年来唯一的进步》，评述辛亥革命。

二、三月间　在上海会见从北京南下的北大教授、《新青年》主编陈独秀（一八七九—一九四二）。（《陈望道同志关于上海马克思主义研究会活动的回忆》，《复旦》学报一九八〇年第三期）

四月　在上海与陈独秀等会见年二十七岁的第三国际代表魏辛斯基（一八九三—一九五三）。

五月一日　在中国首次纪念“国际劳动节”，《觉悟》副刊扩版到八开四页；邵一人发表《今天是什么日子》《“八点钟工制”在中国底重要》《“八点钟工制”底成绩》《减少工作时间与人道》《五月一日与十月十日的比较》等文。

五月间　与陈独秀、李达、李汉俊、施存统、沈玄庐、陈望道、戴季陶等发起组织上海“马克思主义研究会”。（邵力子：《党成立前后的一些情况》及张国焘《我的回忆》，《“一大”前后》第二册第138、142页）

七月十五日　在《觉悟》发表《民意？》文，批评由非法国会产生的“总统”。

七月十八日　发表怆怆《征求同志共译社会主义著述》的通信。

九月三十日　刊袁弼译《罗素目中的列宁》和玄庐《答人问〈共产党宣言〉的发行所》。

十一月八日　发表《再评东荪君底“又一教训”》，批评“社会主义不适合中国”论。

十一月　在上海以国民党员身份，跨党参加共产党（经组织许可，不经常参加小组开会）。（《党成立前后的一些情况》及《陈望道同志关于上海马克思主义研究会活动的回忆》）

十二月十二日　按组织指示，活动“以工人运动为主”，参加马路商界联合会发表《工人底两个好教训》的演说，刊于上海《劳动界》（周刊）。

一九二一年（民国十年　辛酉）　四十岁

元旦　在《觉悟》发表《祝新年》文，明确表示：“专为劳动者祝新年”，“世界是劳动者的世界”。

据陈独秀建议分两路向上海各界拜年，分送印有共产主义口号的贺年片。（《陈望道同志关于上海马克思主义研究会活动的回忆》）

五月一日　《觉悟》出“五一劳动纪念号”。

五月十五日—十九日　刊施存统译《见于〈共产党宣言〉中的唯物史观》。

五月二十日　刊“树人”的《读胡适的〈中国哲学史大纲〉》，此后陆续发表鲁迅译著十三篇。

五月二十七日　发表《第三国际党颂歌》。

七月一日　发表《觉悟》扩版《宣言》，“提倡真挚的著述”，“欢迎奋发有为之青年”。

七月　与李达、李汉俊以及张国焘等为中共“一大”在沪召开，在渔阳里二号参与组织筹备工作。（《“一大”前后》）

七月二十七日　在《觉悟》发表《尚志》文。

七月二十九日　发表《总不至于堕落到那样地步罢》及《只有他配骂人罢》。

七月三十一日　在《觉悟》发表“光亮”（即施存统，字复亮）批判“中国式的无政府主义者”文：《再与太朴论主义底选择》，为中共“一大”献礼。在“一大”会场被搜查后，与周佛海、李达、王会悟等分头建议大会速转嘉兴南湖续开。（朱仲华口述，一九八二年十二月十八日《复旦》校刊，一九八三年一月十五日《团结报》转载）

八月一日—五日　在《觉悟》夹缝，刊《周佛海启事》。“一九二一年第一次党代表大会，在嘉兴南湖开会，我因不能离开《民国日报》未参加。”（邵力子：《党成立前后的一些情况》）

八月八日　发表《救现在中国的对症良药》及《将错就错铸成大错的东荪君》。

八月　在“名著译述”栏，连载发表美杜威的《明日之学校》。

十月　在党创办的平民女校任教。（李达：《党的发起和一、二大经过的回忆》，《“一大”前后》第二册）

十一月十日　《觉悟》发表《中华女界联合会改造宣言》。

十二月二十日　发表《论萧山农民协会被军队摧残事》。

一九二二年（民国十一年　壬戌）　四十一岁

元旦　《觉悟》“新年号”刊汉俊《中国的乱源及其归宿》。

二月二日　发表《应当怎样援助香港海员呀》

二月十九、二十日　刊列宁《从战争到和平》。

五月一日　《觉悟》出“劳动纪念号”，发表《劳动纪念节底真觉悟》，陈独秀《告做劳动运动的人》。

五月四日　发表《五四运动的精神》。

五月五日　“专载”《马克思学说》。

六月八日　刊《全国劳动大会第一次会议宣言》。

九月　连载考茨基《伦理与唯物史观》。

十月中旬　接见东南高等师专学生“十人团”代表，答应力劝于右任出任该校校长。（程永言：《回忆上海大学》，上海《党史资料丛刊》一九八〇年第二期）

十月二十三日　与于右任出席上海大学欢迎会，并讲话，任副校长。以后与校长于右任在四马路同心楼邀李大钊、张继午餐，李大钊即席介绍：邓中夏出任总务长，瞿秋白出任社会系主任。（同上）

十一月七日　《觉悟》刊小岑《苏维埃俄罗斯第五周年纪念日》。

一九二三年（民国十二年　癸亥）　四十二岁

一月二十一日　《觉悟》刊京汉铁路总工会《李卜克内西死后四周年纪念》。

二月八日　刊《京汉铁路大罢工》。

二月二十二、二十三日　刊《二七事件》。

五月二十四、二十五、二十七日　刊光亮译布哈林著《无政府主义和科学的共产主义》。

夏　出席上海大学美术系毕业典礼，会后与于右任及全校学生到宋园宋教仁墓前合影。（程永言：《回忆上海大学》）

八月二、三日　《觉悟》刊瞿秋白《现代中国所当有的上海大学》。

八月五日　在上海地方兼区执委会六次会上，毛泽东代表中央建议：“对邵力子、沈玄庐、陈望道的态度应当缓和，劝他们取消退出党的意思。”结果邵同意了。（茅盾：《回忆录》，《新文学史料》一九八〇年第一期）

八月二十八日　《觉悟》刊鲁迅《“呐喊”自序》。

八月三十一日　在《文坛消息》发表《小说集〈呐喊〉》，高度评价它是：“在中国底小说史上为了它就得‘划分时代’的小说集。”

九月七日　上海大学“社会问题研究会”成立大会，邀李大钊讲《研究历史的任务》。（姚天羽：《培养革命干部的洪炉——上海大学》，上海《党史资料丛刊》一九八〇年第二期）

九月十四日　《觉悟》发表《读苏维埃俄罗斯代表加拉罕氏宣言》。

十月十四日　与柳亚子发起组织“新南社”，任第一届编辑主任，参与拟撰《新南社成立布告》。（《柳亚子年谱》第65页）

十月二十九日　与柳亚子等一百三十一人，为曹锟贿选事，发表《启事》，主张驱逐议员中受贿者。（同上）

十一月七日　《觉悟》按党的决定出《纪念十月革命专刊》，刊陈独秀《苏俄六周》等文。

十二月　参加柳亚子、陈巢南创办的“岁寒社”。

于右任应孙中山邀赴粤后，任上海大学代校长，筹划迁校于西摩路新校舍事。

与人谈国共合作问题，挨了茅祖权的打。（邵力子：《党成立前后的一些情况》）

一九二四年（民国十三年　甲子）　四十三岁

一月十五日　出《李卜克内西纪念特刊》。

一月二十日　中国国民党第一次全国代表大会在广州开幕，邵未去，当选为第一届中央候补执行委员；后任上海执行部工农部秘书。

二月八日　《觉悟》发表《勿忘二月七日》。

二月八日—十日　刊孙中山《宣传的奋斗》。

二月十二日—十七日　刊列宁《农税底意义》。

二月十五日　出《施洋先生殉义周年纪念号》。

二月二十七日　刊《列宁与孙中山》，纪念列宁于二十一日逝世。

二月　秘密在上海大学代办黄埔军校招生。

四月一日　专载《店员联合会宣言》。

四月　出《直隶第二女师革新运动特刊》。

四月二十三日　以“列宁生日纪念”专题，刊列宁照片三帧。

五月一日　出《五一劳动节纪念特刊》。

五月四日　出《五四运动纪念特刊》。

五月五日　与国民党上海执行部同仁，到莫里哀路孙中山宅，纪念就任非常大总统，并摄影。（一九八四年一月七日《团结报》）

在都益处菜馆参加聚餐会，并摄影。

五月九日　《觉悟》出《五九国耻纪念特刊》。

五月十二日起　连载列宁《帝国主义》。

六月二十八日　刊《孙中山先生之留声讲演》。

六月　参加国民党吴江县党代会，并演讲。（《柳亚子年谱》第68页）

八月四日　出席全国学生总会第六届年会，与于右任、施存统、恽代英等演说。（一九二四年八月五日《申报》）

八月十九日　《觉悟》出《非基督教特刊》（以后每周一次，到一九二五年三月，共出二十四期）。

九月四日　刊孙中山《农民的觉悟与联络》。

十月十日　去新世界西餐部参加新南叙餐；又去沧州饭店祝社友邵元冲、张默君结婚。（《柳亚子年谱》第69页）

十月十三日　《觉悟》刊《上海大学横被帝国主义与军阀走狗摧残》通电。

十一月二日　刊《共产国际对帝国主义战争十周年宣言》。

十一月七日　出《十月革命特号》；出席瞿秋白、杨之华结婚典礼。

十一月十七日　与上海大学学生去码头列队迎接孙中山北上抵沪。（程永言：《回忆上海大学》）

十一月二十日　《觉悟》出《少年国际五周年纪念特刊》。

十一月二十六日—三十日　刊张太雷译列宁《马克思政治学》（即《国家与革命》）。

十二月一日　出《社会科学特刊》（以后每两周出刊，到一九二五年三月十一日止，共出十五期）。

十二月二十一日　出席上海女界国民会议促进会，发表演说。（一九二四年十二月二十七日《妇女周报》第6页）

一九二五年（民国十四年　乙丑）　四十四岁

二月八日　《觉悟》出《列宁号特刊》。

二月十九日—二十八日　刊恩格斯《空想的及科学的社会主义》。

三月十三日　刊施存统《悼孙中山先生》文，以后不断大量发表悼念文字。

邵力子题孙中山挽联：

举世崇拜，举世仇恨，看清崇拜与仇恨是些什么人，愈见先生伟大；

毕生革命，毕生治学，倘把革命和治学分成两件事，便非吾党精神。（一九八二年四月二十四日《团结报》）

四月十二日　出《中山先生特刊》。

四月二十四日　刊《发起孙中山主义研究会征求同志》。

五月一日　出《五一特刊》。

五月四日　出《五四特刊》。

五月十七日　母张氏夫人在沪去世，在斜桥永锡堂开吊，后迁柩葬绍兴富盛金家岭。

五月十五日　应上海学生总会邀，与瞿秋白等与会发表演说，指导开展反帝“五卅”运动。

五月　应蒋介石邀“受命为（黄埔）军校秘书处长”。（陈以沛：《黄埔军校大事记》）

五月三十一日　上海复旦同学会在大东酒楼为邵老师饯行，邵未到，派同学毕静谦代表出席。

七月二十二日　到广州受任黄埔军校秘书长，公开共产党员身份，参加党的组织生活。

八月　以国民党中央执行委员身份，去张家口出席国民党会议。（傅学文：《邵力子生平简史》）

九月十三日　黄埔军校筹备校史编纂委员会，任主席。（陈以沛：《黄埔军校大事记》）

校国民党特别区党部改选，被选为第三届党部执行委员。

十月五日　在军校再次东征誓师时，受任政治部主任。（同上）

一九二六年（民国十五年　丙寅）　四十五岁

一月一日—十九日　在广州出席中国国民党第二次全国代表大会，被选为二届中央监察委员。

一月下旬　因事赴沪，部务由副主任鲁易代理。（《黄埔军校政治部主任更迭考》，上海《党史资料丛刊》一九八一年第四辑）

二月一日　被蒋介石任命为黄埔军校改组筹备委员。（《黄埔军校大事记》）

三月一日　参加“中央军事政治学校成立典礼”。

三月八日　参加“军校第四期学生开学典礼”。

六月十六日　参加“军校创校二周年纪念会”。

七月　被蒋介石任命为国民革命军总司令部秘书长。（邵力子：《出使苏联的回忆》，《人物》一九八三年第一期）

七月二十二日　参加“军校师生以校党部名义发表宣言，拥护北伐”。

七月二十九日　黄埔内部“孙文主义学会”与“青年学会”矛盾很大，蒋介石希望邵离开，赴莫斯科参加共产国际第七次扩大会，与政治部话别。

八月　与谭平山从广州到上海。陈独秀、瞿秋白、张太雷、恽代英、周恩来等开会欢送。会上瞿秋白建议：“这次到莫斯科去，还是做个纯粹的国民党代表好。”按照这一指示，邵力子正式退出共产党。（邵力子：《出使苏联的回忆》《党成立前后的一些情况》）

“邵力子退出党，是我们党作的决定。”（杨之华一九五六年九月的

回忆，《“一大”前后》第二册第28页）

九月初　与谭平山经海参崴到达莫斯科。（万枚子：《怀念新闻师尊邵力子》）

十一月×日下午　在莫斯科克里姆林宫，受斯大林接见，按蒋介石指示，面述“希望第三国际加强对国民党领导”。（《出使苏联的回忆》）

十一月二十二日　以“国民党友好代表”身份，出席莫斯科共产国际第七次扩大会，继谭平山代表中国共产党致祝词后，代表中国国民党致祝词。（《共产国际有关中国革命的文献资料》第144、145页）

十二月　进中山大学旁听，学习俄文。（《出使苏联的回忆》）

一九二七年（民国十六年　丁卯）　四十六岁

二月　奉国民党中央广州电，与鹿钟麟去比京布鲁塞尔参加第三国际主办的反帝大同盟会议；回程过巴黎，劝两个国民党支部团结。

四月中旬　接苏方通知，由莫斯科经海参崴回国。

五月初　回到上海，知蒋介石已背叛革命。“心绪十分混乱、矛盾”，“门庭冷落车马稀”。（曹聚仁：《我与我的世界》第330页）

五月中旬　在上海住了几天，去南京见蒋介石。（《出使苏联的回忆》）

一九二八年（民国十七年　戊辰）　四十七岁

二月　“任中央政治会议委员、（陆海空）总司令部秘书长，与陈布雷、周佛海为蒋介石起草文稿”。（《邵力子生平简史》）

一九二九年（民国十八年　己巳）　四十八岁

秋　在河南前线应绍兴县商会理事会主席王子余及学生朱仲华请求，下令西北杂牌军方本仁部三万余人调离绍兴。

一九三〇年（民国十九年　庚午）　四十九岁

春　次子志刚（任“少共国际”书记）由苏回国，与杨之英结婚于上海，寓三益里五号。

十月十七日　参加复旦大学校庆，接受“法学博士”学位。

一九三一年（民国二十年　辛未）　五十岁

一月　慨允平民女校学生丁玲求援，写信给上海市市长张群，营救被国民党逮捕的胡也频。（丁玲：《我景仰的邵力子先生》，一九八三年九月二十一日《人民政协》报）

二月一日　和江苏宜兴傅学文在南京世界大饭店结婚，由于右任、陈绍宽证婚。

四月十一日　孙邵美成诞生于上海（英）伯利恒医院。

？　辞秘书长职，任上海中国公学及复旦实验学校校长。（《邵力子生平简史》）

秋　次子邵志刚去欧留学，遭“蓝衣社”特务暗杀，十二月葬于意大利罗马。

十二月　被南京国民政府委任为甘肃省政府主席（当时甘肃情况混乱，起初拒不赴任）。（《邵力子生平简史》）

一九三二年（民国二十一年　壬申）　五十一岁

四月　赴兰州任甘肃省政府主席。

六月　应请任绍兴中学（次年改“稽山中学”）发起人及校董，为“设立人会议主席”。（金汤侯：《稽山中学成立三年之回顾》，一九三五年六月《稽中学生》）

一九三三年（民国二十二年　癸酉）　五十二岁

初　卸甘肃省政府主席任，寓南京户部街五号。

二月　到上海出席复旦大学校董会，会见学生朱仲华（复旦校友会推荐出席校董会）。

二月二十六日下午四时　由朱仲华陪同，偕夫人傅学文，乘沪杭特快车走杭州。约下午六时，车到嘉兴，在“特别包厢”远眺南湖，即景生情，对朱仲华说：“那年共产党成立开会，从上海转移到嘉兴南湖来开，还是我提的建议呢。”（一九八二年十二月十八日《复旦》校刊第八十三期）

三月一日　与傅学文、朱仲华同车由杭到绍兴莅绍兴中学发表演讲，并题词“卧薪尝胆”。（徐敏珍记《校董邵力子演讲词》，一九三三年六月版《绍中》）

三月三日　在绍兴觉民舞台出席绍兴县各界欢迎会，发表题为《从绍兴到世界》的演说。（绍兴县政协《绍兴文史资料选辑》第一辑第32—35页）

三月上旬　回陶家堰邵家溇探亲，资助明强小学和白塔头运川小学。（朱仲华：《热爱故乡的邵力子先生》，一九八二年十二月二十五日《浙江民革》）

三月　邵夫人收养义女，定名邵士英。

四月　赴西安，接任陕西省政府主席。秘书张丰胄随行。原省主席杨虎城专任陕西绥靖公署主任。邵、杨实行军政分治，开诚相处，融洽协作，关系较好。

在陕西紧抓赈灾救济、大兴水利、开荒造林、禁种鸦片、加强城乡中小学、保护维修名胜古迹、兴修铁路、发展河运。

支持夫人傅学文在西安创办助产士学校。

一九三四年（民国二十三年　甲戌）　五十三岁

一月二十四日　偕傅学文，随柳亚子夫妇及于右任等，在南京同游雨花台、灵谷寺、牛首山诸名胜。（《柳亚子年谱》第91页）

冬　返故乡绍兴，奉母张太夫人灵柩，安葬于富盛金家岭。

一九三五年（民国二十四年　乙亥）　五十四岁

五月　在上海五原路奥国老太太酒店，为程天放出任驻德大使饯行。

秋　返故乡绍兴。出资创办富盛棠荫小学。

十一月二十三日　国民党“五全”大会，被选为中央监察委员。

（《中华民国史料丛稿大事记》第178页）

十一月二十三日　女伟真与广东恩施吴国隽结婚于南京，参加新式集团结婚，谢收贺礼。

冬　汇款一百元，由绍兴朱仲华转交，支持王子余（周恩来的姑父）编印出版《绍兴县志资料》。

一九三六年（民国二十五年　丙子）　五十五岁

九月八日　毛泽东致函邵力子，指出“国共两党实无不能合作之理”。（《毛泽东书信选集》第54页）

十二月十二日　西安事变起，在陕西省政府主席任内，一度同被拘禁。（一九八二年十二月十七日《团结报》）

“赞成毛主席，共产党的主张，对抗日民族统一战线的成立，西安事变的结束，起了作用。”（《邵力子生平简史》）

十二月底　奉蒋介石命，陪张学良到浙江奉化溪口，共学古文。（《绍兴文史资料选辑》第一辑第35页）

一九三七年（民国二十六年　丁丑）　五十六岁

二月　辞陕西省政府主席职；国民党二中全会后，在国共合作、共同抗日的形势下，出任中央宣传部长（寓南京颐和路八号）。（《邵力子生平简史》及万枚子《怀念新闻师尊邵力子》）

接许广平送来《鲁迅全集》稿，与“编审会”总干事宋子爽，在一天内快速审完。（王正元：《邵力子与〈鲁迅全集〉》，一九八四年三月二十四日南京《周末》）

夏　接学生孙寒冰送来斯诺的《毛泽东自传》，批上“准予发表”。孙即在《文摘》上刊出，轰动全国。（《冲破禁锢的〈毛泽东自传〉》，一九八四年五月二十六日南京《周末》）

六月　为宁波效实中学创办《科学大众》题封面。

七月—九月　与蒋介石、张冲为国民党代表，在庐山与周恩来等中共代表商谈国共二次合作。

抗战开始后，任国际反侵略同盟中国分会副主席、国民外交学会会长、军事委员会战区政务委员会秘书长、中央政治学校政务委员。

十月　由南京撤退汉口，住孙越崎家。（孙越崎：《回忆邵力子先生和我的关系》）

一九三八年（民国二十七年　戊寅）　五十七岁

初　因反对查禁《文摘》旬刊，辞中央宣传部长。（《出使苏联的回忆》）

十月底　从汉口撤到重庆，住康心之家，与于右任同住，畅谈古今。（《回忆邵力子先生和我的关系》）

一九三九年（民国二十八年　己卯）　五十八岁

春　协助复旦大学内迁，在重庆北碚出席学校毕业典礼。（《复旦》学报一九八二年第二期第99页）

傅学文筹办复旦附小，迁住北碚温泉区。（傅学文：《我的生平》稿）

在重庆任“中苏文化协会”副会长。

九月二十八日　应邀出席重庆黄桷树复旦三十四周年校庆。

十月十九日　出席重庆大梁子一园大戏院举行的鲁迅逝世三周年纪念大会，任主席。（一九三九年十月十二日重庆《新华日报》第三版）

一九四〇年（民国二十九年　庚辰）　五十九岁

一月　为争取苏援，经于右任等建议，接杨杰三为驻苏大使。（《出使苏联的回忆》）

五月二十三日　在重庆上清寺为从侄邵亚俊与陈慧仁结婚主婚。

五月底　与夫人傅学文、参赞刘泽荣、一等秘书孟鞠如离重庆走兰州、酒泉去苏联。

六月七日　到莫斯科，向最高苏维埃主席加里宁呈递国书；日后访外长，商苏援。

七月　与英驻苏大使谈坚决抵抗轴心国。

十二月　经邵力子从事外交商谈，苏援通过新疆源源来华。

一九四一年（民国三十年　辛巳）　六十岁

一月　对蒋介石发动“皖南事变”急电陈词，痛说苏方关心我国统一团结。

和法驻苏大使多次长谈，预见苏德必战。

和德驻苏大使会谈，反对德国侵苏。

六月二十二日　希特勒突然袭击苏联。

十月　随使馆由莫斯科迁古比雪夫。

十一月七日　出席苏外交部茶会，共祝中苏胜利。

十二月　“珍珠港事件”后，接受罗斯福特使专访，和美副总统在古比雪夫长谈。

一九四二年（民国三十一年　壬午）　六十一岁

初　派孟鞠如回莫斯科，访各国军事代表团，长谈苏德战局；并去德黑兰访问英美驻军司令。

夏　傅学文把丹娘事迹译稿寄重庆，交中苏文化协会审核付印。（傅学文：《我的生平》稿）

十月下旬　回国述职，孟鞠如随行，行前斯大林亲自召见，面嘱“早回”。

十一月中旬　回到重庆，见蒋介石时，谢绝出任行政院秘书长；在重庆多次演讲，强调“法西斯必败，苏联必胜”，遭国民党右派攻击，被蒋介石调职，派傅秉常接任。

一九四三年（民国三十二年　癸未）　六十二岁

初　在重庆中央训练团讲“外交课”。

早春　傅学文从古比雪夫回重庆，回中苏文化协会妇女委员会工作。

在重庆出任国民参政会、宪法促进委员会秘书长。

一九四四年（民国三十三年　甲申）　六十三岁

十一月　通过学生张一之（四川酆都县长）营救骆宾基出狱。（君实：《邵力子二三事》）

一九四五年（民国三十四年　乙酉）　六十四岁

八月二十八日　毛泽东主席等由延安飞抵重庆。与张群、王世杰为国民党代表，共同谈判。

十月十日　在重庆桂园张治中家客厅，参加国共两党《双十协定》签字仪式。

十月十九日　出席在重庆白象界西南实业大厦举行的鲁迅逝世九周年纪念会。

一九四六年（民国三十五年　丙戌）　六十五岁

一月十日—三十一日　作为国民党代表，在重庆沧白堂参加“政治协商会议”。

三月　参加国民党三中全会。

开春　从重庆到南京，支持傅学文创办“力学小学”。（傅学文：《我的生平》稿）

六月九日　到上海分别参加叶楚伧、朱少屏追悼会。（一九四六年六月十日《申报》）

七月初　任国民大会筹委会主席，宪法起草委员会委员。

七月十六日　与雷震在南京国民大会堂宴请北京大学校长胡适。（一九四六年七月十七日《中央日报》）

八月二十九日　接周恩来信，写信给江苏省主席王懋功，引救复员后被逮捕、关押、判死刑的新四军战士李觉、郑重、滕小良等。

九月十二日—十九日　与傅学文从南京到浙江海宁看潮，回绍兴游东湖、禹陵等地。

十月十九日　在上海辣斐大戏院出席鲁迅逝世十周年纪念会，任主席。（一九四六年十月二十日《时代日报》）

十一月十二日　与国大代表朱仲华谒中山陵。

十一月十五日　参加南京“制宪国大”，拒绝参加选举。

十二月　至南京明故宫机场送周恩来返延安。

一九四七年（民国三十六年　丁亥）　六十六岁

三月七日　与张治中同到机场送董必武率中共办事处人员离南京去延安。

在南京任国民政府委员、社会经济研究会委员、政府顾问委员。（《邵力子生平简史》）

一九四八年（民国三十七年　戊子）　六十七岁

任政府政策咨询委员会委员。

六月十五日—二十四日　与傅学文到台湾，经台北、台中去日月潭，参观阿里山林场、吴凤乡，为吴凤庙题联，写《吴凤歌》；到台南访郑成功祠。（唐振绪：《记邵力子先生一九四八年台湾之行》）

一九四九年（己丑）　六十八岁

元旦　蒋介石发表文告。应孙科电邀由沪去南京。

一月四日　在南京介寿堂与张治中招待文化新闻界时，公开指责“元旦文告”。（程思远、张丰胄：《邵力子先生致力于国共和谈》）

一月十九日　应蒋介石邀，到黄埔路官邸参加紧急会议，辞谢为蒋起草“下野”文告。

一月二十一日　参加国民党中常委，听蒋介石宣布假“下野”讲话。

一月二十二日　出席孙科主持的行政院会议，辞当国共和谈“首席代表”。

二月十三日　参加李宗仁在上海组成的“上海人民和平代表团”，与颜惠庆、章士钊、江庸等由龙华飞北平，秘书张丰胄随行。

二月二十二日　邵、颜、章、江四老由北平乘专机去石家庄，傅作义、邓宝珊同行，毛泽东主席、周恩来副主席接见并谈话。

二月二十七日　由北平飞回南京，带回毛主席信交李宗仁。在机场有李宗仁代表和于右任、童冠贤、居正、吴铁城、何应钦、白崇禧、翁文灏、吴忠信、张治中、徐永昌等欢迎，记者尤多。由张丰胄代表“四老”宣读书面谈话。

三月二日　代表团离南京飞返上海。邵老以得悉陈仪被免去浙江省主席在上海被汤恩伯扣留，因决定留南京，未去上海。

三月二十四日　何应钦接孙科任行政院长。在首次政务会议上，又组织邵力子、张治中、黄绍竑、章士钊、李蒸、刘斐为代表的“南京政府和平商谈代表团”，邵坚辞首席代表（后改由张治中担任）。秘书长卢郁文和秘书张丰胄等随行。

四月一日　与和谈代表团北飞，当晚住北京六国饭店，应中共代表团周恩来设宴招待。

四月九日　应毛主席接见，个别谈话；应周恩来欢宴于颐和园。

四月十三日—十五日　在中南海勤政殿开会研究并通过《国内和平协定》细则草案八条二十四款，并以四月二十日为签字日期（推黄绍竑、屈武次日带回南京签字）。

四月十六日　去中山公园来今雨轩参加由柳亚子主持的南社、新南社雅集。（《柳亚子年谱》第142页）

四月十七日　与爱国民主人士一起，听取周恩来作《关于和平谈判问题的报告》。（《周恩来选集》上册第314页）

四月十九日　夫人傅学文接信后坐“和谈”最后一班飞机到北平。（孙越崎：《回忆邵力子先生和我的关系》）

四月二十日晚　得南京李宗仁、何应钦复电拒签《国内和平协定》，二十一日人民解放军奉令胜利渡江，攻克南京。

在六国饭店商谈代表团去留问题，邵首先发言，表示不再回南京的坚决态度。最后取得一致意见，通过了全团留平不返的决定。

四月二十四日　与张治中等复何应钦一信，说明被诚意挽留，不能随机南返（以后南京制造了代表团被扣的谣言）。

五月　收到资委会孙越崎自香港一信，负责转告周恩来副主席，答以“可随时来北平”。（孙越崎：《回忆邵力子先生和我的关系》）

五月七日　故乡绍兴解放。次日从北平拍回第一个属于人民邮电的电报，给复旦学生朱仲华：“闻吾邑解放，希尽力协助。”

五月十八日　和章士钊联名给李宗仁写长信一封，托刘斐带香港转广州面交。

五月二十日　和张治中等从北京饭店给广州李宗仁、何应钦发去沉痛剖陈利害，力劝“恢复和平”的电报。

五月二十七日　上海解放。与黄启汉动员、联络南京政府立法委员武和轩等五十三人，于五月二十七日在解放日报上公开“宣言”：“与国民党反动派断绝关系，将诚心诚意，接受中国共产党领导。”

六月十五日—十九日　在北平参加新政治协商会议，为主席团成员。

六月二十六日　去中山公园来今雨轩，参加文学研究会成立会。（《柳亚子年谱》第145页）

七月二日—十九日　参加全国文学艺术者代表大会于北平，为主席团成员。被选为全国文联常务委员。

七月八日　在《文汇报》上发表《一个最迫切的号召——纪念抗战十三周年》文。

七月十八日　参加中苏友协发起人大会。

九月二十一日—三十日　参加中国人民政治协商会议第一届全体会议，一致通过《共同纲领》；被选为全国政协委员。

九月三十日　被委任为中华人民共和国政务院政务委员；华侨事务委

员会委员。

十月一日　出席中华人民共和国开国大典。

十月五日　北京组织中苏友好协会总会，任筹备委员会委员。

十月九日　参加全国政协第一届第一次会议，被选为全国政协常务委员。

十一月十二日—十六日　参加中国国民党革命委员会第二届全国代表大会（首届“民革”大会一九四八年元旦召开于香港），当选为中央常务委员、社会联系工作委员会主任。

十二月十五日　参加中国人民外交协会，为会员。

一九五〇年（庚寅）　六十九岁

三月三日　出席政务院第二十二次会议，与黄绍竑被推举参加中央救灾委员会。

三月八日　出席中国保卫世界和平大会委员会；欢送萧山出国参加世界和平大会瑞典会议；并被推选为世界和平理事会理事。

三月十一日晚　参加全国政协为欢迎毛主席、周总理自苏联回国所举行的宴会。

六月十四日—二十三日　出席全国政协一届二次会议（以土地改革为中心议题）。

七月一日　和各民主党派知名人士李济深、何香凝等联名庆祝中国共产党建党二十九周年，致贺毛主席和中共中央。

十月一日　参加第一届国庆节庆祝大会。

十月二十八日　往劳动人民文化宫吊任弼时逝世。

十一月二十六日—二十八日　参加民革二届二中全会。

十二月二十四日　在中山公园参加庆祝中朝人民抗美胜利及欢迎世界和大代表团返国大会。

夫人傅学文应中华妇女节制会会长刘王立明之邀，任中华妇女节制会北京分会会长。

一九五一年（辛卯） 七十岁

五月 以“中央治淮视察团”团长身份，率各民主党派代表及中央有关各部负责同志共三十二人，于五月二日分赴皖北、河南、苏北三省工地和南京、上海、海宁等地视察。中央水利部办公厅主任郝执斋和政务院秘书兼视察团秘书张丰胄，负责全团筹备工作。视察团行程六千七百八十三公里，历时五十二天。

将毛主席所题“一定要把淮河修好”锦旗送到安徽，然后返浙江故乡探亲。

十二月 陈叔通（一九〇二年在杭州同科中举）赋诗祝“力子先生七十寿”。（《文物天地》一九八三年第六期封二）

一九五二年（壬辰） 七十一岁

任政治院劳动就业委员。

二月六日 任中国文字改革研究委员会委员。

五月 赴陕、甘视察。

七月 电邀复旦学生朱仲华自绍兴赴京。

一九五四年（甲午） 七十三岁

二月二十三日 给浙江工学院学生陶志明复信，启发他“爱祖国，爱家乡”。

九月十五日—二十七日 以浙江省应选代表，出席第一届全国人民代表大会，当选为常务委员。

九月十七日 在人大作《关于宪法草案报告》的发言，根据学习列宁著作的收获，向全国首倡“计划生育”，轰动一时。

十月 率全国人大、政协代表团，到浙江视察。

十二月十九日 在《光明日报》发表《关于传播避孕常识》文，引起强烈反响。

一九五五年（乙未）　七十四岁

三月十二日　在《光明日报》发表《孙中山先生反帝国主义思想的产生与发展》文。

五月五日　出席中国人民保卫世界和平委员会等举办的世界文化名人席勒、密茨凯维支、孟德斯鸠、安徒生纪念大会。

七月　在人大一届二次会上，提出“请加强避孕常识的宣传和放宽节育技术限制案”。

十二月　在农业合作化高潮中，回故乡火葬父柩。

一九五六年（丙申）　七十五岁

一月十二日　列席浙江省人代会，就计划生育作严正发言。

二月一日　出席全国政协会议，讨论周总理政治报告。

二月二十一日—二十九日　出席民革三届全代会，再度当选为中央常务委员；大会决议成立“和平解放台湾工作委员会”，任第一副主任委员（到一九五七年任主任委员）。

二月二十八日　在《大公报》发表《告国民党军政人员》文，认为“和平解放台湾，应以蒋介石、蒋经国为主要对象”。

三月　去斯德哥尔摩出席世界和平理事会。

四月　任社会主义学院副院长。

六月　出席全国人大一届三次会议，发言再次重申计划生育。

七月二十七日　在《人民日报》发表《中国人民民主制度发展的必然趋势——对中国共产党和民主党派“长期共存，互相监督”方针的体会》文。

十一月　为纪念孙中山九十周年诞辰，任筹备会副主任兼秘书长。

十一月十一日　在《文汇报》发表《孙中山先生的和平思想及其为和平奋斗的努力》文。

十一月十二日　参加纪念孙中山九十周年诞辰大会。

十一月　自费铅印《关于传播避孕常识问题》小册子，到处分送。

十二月　由北京到杭州，在大华饭店接见陶志明。

一九五七年（丁酉） 七十六岁

六月二十六日—七月十三日 参加全国人大一届四次会议。

十月十三日 参加最高国务会议第十三次会议，听毛主席作《坚定地相信群众大多数》的讲话。

一九五八年（戊戌） 七十七岁

六月二十四日 在北京中山公园参加柳亚子追悼大会。

七月九日 应毛主席召见，与陈叔通、黄炎培、章士钊、李济深、张治中在中南海游泳池前布棚，互谈“大跃进”问题。毛主席说：“人口问题，目前还不严重，可至达到八亿时，再讲人口过多，但对计划生育，仍应实施。”（《邵力子日记》现存片断稿）

十一月 发表《勉励在台旧友》文，对台湾老友于右任赋诗怀念大陆，表示劝勉。

一九五九年（己亥） 七十八岁

四月十八日—二十八日 出席全国人大二届全代大会，连选任常务委员。

一九六〇年（庚子） 七十九岁

三月二十九日—四月十日 出席二届人大二次会议。

四月二十九日 曾孙邵柳林出生。

以中央爱国卫生团团长身份来浙江检查卫生。（毛翼虎：《悼念邵力子先生》，一九八二年六月三十日《浙江民革》）

十月十九日 周总理在颐和园会见黄埔校友，一同参加，共十七人留影。

一九六一年（辛丑） 八十岁

夏 周总理建议屈武去西安为岳母于右任夫人高仲林举行八旬寿庆。屈武将此意秘密转告台湾于右任前，走访邵力子，请他献策。邵说，可将周总理名隐改为“莲溪先生”，以防不测。（屈武：《记周总

理对于右任先生的关怀和对我的教育》，《新华文摘》一九八一年九月号第198页）

七月　应请发表中共“一大”文史稿：《党成立前后的一些情况》文（王来棣记录整理）。

秋　与竺可桢到浙江视察工作，到处宣传计划生育。（陈惟予：《乡贤的遗爱》）

十一月十二日　写《中山先生九十五岁诞辰喜赋》。（《文物天地》一九八三年第六期封二）

十二月　复旦学生朱仲华为庆贺邵老师八十寿辰，汇寿礼二十元到北京，被如数退回。

一九六二年（壬寅）　八十一岁

三月二十七日—四月十六日　出席第二届全国人大三次会议。

八月十二日　在西安晚报发表《易俗社五十周年颂》诗三首，祝贺建社。

一九六三年（癸卯）　八十二岁

一月二十五日　给在浙江大学工作的小友陶志明写信，答复新一年去信祝贺，信中说道：“我对于像你这样的青年抱有无穷的希望。”

六月十一日　沈钧儒（一八七五—一九六三）在北京病逝。

参加沈钧儒追悼大会。

十一月十七日—十二月三日　出席第二届全国人大第四次会议。

一九六四年（甲辰）　八十三岁

十二月　出席第三届全国人民代表大会，连选任常务委员。

一九六五年（乙巳）　八十四岁

九月　代表全国政协去浙江视察工作。

到绍兴时，将北京带来的全国政协《文史资料选辑》三册，赠予朱仲华。

一九六六年（丙午） 八十五岁

二月十七日 陈叔通（一八七六——一九六六）在北京病逝。

参加陈叔通追悼大会。

八月三日 周恩来总理请准毛泽东主席后，下达指示："宋庆龄……邵力子……"等十二人"应当予以保护"。（《周恩来选集》下卷第450页）

一九六七年（丁未） 八十六岁

十二月二十四日上午 张丰胄专访邵老床前，叙谈较久。"一面他感到身体不适，一面对我恳切教导，尤对台湾问题关怀备至，久久不忍我离开。近午我说'明日再来'，想不到竟成永别，哀哉！"（《张丰胄回忆谨志》）

十二月二十五日 在北京东四寓所，年高无疾善终。

十二月二十八日 上午十时在八宝山举行邵力子追悼会，中共中央政治局委员、国务院副总理李先念，代表中共中央、国务院参加追悼会。

由中国国民党革命委员会中央副主席蔡廷锴主祭，朱蕴山致悼词，其中说道："邵力子先生关心时事政治，经常参加民革的活动，为和平解放台湾做了努力。"

全国人大常委会副委员长郭沫若、张治中，全国政协副主席许德珩以及李宗仁、邵力子夫人傅学文等参加了追悼会。

〔附记〕

本《年表》系于一九八二年为纪念邵力子百岁诞辰开始编写，承邵夫人傅学文、女邵伟真、孙邵美成及邵力子秘书张丰胄在上海复旦大学的亲信学生、至亲朱仲华等不断提供有关史料，特此说明，并在此致以敬意和谢意！

一九八四年九月 编写者

图书在版编目（CIP）数据

回忆邵力子 / 全国政协文史和学习委员会编. —北京：中国文史出版社，2016（2022.8 重印）
（文史资料百部经典文库）
ISBN 978-7-5034-6961-9

Ⅰ. ①回… Ⅱ. ①全… Ⅲ. ①邵力子（1882–1967）—回忆录 Ⅳ. ①K827=7

中国版本图书馆 CIP 数据核字（2022）第 132702 号

责任编辑：李晓薇

出版发行：中国文史出版社
社　　址：北京市海淀区西八里庄路 69 号　　邮编：100142
电　　话：010 – 81136606　81136602　81136603（发行部）
传　　真：010 – 81136655
印　　装：廊坊市海涛印刷有限公司
经　　销：全国新华书店
开　　本：787mm × 1092mm　1/16
印　　张：16.75　　　插页：8
字　　数：233 千字
版　　次：2016 年 3 月北京第 1 版
印　　次：2022 年 8 月第 2 次印刷
定　　价：48.00 元
